Putting Children First
Proven Parenting Strategies for Helping Children Thrive Through Divorce

离婚后还是好父母

让离异家庭孩子受益
一生的育儿方法

［美］乔安妮·佩德罗-卡罗尔（JoAnne Pedro-Carroll）／著

肖凤秋／译

中国轻工业出版社

图书在版编目（CIP）数据

离婚后还是好父母：让离异家庭孩子受益一生的育儿方法 /（美）乔安妮·佩德罗-卡罗尔（JoAnne Pedro-Carroll）著；肖凤秋译. —北京：中国轻工业出版社, 2022.12
ISBN 978-7-5184-4045-0

Ⅰ.①离… Ⅱ.①乔…②肖… Ⅲ.①家庭教育 Ⅳ.①G78

中国版本图书馆CIP数据核字（2022）第123112号

版权声明

Copyright © 2010 by JoAnne Pedro-Carroll, Ph. D.
All rights reserved including the right of reproduction in whole or in part in any form.
This edition published by arrangement with Avery, an imprint of Penguin Publishing Group, a division of Penguin Random House LLC.

保留所有权利。非经中国轻工业出版社"万千心理"书面授权，任何人不得以任何方式（包括但不限于电子、机械、手工或其他尚未被发明或应用的技术手段）复印、拍照、扫描、录音、朗读、存储、发表本书中任何部分或本书全部内容，以及其他附带的所有资料（包括但不限于光盘、音频、视频等）。中国轻工业出版社"万千心理"未授权任何机构提供源自本书内容的电子文件阅览、收听或下载服务。如有此类非法行为，查实必究。

总 策 划：石　铁
策划编辑：林思语　　　责任终审：张乃柬　　　责任校对：万　众
责任编辑：林思语　　　责任监印：刘志颖

出版发行：中国轻工业出版社（北京东长安街6号，邮编：100740）
印　　刷：三河市鑫金马印装有限公司
经　　销：各地新华书店
版　　次：2022年12月第1版第1次印刷
开　　本：710×1000　1/16　印张：19.75
字　　数：200千字
书　　号：ISBN 978-7-5184-4045-0　定价：78.00元
读者热线：010-65181109，65262933
发行电话：010-85119832　传真：010-85113293
网　　址：http://www.chlip.com.cn　http://www.wqedu.com
电子信箱：1012305542@qq.com
如发现图书残缺请与我社联系调换
210253Y1X101ZYW

谨以此书献给所有信任我、
愿意与我分享他们的故事的孩子和家庭。
他们的勇气、希望，以及最重要的——韧性，
是这本书的灵感来源。

译 者 序

"家庭是人生的第一个课堂,父母是孩子的第一任教师。"

家庭教育在儿童成长中发挥着重要作用和独特功能。家庭教育是一门综合性科学,它涉及许多门科学,与优生学、生理学、卫生学、营养学有关系,跟心理学、教育学、人才学、伦理学也有关系。作为一门科学,家庭教育的任务之一是要总结家庭教育的经验、探索家庭教育的规律,然后加以宣传、推广,使得父母都懂得用科学的方法教育子女。家庭教育没有教材,没有课堂,它的教育力量全在于家长的综合能力、教育观念、教育方式等。在时代迅速发展的过程中,家庭类型不断发生变化,家长的教育观念和教育诉求也随之改变,比如单亲和重组家庭。

对于父母来说,有时候离婚似乎代表着问题的解决;但是对于孩子来说,这可能是一个,甚至一系列新问题的来源。在离婚过程中,父母自身背负着各种强烈的情绪,正在经历他们生命中最艰难的时刻之一,有时候没有心力去顾及孩子,有意或无意忽视了孩子的感受与行为变化。在经历家庭变故的时候,有的孩子会选择隐藏自己的感受,因为他们不想成为父母的负担,甚至有的孩子认为是自己表现不好才导致了父母离婚。那么此时,在父母痛苦的时候,他们需要透过孩子"没什么大不了"的表面反应,去看清楚孩子内心深处的感受,让孩子明白,他们的感受很重要。

离婚并不一定意味着失败，父母可以通过很多有效的养育方式减少离婚给孩子带来的伤害，其前提就是要把孩子放在首位，即本书的主旨。本书共包含四方面的内容。第一，如何看待离婚，比如孩子如何看待离婚、离婚对孩子会产生什么样的影响。第二，如何应对离婚，比如如何让孩子做好准备，如何制订离婚后的养育计划。第三，如何提升能力，比如父母如何控制冲突、照顾好自己、实施高情商养育，以及如何培养孩子的韧性。第四，如何重新开始，比如如何发展新的关系，孩子如何看待新的关系，成功的出路在哪里。所有这些内容都是基于作者及世界各地研究者的丰富实践与充分研究。

实际上，书中的很多内容不是只适用于离婚这种特殊的家庭情境，也适用于一般的家庭教育。比如不同阶段孩子的需求有所不同；认真倾听孩子，了解孩子内心深处的感受；理解情绪，用合理的方式处理分歧，也能教会孩子如何调节情绪、解决问题；采用高质量的养育方式，为孩子提供一个积极、温暖的养育环境；等等。希望读这本书的你我都能有所收获，最终希望孩子们能因此而受益。

肖凤秋
2022 年 5 月

致　　谢

一路走来，沿途如果没有那么多人的帮助，我是不可能完成这本书的。其中最重要的是 Laura McGrath，她才华横溢，是一名技巧娴熟的作家、一位富有创意的思想家，也是一个非常出色的搭档。Laura 拥有非凡的专业技能，满腔热情，诚实正直，她在这些方面的努力与合作，让我感激不尽。感谢我的朋友 Cristine Chandler，介绍我和 Laura 认识。

特别感谢我的经纪人 Brettne Bloom，他为这本书提供了活力和热情，并为它在艾弗里/企鹅（Avery/Penguin）出版社找到了一个好归宿。Lucia Watson 是我的责任编辑，她思维清晰，在我母亲病危期间，在我需要延长最后交稿期限的时候，她提供了无价的编辑指导，以及富有同情心的理解。感谢艾弗里/企鹅出版社的其他优秀团队成员，包括 Miriam Rich, Anne Kosmoski, Lisa Johnson, Jessica Chun, Megan Newman 和 Bill Shinker。

我还要感谢 William T.Grant 基金会，支持我对"离异家庭儿童干预项目（Children of Divorce Intervention Program）"的开发、实施和评估。该基金会还支持我参加"儿童与离婚研究者联盟（Consortium of Researchers on Children and Divorce）"，这让我有机会去了解关于儿童与离婚的前沿研究，并与美国一些顶尖的研究人员沟通交流。

我已故的导师 Emory Cowen 博士是预防性研究的先驱，也是罗彻斯特大学的心理学教授，他是我智慧、支持和知识的源泉，也对于我投身预防性研究与实践产生了极大的影响。感谢儿童研究所的许多同事对我的工作的支持，感谢他们支持我开发、研究儿童与家庭的项目。如果没有纽约州大罗彻斯特（greater Rochester）地区的几所学校的支持和合作，关于"离异家庭儿童干预项目"的研究就不可能成行，包括 Allendale-Columbia 学校和 Harley 学校，还有 Brighton, Churchville-Chili, East Irondequoit, East Rochester, Greece, Fairport, Ontario Center, Penfield, Pittsford, Rochester, Rush-Henrietta, Webster, West Irondequoit 和 Williamson 学区。还要特别感谢 Linda Alpert-Gillis, Aaron Black, Sheryl Jones, Ellen Nakhnikian, Sharon Sterling, Sara Sutton, 及 Peter Wyman 等同事，他们为项目的研究与开发做出了贡献，帮助孩子和家长应对生活中的变化。

我的关于开展家长教育项目的工作，还得益于与美国纽约州最高法院的 Evelyn Frazee 法官，以及美国纽约州联合法院的合作。特别感谢 Allison Osborn, Elizabeth Doyne, Lynn Delles 和 Shannon Dortch 阅读了本书的部分内容并提出了非常有价值的建议，感谢 Peggy Brill 对本书进行细致缜密的校对。

我很感激已故的父母，Charls 和 Amelia Pedro，他们对我的爱与信任一直支持着我。在我写这本书的时候，母亲病逝了。我很庆幸我能抽出时间来照顾她，我也很感激我的姐妹 Donna Murphy 和 Carla Kania，她们在整个过程中都一直陪伴在我身边，无论是亲自陪着我还是在精神上支持我。我母亲经常提醒我们要照顾好自己，特别是在压力大的时候。我给父母的信息也是相似的：为了我们自己和我们的孩子，我们都需要照顾自己，保持生活的平衡，这样我们才能做到最好。

所有孩子都需要一个支持他们的人，在生活的艰难时刻，随时准备拥抱他们，我的祖母 Philomena Pannunzio 就是这样爱着我。正是她教会了我一些最重要的生活经验，尤其是关于爱的经验。虽然她不会读书也不会写字，英语也说得很少，但她确实懂得如何去爱护家庭。她对我的个人生活和工作都产生了深远的影响。

我有幸拥有一个充满爱的大家庭。我要永远感谢 Roger，他是我的丈夫，也是我的灵魂伴侣，感谢他坚定地支持我的梦想、我对工作的热情，还有我们的家庭。能拥有一个可以成为好友、知己、伙伴的丈夫，这是多好的礼物啊。我衷心感谢 Chris, Shawn, Shannon 和 Scott 多年前欢迎我加入这个家庭，当我嫁给他们父亲的时候，就拥有了这 4 个可爱的孩子。他们及其家人不断给我们带来爱和欢乐。还有我们的小孩 Kristen, David, Michael, 还有我们的女婿 Austin, 有你们在身边，我感到很幸运。感谢你们的支持、鼓励、关爱和欢笑——以及在我需要的时候带我出去玩！我在爱情和工作上都很幸运。我真的很感激。

目　录

导言 001
　　对于我来说，起点在哪里 004
　　这本书能给你带来什么 006
　　关于"深思熟虑"的一点说明 009
　　憧憬美好的未来 011

第 1 章　"我离婚"：孩子说了什么、有什么含义 013
　　特殊挑战：理解孩子的真实想法和感受 015
　　话语与深意 016
　　孩子在担心什么 019
　　孩子如何表达生气、受伤、背叛和内疚 027
　　孩子的一厢情愿和勇敢应对 031
　　幸福的可能 034
　　你如何表达理解、共情和关爱 034

第 2 章　风险和韧性：离婚的潜在影响 045
　　研究表明离婚会给孩子带来哪些风险 046
　　什么是韧性？ 050

	控制冲突的重要性	053
	养育质量和亲子关系质量	057
	挥之不去的痛苦记忆和情绪	061
	提供支持以培养孩子的韧性	063
	孩子的理解力与控制力	063
	父母的心理健康状况对孩子的影响	064
	光明的一面	069

第 3 章 · 告知孩子，让孩子为变化做好准备   071

- 让孩子为变化做准备：一些一般性准则   076
- 处理一些最困难情况的最好方法   084
- 不同年龄的孩子需要什么   087
- 为接下来的日子做计划   109

第 4 章 · 养育计划：解决艰难抉择的积极办法   113

- 法律事务上的选择   114
- 养育关系中语言的力量   120
- 监护权高度冲突的情况下法庭的角色   121
- 理解监护权的法律定义   122
- 哪些因素影响共同监护的成功实施？   125
- 养育计划：一种新的生活方式   127
- 创建以孩子为中心、适应孩子发展阶段的养育计划   129
- 关于父亲和养育计划的特别说明   136
- 根据孩子的发展阶段制订养育计划   137
- 成功执行计划：尽量减轻孩子的压力   148
- 关于节假日的特别注意事项   152

第 5 章 • 控制冲突与照顾自己 　161

　未解决冲突的风险　162

　从冲突到合作：丽莎和马克的故事　164

　理解愤怒和控制愤怒　167

　平行式和合作式的育儿法：多种选择　171

　解决冲突：对父母是巨大的挑战，对孩子有巨大的回报　178

　重建关系　179

　照顾好自己　189

　宽恕是一种选择　195

　关于丽莎和马克的后记　196

第 6 章 • 培养孩子的韧性　201

　培养孩子韧性的外部资源　202

　如何帮助孩子发展有助培养韧性的关键情感技能　204

　亚当的故事　231

第 7 章 • 离婚过程中的高情商养育　237

　"高质量养育"如何保护孩子　238

　杰西卡——可喜的进展　239

　提高儿童幸福感的 10 个高情商养育方法　242

　爱与限制：创建结构化的有效管教　250

　在离婚前后，为什么设置限制如此重要？　252

　设定限制时要提供结构化的选择　254

　弥合两个不同世界之间的鸿沟：有效的合作养育　256

　孩子给父母的建议　259

| 第 8 章 | **孩子如何看待新的关系、约会和再婚** | 265 |

    再婚——期望与结果　267

    孩子对新关系的看法　269

    对再婚的切合实际的期望及不切实际的期望　273

    带着家人再婚：成功的技巧和策略　275

    铺垫——何时及如何让孩子为新关系和父母再婚做准备　280

    组建一个新的家庭继续前进　283

    成功案例：瑞恩、丽贝卡和明迪的故事　285

| 第 9 章 | **离婚后的生活：真正成功的可能性** | 289 |

    梅丽莎、史蒂夫、梅格和山姆的故事　290

    凯特、迈克尔和诺亚的故事　294

    埃里克、戴安娜和他们的 3 个女儿的故事　296

    他们是如何取得成功的：共同的主题　299

    关于你　300

导　言

11月份的一个雨天，8岁的杰西卡[1]坐在我的办公室里。她家里发生了一些变化，我让她把自己对这些变化的感受画出来。她瘦弱的身体蜷缩在椅子上，当她讲话时，我惊叹于这个小孩是如何扛起成人的重担的。她的父母已经分居10个月了，她和妹妹往返于两个家庭。杰西卡非常担心她的妈妈，她妈妈经常大哭，还打电话告诉别人"我们家发生的所有坏事"。

她的父母，卡罗尔和保罗，卷入了财产纠纷，现在正在争夺监护权。杰西卡看到了一张贴画，上面有代表着各种情感的表情，她开始仔细研究起来。过了一会儿，她抬起头来说："你这里面漏掉了一些情绪。"我问她是否想在这张贴画上补充一些内容，她写了一个词"痛苦的"，然后画了一幅泪如雨下、满面愁容的表情。她一边画一边诉说，自从她父母分开后，"所有美好的东西都没了，他们以前晚上会抱抱我，现在他们总是很累，经常发牢骚，只会谈论那些不好的事情"。以前非常简单的家庭日常时光，比如晚上爸爸和她一起坐在他专用的椅子上给她读绘本，这些都一去不返了，这让她很伤心。

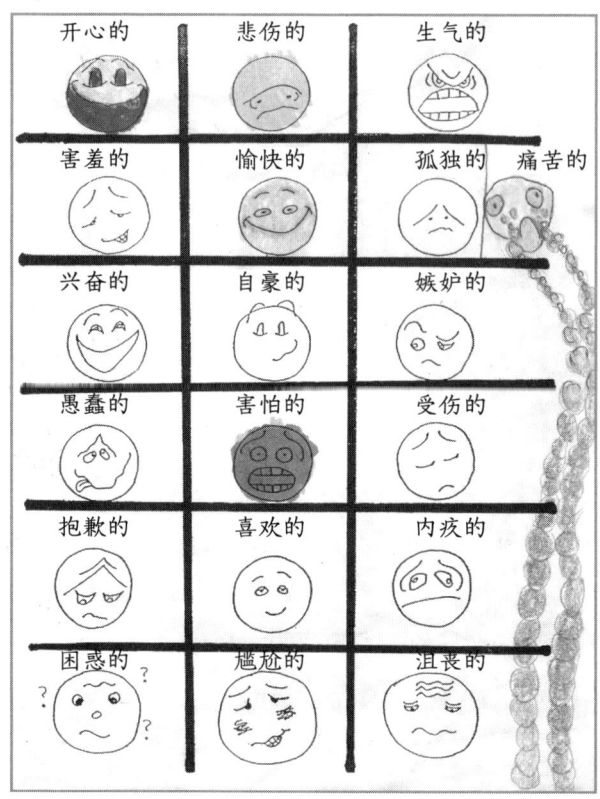

对于卡罗尔和保罗来说,他们的婚姻越来越痛苦,越来越不幸福,离婚是唯一的解决办法。但是对于杰西卡来说,父母离婚更像是一个问题,而不是一个解决办法。离婚所带来的剧变,还有父母尖刻的语言,加重了她的失落感,以前和他们两人在一起时的快乐逐渐消失。像大多数和她处境相似的孩子一样,杰西卡害怕矛盾激化或者加重父母的负担,所以她从未告诉他们她自己的感受。

在实践工作中,我见过很多孩子,杰西卡的案例非常典型。他们把感受藏在心底,不想让事情变得更复杂。他们因为父母的问题承受了巨大的责任感和愧疚感,常常认为只要自己足够好,他们的父母就会和解,他们的家庭就会变得幸福、完整。当失去安全的家庭关系时,为了不让自己更加失望、痛苦,很多青少年最终在情感和身体上都与父母脱离。即使是很小的孩子,他们可能也不再愿意与人交流。而年轻人可能会搬出去，有时会搬到离家数百或数千公里外的地方。

　　幸运的是，杰西卡的故事有一个更幸福的结局。尽管卡罗尔和保罗还在争夺财产和监护权，也因为没有察觉到女儿的痛苦而深感愧疚，但他们还是选择了要把好好抚养孩子放在首位。在外部帮助下，他们慢慢学会了如何更用心地倾听杰西卡和她妹妹的想法，通过积极的活动和开放的沟通方式与她们建立联系。他们还努力制订并实施养育计划，让孩子们幸福成长。虽然离婚仍然给家里的每个人都带来了痛苦，但是卡罗尔和保罗找到了一些方法来缓解这种痛苦，他们告诉孩子会永远爱她们，不只帮助她们生存，还要让她们茁壮成长。通过以孩子为中心、积极的养育方式，他们帮助杰西卡和她妹妹成长为自信、能干、有爱心的年轻女性。

　　正如卡罗尔和保罗的故事所揭示的，父母最困难的任务之一是觉察到孩子的痛苦，特别是他们有可能是"罪魁祸首"。善良的人从来不希望伤害他们最爱的人，所以正在离婚的父母可能会发现，很难理会他们的孩子正努力应对的各种情绪，这毫不奇怪，尤其当父母可能也正在经历他们生命中最艰难的时期之一时。

　　这是一个在研究中被充分记录下来的经验，对于治愈悲伤、痛苦的情感尤其重要。承认痛苦需要勇气，但是承认有利于治愈。在这种情况下，孩子和成人一样，需要认识到他们的感受很重要——他们很重要。在父母痛苦的时候，他们需要透过孩子"没什么大不了"的表面反应，去认识并承认孩子内心深处的感受。只有这样，他们才能开始帮助孩子减轻痛苦。

　　我们听过很多这样的故事，父母离婚了，孩子承受了很多，父母离婚对孩子的生活造成了长期影响。我们也听过很多悲伤的故事，孩子奋力熬过父母的离婚，付出了巨大代价。但是，我们很少听到这种成功的故事：由于充满爱心、尽职尽责的父母的支持和指导，孩子从这个过程中恢复过来。这并不是因为不存在这样的孩子，而是因为他们的故事还没有被讲出来,或者关于他们如何成功的必备要素的细节讲得还不够多。这本书讲述的就是类似杰西卡及其父母的故事,这些父母努力让他们的孩子在经历了父母的离婚后变得更加坚强。总之,这是一本关于成功与爱的书。

对于我来说,起点在哪里

在职业生涯的早期,我参与了一个以学校为基础的心理健康项目,为有适应问题的儿童提供早期干预和支持。教师把孩子介绍给我,有以下几个原因:不能集中注意力;因为焦虑、孤僻的行为而无法参与课堂活动;或者因为愤怒、破坏性行为(有时还牵涉他们的同学)而无法顺利完成学业。

当我和这些孩子在一起的时候,有一个主题反复出现。他们的很多担忧都与压力有关,这些压力来自家庭纠纷。由于无处求助,这种压力就蔓延到了课堂。在得到家长的允许后,我开始以小组的形式与孩子见面,给他们一些支持,帮助他们认识到,在这些经历和情感上,他们并不孤单。他们压力的缓解是显而易见的。小组内逐渐建立起同伴情谊和互助感,这让我意识到这些孩子需要的是一个安全、支持性的环境,能让他们共享经历、认识到自己并不孤单,以及学习一些技能以有效应对所面临的挑战。

我决定学习更多的知识,帮助那些经历重大生活变故的孩子和家庭。然后我开始攻读临床心理学博士学位。我的导师是已故的埃默里·考恩(Emory Cowen),他是社区心理学和促进儿童健康的先驱。在写博士毕业论文的时候,我立刻想到了那些和我在学校里相处过的孩子们。时至今日,我都记得他们的名字、他们的面容,还有他们的勇气。在20世纪80年代初,离婚率飙升,数百万儿童都受到了影响。我刚刚结婚,有4个继子女,因此我也有非常强烈的私人理由去帮助那些在父母离婚后经历了巨大转变的孩子。我认为，我们需要一个范式，可以在成千上万个孩子身上重复使用，而不是仅仅适用于一个小组的孩子。学校是实施这类预防性项目的理想场所，首先是因为孩子把学校当成第二个家，其次是因为通过学校，该项目可以免费惠及大量需要帮助的孩子。

对于一个年轻的理想主义"新手"心理咨询师来说，这是个多好的主意啊……但当我开始向几位学校管理者提出这个想法的时候，就不是那么回事了。这个概念还没有被尝试过，这个地区还没有运行过这样的项目，即使在全美国，也只有一两个。一些管理者担心家长可能会有负面反应，这都是可以理解的。

被拒绝几次之后，我的论文委员会开始担心我能否得到足够多的学校、孩子、家长和教师的配合。我自己也开始怀疑了。有一天我又被拒绝了，我非常沮丧，对继子斯科特说："我觉得为孩子们开展支持项目可能行不通了，或许我应该放弃，找一个更简单的论文题目。"我们心爱的儿子，虽然只有15岁，但有着超乎年龄的聪明才智，他还记得父母离婚给他带来的痛苦。斯科特对我说道："乔安妮，不要放弃，我多么希望在我小时候能有这样的项目。"

至今我对这一幕仍然记忆犹新，仿佛就在昨天。斯科特的话激励着我，让我下定决心，把阻碍当成需要克服的挑战，把拒绝当成需要解决的问题。不久之后，5所学校同意开辟一条新的途径，来为孩子们的健康适应提供支持，并参与一项调查研究，看看这个项目是否有用。我非常感谢这些学校的教师、管理人员和小组领导，愿意尝试一种新的方法。从那时起，他们试行的项目已经为全世界五百多个试点的数千名儿童提供了服务。

我也非常感谢那些同意让自己的孩子参与这个项目的家长，感谢他们对我和学校工作人员的信任。最重要的是，我很感谢那些孩子，他们信任我，愿意分享他们的故事、情感，还有他们的内心世界。孩子们一直是我的灵感来源。他们让我懂得希望、勇气和决心，即使他们生活中的一切，往好了说可能是暂时、不可预知的，往坏了说可能是痛苦、永久破碎的。

这本书折射了这些孩子，以及无数像杰西卡一样的孩子的经历和内心感受。他们深切感受着家庭的变故，但通常不曾也不能与他们最爱的人——父母——分享这些感受。这本书还可以为父母以及其他照看孩子的成年人提供一些久经考验的方法，不仅能帮助孩子挺过父母的离婚，还能让他们健康成长。我用"离婚"这个词定义所有家庭关系的终止。无论他们是异性恋还是同性恋，无论他们的婚姻是否合法，离婚对他们的影响都是同样深远的。

本书所呈现的内容都是基于我 25 年以上的实践经验，包括对儿童和家长项目的开发、指导和研究，这些经验来自我自己的临床实践，也来自世界各地的同事所从事的研究，研究的数量非常多并日渐增长。这些研究共同提供了充足的证据，证明父母可以顺利采用久经检验的策略和做法，来减少或防止离婚对孩子产生的很多负面影响。

这本书能给你带来什么

写这本书是我早期目标的一个延伸，希望能够惠及更多的孩子和家庭。我把它写给父母、祖父母、充满爱的家人和朋友、教师、法官、律师、调解人、心理健康专家，以及其他对孩子的生活产生影响的人。我写这本书是为了你，但最终是为了你所关爱的孩子。

以下是 3 个最主要的目标。

1. 为了能够让你——尤其当你是一名家长时——听到孩子的感受，那些平时他们不能说也不愿意说的感受，能够让你深入了解离婚所带来的持久影响，以及再婚和再婚家庭关系可能会遇到的挑战。

2. 为了帮助你——尤其当你是一名家长时——了解很多方法来减少

离婚带来的伤害，并引导你的孩子变得尽可能强大、有韧性。这些方法都是基于深入研究的，以及我对很多儿童和家庭的工作经验，都很合理、实用。
3. 给你以理解、共情和希望，这样你就能把逆境变成治愈、积极改变和重新开始的机会。

通过这本书，你可以学习到以下内容。
- 孩子在安全的治疗环境下会说什么（他们很少把这些话告诉正在离婚或已经离婚的父母），以及如何理解他们的言行。
- 在不同的发展阶段，孩子如何表达离婚所带来的压力，父母又能做些什么来缓解孩子的压力。
- 如何与不同年龄的孩子谈论分居、离婚以及家庭变化，能让他们感到安心和稳定，并为巨大的变化做好准备。
- 父母该如何减少两人之间的冲突，让彼此幸福，让孩子远离永无休止的仇恨。
- 有利于我们理解如何帮助孩子度过困难时期的最新行为研究和大脑研究。
- 父母可以采取什么样的高情商养育方式（特别是始终如一地表达持久的爱，同时对他们的行为设定明确的界限）让孩子成长为坚强、有韧性的人。

由于市场上的其他书籍提供了各种各样的观点，有些甚至是相互矛盾的建议，我也提出一些看法。关于离婚对孩子产生的影响，专业人士中存在一些争议。他们的大部分分歧在于这种影响的程度。

一些研究人员和临床医生认为，离婚不可避免会给孩子带来困扰，这种困扰会持续一生[2]。事实上，研究表明，在离婚期间和离婚后很长一段时间内，离婚对很多孩子都产生了消极影响。几项全美调查证实，父母离异的孩子所经历的心理健康问题是来自非离异家庭的同龄人的2~3倍。在我和同事对二年级和三年级的孩子所进行的一项研究中，我们发现离异家庭的孩子焦虑和抑郁程度更高。与来自稳定婚姻家庭的同龄人相比，教师、父母和这些孩子自己都认为他们明显更加焦虑，经常表现出沮丧、不快[3]。

其他研究则表明，绝大多数孩子在父母离婚后能适应，恢复得很好。这一观点得到了一些研究的支持[4]，这些研究表明，随着时间的推移，孩子的表现存在巨大差异，相当多的孩子能够生活得很好，没有证据表明他们有重大的心理问题。正如有些研究者所指出的，研究可能会忽略的是，潜在的痛苦情绪在标准化的研究工具中更难被测量[5]。然而，也有研究表明，当孩子目睹父母之间长时间、激烈的冲突时，离婚实际上会减轻他们的压力。

从长远来看，如果离婚能够带来更安宁的家庭生活，那么这比让孩子长期处在争吵的环境中要好[6]。

我个人的观点是，离婚肯定会给孩子带来痛苦，但长期的负面影响并非不可避免。关键是要了解哪些因素可能会使孩子出现问题，哪种因素能帮助他们成长。多种因素会影响孩子的生命进程，其中许多因素取决于在离婚前、离婚期间、离婚后父母与孩子的关系质量。一直以来的研究表明，如果父母能够控制他们的冲突，管理好自己的情绪，并做好养育工作，他们的孩子在以后的成长过程中也不会受到父母离婚余波的影响[7]。现在，由于这一领域研究的深度和广度，我们能更好地了解离婚给孩子带来的具体的（以及毫无疑问真实存在的）风险与挑战的本质。我们知道，就离婚所造成的压力程度以及适应它所需要的时间而言，离婚仅次于死亡[8]。我们知道离婚不是一个单一的变化，而是一系列变化，父母要帮助引导孩子度过所有的变化。

幸好，我们也了解到一些被证明有效的养育方式，能够帮助孩子变得有韧性，避免像杰西卡那样在一开始时产生痛苦的感觉。我们记录了很多像卡罗尔和保罗一样的成功的父母经验,他们学会了分担,创造充满爱的、稳定的养育环境。这些案例证明了积极、高情商的养育是可行的,即使在一段痛苦破碎的婚姻关系中。

关于"深思熟虑"的一点说明

人们普遍认为,离婚这个决定充满了痛苦。让人不太容易理解的是,离婚过程中还伴有担忧、矛盾的情感。对于很多人来说,这些复杂的情感会演变成挥之不去的遗憾。心理学家梅维斯·赫瑟林顿(E. Mavis Hehterington)及其同事在"弗吉尼亚州离婚与再婚的追踪研究"中[9],对离婚的成年人进行了一段时间的跟踪调查,以更好地了解他们的长期变化和调整。

除此之外,这项研究还揭示了前伴侣之间所保持的依恋随着时间的推移而产生的持久影响。离婚一年后,四分之三的离婚夫妇中至少有一方会重新考虑他们的离婚决定。这些前夫(妻)告诉咨询师,或许他们应该更努力地经营婚姻,并且对于自己的选择表示后悔。

离婚两个月后的数据进一步揭示了夫妻之间持续的感情和依恋关系。四分之三的女性和三分之二的男性表示,在紧急情况下,他们首先会给前夫(妻)打电话。15%的夫妇报告说,离婚后双方至少有过一次性生活。另外还有15%的男性仍在继续帮助前妻做家务。这项研究强调了一个事实:我们天生会在各种关系中寻求强烈的依恋——即使有些关系因不可调和的差异、强烈的情感和冲突而变得复杂。

基于这些信息,我想说,有必要问一下,你们之间的分歧到底有多么不可调和。如果你和你的伴侣经常吵架甚至家暴,离婚不仅能给你提供更多安全感,让你从有害的环境中解脱出来,对你的孩子也是如此。

然而,在所有的离婚中,只有少数案例具有如此高的冲突水平。具有讽刺意味的是,低冲突水平的离婚似乎对孩子的适应构成的挑战最大[10]。或许这样的婚姻最有可能和解，或者至少有可能以减少对孩子压力影响的方式处理离婚过程。

对于处于婚姻危机早期阶段的夫妻来说，可能存在一个重要的"机会之窗"来解决棘手的问题，加深亲密关系，加强他们的关系。不幸的是，通过早期干预来挽救婚姻面临的主要挑战之一，就是显而易见的"拖延"问题[11]。那些意识到婚姻存在问题的夫妇平均要等6年才会寻求帮助[12]。到那个时候，至少有一方已经在情感上脱离，想重新找回当初让他们在一起时的感觉可能为时已晚。

但我想对你说的是，如果你对分居或离婚有疑虑，可以考虑向心理健康专家、牧师或者——也许是最重要的——伴侣寻求帮助，解决这些疑虑。即使你认为已经太晚了，你也可以通过真诚的讨论、努力的挽回来找到解决办法。我遇到过一些夫妻就是这样做的，甚至有些是在离婚之后做到的。通过勤奋、诚信和承诺，他们就能找到恢复、强化彼此关系的办法。有一些人选择了复婚，其他人则满足于继续在一起而没有再婚。虽然这种情况并不经常发生，但我知道，对于那些冒着风险去处理遗憾的人来说，回报也是很大的。

请理解，我并不是反对离婚。我相信，有时候，这对所有人来说都是最好的决定，特别是当持续不断的冲突使家庭中的每个人都紧张和痛苦的时候。但当你通过这本书了解到更多关于离婚对孩子产生的影响时，我非常希望你考虑一下，在你的情况中，离婚会成为挥之不去的遗憾，还是有可能重新修复关系、维系家庭。

当然，维系婚姻并不能保证幸福。任何一段关系都有痛苦的时候，这是不可避免的。问题是，是通过付出艰辛的努力来使婚姻更加稳固，还是把它抛在身后重新开始，到底哪种选择能让你获益最大。不管怎样，如果你确信自己已经为婚姻和孩子尽了最大的努力，你就会感觉轻松一些。

憧憬美好的未来

无论离异与否,对于所有尽职尽责的父母来说,养育子女都是一个终生的过程。对于那些正在经历离婚痛苦的人来说,虽然这听起来非常艰巨,但是共同度过这些艰难的时刻、痛苦的适应调整,这个过程给了父母和孩子一个机会,让他们建立牢固、充满爱的关系,而且这种关系会日久弥深。

这就是我希望你们憧憬的美好未来。这本书整合了大量研究以及我从无数个故事中学到的东西,这些研究和故事揭示了那些父母离异的人的恐惧、经历和愿望。这本书也反映了我自己的经历,给我亲爱的丈夫当了30年妻子的经历,作为7个孩子母亲的经历,其中也包括罗杰(Roger)带来的4个孩子。我们的孩子证明了韧性的潜能,也教会了我们很多为人父母的知识,今天他们过着非常充实的生活。他们也是我们无限快乐的源泉。

我相信家长和孩子能够经受住离婚带来的重大挑战、承担起相应的后果。我对有些父母深表同情,他们本身深陷痛苦、极度脆弱,还必须要召唤内心深处的力量,来承担孩子的困惑、悲伤和恐惧。我知道,在离婚初期,没有什么比这更困难了。但我也知道,如果父母能找到办法用心倾听孩子的经历和感受,并做出积极的养育承诺,就是给孩子最好的礼物。我希望这本书能对你有所帮助、有所指引。

注释

1. 为了充分保护来访者的隐私,我从不使用他们的真实姓名、情况或环境。就像我在这本书中描述的所有孩子及其父母一样,杰西卡是一个虚构的人物。然而,他们的经历是非常真实的,通过他们的语言传达的情感具有惊人的一致性。
2. Paul R. Amato, "Children of Divorce in the 1990s: An Update of the Amato and Keith (1991) Meta-analysis," *Journal of Family Psychology* 15, no. 3 (2001): 355–370; N. Zill, D. Ruane Morrison, and M. J. Coiro, "Long-Term Effects of Parental Divorce

on Parent-Child Relationships, Adjustment and Achievement in Young Adulthood," *Journal of Family Psychology* 7, no. 1 (1993): 91–103; Frank F. Furstenberg, Jr. and Andrew J. Cherlin, *Divided Families: What Happens to Children When Parents Part* (Cambridge, MA: Harvard University Press, 1991).

3. Lynn A. Hoyt, Emory L. Cowen, JoAnne L. Pedro-Carroll, and Linda J. Alpert-Gillis, "Anxiety and Depression in Young Children of Divorce," *Journal of Clinical Child Psychology* 19, no. 1 (1990): 26–32.

4. E. Mavis Hetherington and John Kelly, *For Better or for Worse: Divorce Reconsidered* (New York: W. W. Norton, 2002).

5. Lisa Laumann-Billings and Robert E. Emery, "Distress Among Young Adults from Divorced Families," *Journal of Family Psychology* 14, no. 4 (2000): 671–687.

6. Paul R. Amato and Alan Booth, "The Legacy of Parents' Marital Discord Consequences for Children's Marital Quality," *Journal of Personality and Social Psychology* 81, no. 4 (2001): 627–638; Paul R. Amato and A. Booth, *A Generation at Risk: Growing Up in an Era of Family Upheaval* (Cambridge, MA: Harvard University Press, 1997).

7. Robert E. Emery, *The Truth About Children and Divorce: Dealing with the Emotions So You and Your Children Can Thrive* (New York: Viking, 2004).

8. T. H. Holmes and R. H. Rahe, "The Social Readjustment Rating Scale," *Journal of Psychosomatic Research* 11, no. 2 (1967): 213–218.

9. Hetherington and Kelly, 2002.

10. Alan Booth and Paul R. Amato, "Parental Predivorce Relations and Offspring Postdivorce Well-Being," *Journal of Marriage and Family* (February 2001): 197–212.

11. John Mordechai Gottman and Julie Schwartz Gottman, "The Marriage Survival Kit: A Research-Based Marital Therapy," in Roni Berger and Mo Therese Hannah, eds., *Preventive Approaches in Couples Therapy* (New York: Routledge, 1999): 304–330.

12. C. Notarius and J. Buongiorno, *Wait Time Until Professional Treatment in Marital Therapy*. Unpublished manuscript, 1999.

第1章

"我离婚"：孩子说了什么、有什么含义

了解孩子内心深处的感受

"'我离婚'时最痛苦的事，是当我在妈妈家里时，看着餐桌前的空椅子，想念爸爸。而我在爸爸家里时，又想念妈妈。"

"对于我来说，'我离婚'时最糟糕的事就是吵架。当他们争吵的时候，我总是听到他们一遍又一遍说到我的名字。我担心这一切麻烦都是由我造成的。我真想堵住耳朵、大声尖叫。"

"是啊，'我离婚'时也是这样。他们一吵架，我就跑进衣柜躲起来。"

早些时候，在我对那些父母离异的孩子进行研究时，我让一个儿童互助小组的成员说一说，对于他们来说，在所有的家庭变化中什么是最困难的。当我听他们描述自己的感受时，不禁注意到，他们都用了"我离婚"这样的字眼。就在几分钟前，这些孩子还在开心地聊着他们最喜欢的电视节目和食物，那时他们看起来就是普通的学龄儿童。现在，当他们谈起父母的离婚，以及与之相关的失落、悲伤、担心、希望和渴望时，他们似乎不知不觉地长大了，承受着家庭破裂这个新现实。对他们

所有人来说,"我离婚"代表了不想要、不受欢迎的改变。对很多人来说,这也是一个打击。

当我暗示他们,离婚是父母之间的事,而不是他们的事时,他们令人信服地描述了为什么离婚实际上也是他们的事。这些孩子的经历都有一个基本的故事主线:他们最喜欢、最依赖的两个人分道扬镳了,他们所熟悉的生活彻底发生变化,这些变化经常让人感到困惑。

很多年前,就在这样的日子里,我开始特别注意倾听孩子们如何描述父母离婚时他们的内心体验,以及这些话语背后可能隐藏的额外含义。在治疗师的办公室里,或者在互助小组中与其他父母分居或离异的孩子在一起时,孩子们有安全感,经常流露出他们在其他地方没有表达出来的感受和想法。经过无数次的访谈,我了解了孩子们的看法,知道什么对他们有帮助,什么会伤害他们,以及最终什么会对他们的一生产生影响。

本章以研究资料为基础,探讨两个相关的主题:关于父母离婚,孩子们说了什么、有什么含义;以及父母如何能仔细倾听并表达他们的理解、共情、关爱与支持。

孩子的话语能够让我们深入了解很多人在父母离婚时所体验的各种感受。我对孩子话语的解读是基于多年来的仔细倾听,以及向离婚影响方面的真正专家——孩子本人——学习。我自己以及许多同事的临床研究中都很好地记录了这些反馈。

本章的最后一部分描述了一些具体的做法,家长和其他人可以用其来鼓励孩子谈论他们的感受,也能帮助家长带着更深刻的洞察力和理解力去倾听孩子。这部分还包含了最近的一些脑科学研究。这些研究有助于解释,为什么通过话语表达情绪能够起到缓解情绪的作用,也能培养人们调节强烈情绪的能力。我希望,有了这些知识和技能,家长能够更好地与孩子建立起温暖而持久的关系,这种关系在他们的一生中会越来越稳固、越来越富足。

特殊挑战：理解孩子的真实想法和感受

离异父母在养育孩子的过程中面临着特殊挑战，因为父母通常很难了解孩子对于他们离婚的真实想法和感受。大多数孩子很少谈论父母的离婚，以及他们自己对父母离婚的复杂感受。原因有很多。

第一，孩子可能并不总是理解自己的感受，或者限于自己的发展阶段，他们找不到合适的情绪词汇或没有能力说清楚自己的感受。他们感受到的焦虑可能会让他们更难理清、描述这种复杂的情绪。

第二，一些孩子过于担心家庭情况，对此感到焦虑，以致把自己所有的情绪都封闭起来。保持沉默有时是孩子的一种应对机制，以此来隐藏自己的痛苦感受，使自己远离伤害。

第三，当孩子看到父母中的一方或双方生气、沮丧、脆弱或全神贯注于自身问题时，他们可能会保持沉默。很多孩子似乎都有内在的情绪晴雨表。当"乌云"聚集在父母周围时，他们会找个地方躲起来，尽量避免这种紧张的情绪氛围。如果形势不稳定，孩子会本能地害怕提及他们观察到的情况。相反，他们经常想方设法维持现状，避免引起哪怕最轻微的涟漪。

第四，他们经常既想保护父母，也很担心父母，他们保持沉默，努力保护深爱的父母免受额外的苦恼和担忧。在这种情况下，孩子不想给父母增加负担，特别是当他们认为父母留给自己的时间和精力已经所剩无几的时候。就像那个在父母争吵中一直听到自己名字的女孩所说的那样，"这让我担心所有这些麻烦都是我造成的"。

第五，孩子渴望父母能够和解，至少不再争吵。在这种情况下，对他们来说，保持沉默似乎是最安全的反应——一个不大会妨碍他们家庭团聚愿望的反应。

在家庭之外，对于学龄儿童来说，朋友会如何看待自己父母离婚的消息，这让他们感到尴尬和担忧，因此会把感受藏在心里，从而加剧他们的孤独感。令人惊讶的是，在这个约有半数婚姻以离婚告终的时代，很多孩子还是感到羞耻、尴尬，担心别人会如何看待他们和他们的家庭。在最需要分享和探索自己的感受、获得安慰和支持时，他们反而变得越来越孤独。

虽然孩子故意保持沉默，但是他们急需父母了解其内心深处发生了什么，并与之无障碍地沟通。他们渴望父母能够倾听和理解其内心感受，希望这能成为日常生活的一部分。最重要的是，他们希望父母能注意到他们的痛苦和恐惧，尽可能帮他们缓解痛苦和恐惧。

作为父母，理解孩子沉默的含义非常重要，不要试图强行打破这层保护罩。相反，最佳帮助是让孩子感到安全、有保障和受保护。当孩子确信你会理解他们、与他们共情时，他们就更容易表达自己的感受，并与他人分享。

话语与深意

已故的儿童心理学家海姆·吉诺特（Haim Ginott）博士曾介绍了一些与儿童交流的新方法。他创造了"儿语（childrenese）"这个词，用来定义儿童在描述感受和动机时使用的独特语言（不同于成人所使用的语言）。当我作为临床心理治疗师进行训练时，我学会了这种语言，也学会了如何倾听孩子问问题、做评论时未说出口的含义。如果只听孩子话语的表层意思，有时会忽略更深的含义，那具有更大的情感价值。很多时候，孩子的评论和问题实际上是为了寻求保证——父母会继续关爱、关心他们的保证。

你可以将儿语的概念应用到日常养育中，从而明白孩子所说的、所问的可能有未说出口的含义。对你来说，用这样一个"过滤器"去倾听孩子可能有些困难，尤其是当你担心自己的决定和行为成为孩子痛苦的根源时。但是，当你慢慢探查孩子的内在感受时，你很快就会发现，这样的倾听能够使交流更有意义、更具有治愈性。

培养倾听的能力对于以下两个关键目标至关重要：帮助孩子感受到自己被理解、被接纳；以及确保他们在表达所有情绪时都有安全感。这样的交流能够加强亲子情感纽带，亲子情感纽带非常重要，已经被证明有利于孩子茁壮成长。

举一个非常典型的例子：孩子的问题似乎很简单，但父母明智的反应使他们能够发现孩子真正的担忧，并帮她缓解。5岁的艾米丽问爸爸："你要找一个新老婆了吗？"对于丹来说，这听起来像是一个简单的问题，但他明智地预料到，这个问题可能掩藏了一些担忧。他回应的方式是，说了一些他认为她可能会担心的问题，然后很快发现艾米丽确实有一些更严肃的问题要问。

丹用胳膊轻轻地搂住女儿，很睿智地回应："艾米丽，也许你在想，如果我再婚会怎么样，或者妈妈再婚会怎么样？或许，你也想知道我们家还会发生什么变化。我近期没有再婚的计划，但如果我再婚，我一定会提前告诉你，这样你就会提前知道。但有一件事很重要，我希望你能永远记住。即使有一天我再婚了，我也永远都是你爸爸，妈妈永远都是妈妈，没有人会取代她的位置。我们都会继续爱你、关心你。你永远是我最特别的艾米丽，这一点永远不会改变。我对你的爱永远不会停止，也不会消失，即使我也爱别人。"

事实上，艾米丽确实担心如果爸爸给她找了一个"新妈妈"，她可能就不能像以前那样去见她的"亲生妈妈"，也不能像以前那样爱她的"亲生妈妈"了。除了这种顾虑之外，她还有一种潜在的忧虑，担心如果父母有了新的伴侣，他们可能也会有"新的孩子"。她会被取代吗？即使她没有失去作为丹的女儿的法定地位，但她担心可能会失去自己在爸爸心中的特殊地位，或者以前一起看电视时，她常和丹一起坐在沙发上，她以后会不会失去这个位置。这些担忧都基于她的误解，她认为如果人们不再爱彼此，就会"抛弃他们"，有新的人取代他们。对于在她这个年龄、有这样生活经历的孩子来说，出现这样的想法也是合乎逻辑的。

艾米丽的问题非常典型，就是处于她那种境况下的孩子会问的问题。她潜在的担忧也和其他同龄人一样。她爸爸面临的挑战是，如何将她的简单问题转化成真正的问题——迫切需要澄清家庭中哪些方面会改变，哪些方面不会改变，还要向她保证她在一个充满爱的家庭中的地位不会变化。

除了问一些看似简单的问题外，孩子还可能以掩盖内心感受的方式回答成人的问题。例如，如果问孩子对于父母离婚有什么感受，他们通常会说"我不是很清楚"或者"这不是什么大不了的事"，甚至"这个话题很无聊"。当孩子面对可能会引起焦虑或者让他们感到威胁、不舒服的话题时，"无聊"是他们所采取的标志性保护反应。

这些简短的回答可以让孩子远离痛苦的情绪，但对于父母来说，重要的是要明白，这些简短回答的背后往往隐藏着更深的感受。如果时机恰当，而且孩子有安全感，他们可能会让你了解其真正的担忧和感受。关键是，你要帮助孩子意识到，他们的感受可以被倾听，而且不会有人评判，甚至更重要的是，不会被拒绝。这似乎是明摆着的，但是当父母还沉浸在自己的痛苦情绪中时，能够敞开心扉平静地倾听孩子的痛苦感受，这是非常了不起的。

举一个例子，你可以给孩子提供温柔的安慰，与此同时，你也向孩子打开未来交流的大门："现在你可能不太想谈论你的感受。谈论那些让人难过的事情是很困难的。但是我们的家庭确实发生了很大的变化，这些变化让我们所有人都会有很多感受。任何一个人经历了我们经受的变化，产生这些感受都是很正常的。所以要知道，当你对这些事情感到悲伤、生气、担心、沮丧时，或者当你感到稍微舒服一些的时候，我希望能听到你的想法和感受，我会一直在这里。"

孩子在担心什么

很多研究，包括我和我的同事针对7—8岁孩子所做的研究都显示，父母离异的孩子的焦虑水平比那些父母未离异的孩子要高[1]。有很多因素导致了他们的焦虑。

在治疗师办公室的安全氛围中或者在互助小组中，这些因素就会显露出来。在我们的小组中，我们首先会问，"当你听到'离婚'这个词时，你最先想到的词是什么？"对于从幼儿园到青春期的孩子来说，这个活动总是能引发激动、深刻的情感讨论，在这个安全的小组之外，他们几乎没有提过这些感受。虽然不同年龄段的孩子的反应有所不同，但是经常被提到的词包括：悲伤、害怕、震惊、生气、郁闷、沮丧、困惑、担心、不可思议、不同、打架、左右为难、孤独、离开、破裂、胃疼、分离、来来回回、失落、为什么、绝望、无助，有时候仅仅是，噢，不！那些在长期适应家庭变化方面更有经验的孩子——如果足够幸运，会提供一些积极的词汇，比如：释然、满怀希望、平和，或者不再争吵。

多年来，我们对互助小组中的孩子进行了一项调查，调查揭示了他们最常见的担心和压力源。"对你来说，父母离婚，你感到最困难的是什么？"以下是孩子们对这个问题的回答。

- 当我和妈妈在一起时想念爸爸——98%
- 当我和爸爸在一起时想念妈妈——98%
- 我担心我以后会怎么样——94%
- 爸爸妈妈为我而争吵——92%
- 爸爸妈妈经常吵架——86%
- 我担心现在的家庭问题都是我的错——79%
- 往返于两个家庭——78%
- 我在学校过得很艰难——72%

- 我和爸爸待在一起的时间太少了——72%
- 我和妈妈待在一起的时间太少了——64%
- 我担心伙伴们知道我的爸爸妈妈离婚后会怎么想——65%
- 我担心我的家人——65%
- 我担心我们没有足够的钱——56%
- 有时候我觉得自己没有家——29%

这些回答传达了孩子常常藏在心里的各种担忧。通过认识、理解这些担忧以及他们可能给孩子带来的情感伤害，你可能会更好地伸出援手，为他们提供迫切需要的保证。你的共情、支持会让孩子感到如释重负，帮助他们认识到，即使家庭发生了动荡、变化，他们也不会被遗忘，而且这些支持能够让他们放心，感觉自己是被理解的。

孩子们最初的担心是："我以后会怎么样？" 对于所有年龄段的孩子来说，在父母离婚的早期阶段，这是他们最紧迫、最重要的忧虑。年幼的孩子担心谁来照顾他们，大一点儿的孩子担心离婚可能会对他们产生多方面的影响。他们还可能担心家庭的进一步分裂："如果哥哥想和爸爸生活在一起，而我想和妈妈在一起，该怎么办？"

从婴儿期到学龄早期的孩子还没有能力理解复杂的家庭环境，他们也缺乏表达自己脆弱无助的语言能力。他们根本不知道自己或家人会发生什么。这些孩子担心的是迫在眉睫、日常照料的琐事——父母会给他们做饭，带他们去托儿所或学校，给他们读书，哄他们睡觉，如果他们晚上醒来，爸爸妈妈就在旁边。有时候他们会想象一些可怕的情况，那些情况是非常可能发生的，也是非常真实的。

正在离婚的父母常常对年幼孩子的频繁发问感到不知所措，"你要去哪儿？你为什么一定要走？你什么时候回来？"每次去超市、每次去上班，甚至去不同的房间，都可能让孩子非常焦虑。年幼的孩子经常担心，如果他们不一直待在父母身边，就可能会被完全忘记。

如果父母无法用孩子能理解的方式解释正在发生的事情，年幼的孩子往往会自行脑补恐惧和幻想，这些恐惧和幻想比现实糟糕得多。例如，他们可能会认为，爸爸妈妈不再爱对方了，那么也可能不再爱他们了，不再照顾他们了。这让他们非常容易焦虑、担心，这些焦虑和担心往往会导致他们行为退化、入睡困难、做噩梦、出现越来越多的黏人行为或要求、情绪突然失控、与父母分离困难，以及其他压力迹象。

学龄儿童常常担心，他们会住在哪里，什么时候能见到父母二人，离婚会如何影响自己的友谊、学校活动，以及他们生活中其他非常实际的问题。有时，如果缺乏具体的信息，他们设想的生活情况也会比可能要经历的更糟糕。

担心父母会"消失"——既有物理层面的也有心理层面的，也担心父母不再养育他们。 通常，年幼的孩子会感到害怕，因为爸爸或妈妈从这个他们唯一了解的家里"消失"了，另一个人可能也会这样。他们的焦虑通常会随着生活环境的变化而增加。难怪孩子在这种情况下经常做噩梦；焦虑地黏着父母；需求增多；不想在自己的床上睡觉；到了该去幼儿园或托儿所的时候，或者轮到另一位家长看管的时候，不想与当前的家长分离；以及表现出各种各样的焦虑行为。

孩子还会担心，即使从物理层面上来说父母并没有消失，但是离婚可能意味着父母不会再养育自己。6岁的贾斯汀告诉我："我担心爸爸妈妈互相不认识了。"当我问贾斯汀，如果父母不见面，他认为会发生什么，他给了更直接的解释。他担心如果父母在离婚后不再见面、不再和对方说话，他们可能就不再是他的父母了。他的话表明孩子是多么深切地认识到自己需要父母的照顾和引导。当孩子意识到父母在共同养育他，都爱他、关心他，他就会有安全感。当面对父母的离婚时，孩子非常害怕会失去父母的关注，因为父母的关注能让他们有被爱的感觉，有安全感。

青少年可能会更直接地表达他们的恐惧，尽管通常不是对着父母表达:"如果他们都走了怎么办?谁还会在我身边?"对于他们来说,恰恰在他们生命中即将要开始脱离父母的时候,"失去"父母中的一方或双方——或者失去父母的细心照顾——可能意味着前景不太乐观。他们内心深处明白,自己需要父母的引导,这能促使他们走上一条积极向上的道路。当父母离婚后,随之而来的是曾经充满爱但坚定的规则被打破,他们可能会抓住机会按照自己的规则生活,或者干脆不按规则生活。

大一点儿的年轻人或青少年可能会用冒险、暴躁、挑衅性的独立行为来掩盖他们的恐惧,或者只是不愿与人交往。好学生可能在学校表现不佳,运动员可能退出球队,朋友可能抛弃他们最亲密的伙伴。所有这些都意味着一种无法控制的压力。

对于所有年龄段的孩子来说,当父母陷入冲突或者显得不稳定、不知所措时,他们的担心就会被放大,留下孩子去思考谁能照顾他们、谁给他们立规矩以及谁来保证他们的安全。如果了解恐惧可能引发的孩子的一系列行为,父母就能更好地疏解孩子的担心,并且采取重要的措施,有助于提供支持和稳定性。

隐形的感觉。14岁的萨拉在一次小组讨论中发表了心酸的评论,得到了许多人的赞同:"有时候我觉得自己是隐形的,好像没有人注意到我……没有人再抱抱我。"这个主题经常反复出现。在离婚前后的混乱中,在悲伤和适应变化的余波中,孩子常常觉得没有人真正"看到"他们,没有人知道他们的感受和需求。我很遗憾地告诉大家,在很多情况下,孩子的这种想法非常接近现实情况。

父母经常会因为自己离婚时的情绪而不堪重负——痛苦、悲伤、怀疑、愤怒、沮丧、恐惧、抛弃、内疚、孤独,以及深深受伤的感觉,那种无人关爱,甚至被背叛的感觉。除了情绪负担,许多离婚的父母所面临的新情况也需要他们把时间放在无数的实际安排、法律安排上。谁将住在哪里?他们将如何分担养育子女的责任?在一个完全重组的家庭中,他们将如何独自承担养育子女的任务?离婚后,他们的工作必须做出什么样的改变？离婚会给每个人带来经济状况恶化的情况，这通常会影响前述问题。财产如何分割？他们如何维持收支平衡？他们必须做出多大的牺牲？

当父母几乎要被这些严重的情绪问题、实际问题淹没时，他们必须花时间和精力处理它们。如果孩子看起来没什么困难，父母有时就会认为一切都很好，继续关注其他重要的事情。即使孩子大体上"没事"，他们在生活中仍然需要父母的陪伴——问问他们过得怎么样，提供安慰以及安全的家庭生活结构。

孩子觉得自己被忽视了，有时甚至变成了隐形人，这有什么好奇怪的吗？这种隐形感经常侵蚀他们的自我概念。他们认为，如果他们对父母来说无关紧要，那么他们可能对任何人来说都不重要，他们会体验到一种非常真实的失落感和孤立感。有这种感受的一些孩子只会变得安静、孤僻；有些孩子会隐藏自己的情感，假装一切都很好；另外一些孩子可能会采取行动，试图让自己变得足够重要、足以被注意。所有这些反应都可能掩盖着抑郁，如果不加以识别和处理，就会威胁到孩子现在和未来的幸福。

情感联系是人类的基本需求，对孩子来说，就像食物和住所一样重要。父母可以通过提供安全有爱的物质关怀、积极倾听、肯定孩子的优点和独特品质，设立规矩限制和指导来加强其与孩子之间的安全情感依恋。经常与父母进行这种充满爱的情感和身体接触的孩子，会为他们未来的关系打下坚实的基础，而不是感觉被忽视。

对未来的担心。孩子也关心许多与此类似的问题。到了学龄早期，他们能更好地理解未来的概念。然而，即使他们的认知能力有所提高，如果父母不能向他们提供符合其年龄和理解水平的准确信息，他们仍然会担心、想知道自己和家人会发生什么。因此，从孩子得知父母要分手的那一天起，未来就成为一个巨大的焦虑源。孩子很难想象一个不同于他们所知的现实世界，所以他们很容易受到自己最害怕的事情的影响。

他们可能抱着和解的希望不放，以及用一种"奇迹思维"——孩子相信他们的愿望能带来真正的结果——助长他们的内疚感和不切实际的期望，即他们能让父母团聚。这两种信念都让孩子偏离了他们最重要的发展任务——简单地当一个孩子。

初中生、高中生担心他们的生活会发生怎样的变化，担心父母双方是否还会参与他们的重大决策，是否还会支持他们的活动、出席特定场合。当他们对未来的期望——父母是否还会支持他们的高中活动，他们是否还能按照计划上大学——岌岌可危时，他们就会很不安。

对金钱的担心。"他们在毁坏房子，也没有食物了。"4岁的卡桑德拉在游戏治疗环节哭着说。她说每个字时都加重了语气，用家长娃娃砸烂了玩具屋。当我们聊到这个玩具娃娃家庭究竟怎么了时，她能找到一些言辞，直指深深困扰她的核心问题："他们担心自己会变得很贫穷，没有足够的食物。"她经常听到父母为了钱而激烈争吵，她担心他们买不起食物，自己会挨饿。

大一点儿的孩子和青少年目睹了伴随父母离婚而发生的生活方式的变化，他们经常担心金钱。他们通常能清楚地表达自己的担心，询问那些直接影响他们的事情。"我们还有足够的钱维持生活吗？""我还能继续上吉他课吗？""我还能去上大学吗？""我需要去找一份工作吗？"这些问题字面含义的背后可能是他们对父母、兄弟姐妹以及自己的幸福安康的深深忧虑。他们往往会隐藏这些更深层次的担心，不愿加重父母的负担。

对忠诚的担心。当孩子被卷入父母的冲突之中，需要裁决父母双方谁是正确的、自己该忠于谁时，对父母的担心就会成为一个特殊的焦虑源。他们担心是否该把自己和父母一方的生活经历分享给另一方，他们有时候也苦恼于自己应不应该喜欢父母一方的新伴侣，因为他们担心这是对父母另一方的背叛。

"爸爸问我，妈妈和谁在一起，但是我觉得妈妈并不想让我告诉他。""妈妈让我告诉爸爸，他要早点来接我，但是我不敢跟他说。"当父母已经决裂，还让孩子从中充当线人或传话员，这会让孩子感觉自己被夹在中间。他们非常不喜欢充当间谍的角色，甚至只是当一个传话员，也让他们感到焦虑。"如果爸爸不能改变他的日程怎么办？""如果我说让他早点来接我，他生气了，怎么办？"如果这个请求只会让他们对彼此更生气，怎么办？

基于以往的冲突经历，有些孩子能够预料到，父母可能会因为这些问题而吵架。而有些孩子根本不知道父母会做何反应，但是这种不确定性让他们很苦恼。研究在这一点上是非常明确的：尚未解决的涉及孩子的冲突，以及把孩子卷入父母的冲突中，会对孩子产生非常消极的影响。

我经常听到孩子说："我知道他们都想让我站在他们那一边。"孩子经常担心，父母在争吵的时候让他们选择站队。不幸的是，有时候确实会发生这种情况。让他们痛苦的是，有些父母试图把孩子从对方那里赢过来，或者在他们起冲突的时候把孩子的话作为"弹药"。

然而，通常情况下，孩子只是对他们所处的混乱局面做出反应。父母双方都爱孩子，但彼此都生对方的气。孩子想要"两边都站"。孩子既爱爸爸也爱妈妈，经常过着双重生活——孩子经常不堪重负，觉得自己必须要保守秘密，不能与父母中的一方谈论对方，觉得自己有责任努力让两个受伤、心爱的成年人再次快乐起来。

与爸爸或妈妈相处时，孩子的行为也会有所不同，他们和谁生活在一起，性格和习惯就会和谁保持一致。他们有时会担心，如果自己的长相和行为太像父母中的一方，可能会让另一方愤怒，或者被另一方抛弃。很多孩子都表示，他们的父母是多么不同，对他们来说，身处两个完全不同的世界是多么困难，无论父母双方是相隔数百公里还是几个街区，都存在这种情况。伊丽莎白·马夸特（Elizabeth Marquardt）在《在两个世界之间：离异家庭孩子的内心生活》（*Between Two Worlds: The*

Inner Lives of Children of Divorce）中详细且深刻地描述了这种现象[2]。这本书总结了她对一些年轻人感受的研究，在这些年轻人小的时候，他们的父母就离婚了。回顾童年发生的变化，这些年轻人的看法与我曾经接触过的那些经历家庭变化的孩子的看法非常相似。

担心父母的幸福。即使没有传递消息的压力，孩子也会担心父母一方或双方分开后的情况，特别是当其中一个人患有抑郁症，或者在身体、情感上有其他困难时。孩子经常会担心，说起父母其中一方的任何事情都会让另外一方感到难过、生气或受伤。"如果我告诉妈妈，我和爸爸过得很开心，她会不会伤心？"大多数孩子明白他们的父母有多痛苦，所以他们经常隐藏所有可能会导致父母额外痛苦的信息。即使当父母中的一方非常平静地询问另一方的消息，孩子可能也会苦恼该说些什么，说多少合适，特别是当他们感受到父母间的冲突或敌意时。

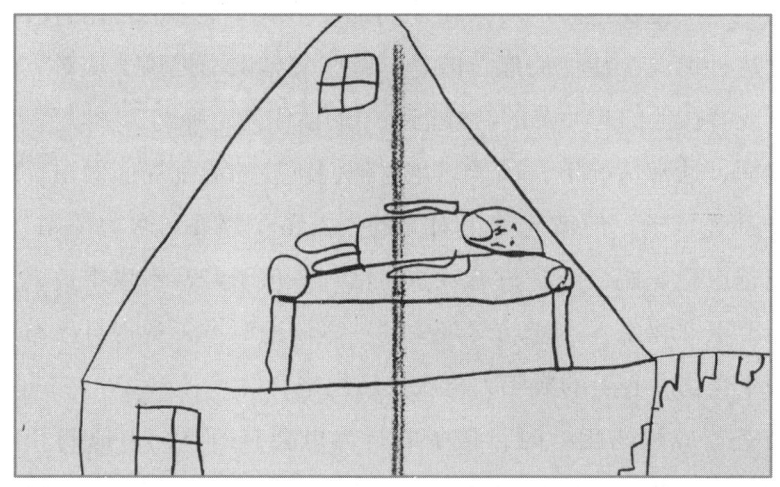

"妈妈总是躺在床上哭，"7岁的斯蒂芬妮的妈妈非常低落，她在我的办公室私下告诉我，"当我去上学或者和爸爸在一起的时候，我很担心她。"

另一个孩子问："你觉得爸爸在他的公寓里过得还好吗？他会很孤独，而且，他不会做饭。"对于孩子来说，担心父母的幸福是特别沉重的负担，因为他们可能觉得要对父母的安全、健康负责，这经常是以牺牲他们自己最大的需求为代价的：做一个孩子。如果孩子看到，父母把自己的身体和情绪都照顾得很好，他们就会更有安全感，对于自己的需求得到满足也会充满信心。

害怕彻底失去父母的关爱。"你还爱我吗？"孩子可能不会直接问父母这样的问题，甚至大声说出这样的话似乎都是有风险的。但是他们确实担心、想知道自己在父母心中的位置。就像艾米丽一样，当她问爸爸是否会有一个新妻子时，她真正担心的事并没有说出来，孩子认为，如果妈妈和爸爸不再爱彼此，那么爸爸妈妈将来也可能不再关心、照顾他们的孩子。

对于所有年龄的孩子来说，担心失去父母一方的关爱是一个焦虑源。如果父母一方或双方从这个家里搬出去，而孩子还没有做好充分的准备，那么这种担心、恐惧就会被放大。有时这种恐惧是孩子崩溃、黏人行为背后的原因。

孩子如何表达生气、受伤、背叛和内疚

生气。大一点儿的孩子认为，和死亡不一样，离婚不是不可避免的。他们知道有人做了这个决定，打乱了他们的生活，他们经常生气、怨恨，想要责备父母一方或双方。他们可能会直言不讳，虽然父母可能很难处理孩子表达出来的感受，至少他们不用费心思去弄明白这些话背后的含义。

大一点儿的孩子和青少年一般能清楚地表达他们为什么生气，即使有很多特定原因搅和在一起。14岁的梅丽莎画了一幅画，用了非常醒目的标题："离婚真是糟透了！"当她把画递给爸爸时，说："这就是我对离婚的感受。"爸爸非常明智地回答："是的，离婚确实给人这种感觉，不是吗？"我经常听到其他孩子和青少年赞同梅丽莎的这些观点。代表

他们愤怒的话语还有"离婚很愚蠢！""他们为什么就不能停止争吵？他们告诉我不再吵架了，为什么做不到？"

有时候，对父母离婚的焦虑，加上青少年自身的成长烦恼，会导致愤怒的爆发。"如果你们没离婚，我们就有足够的钱去度假。""你们真自私！你以为这是为了你们好——其实不是！要知道，你们还有孩子。我们不算数吗？"即使是最痛苦的指责，也往往表明了深深困扰青少年的烦恼。通常，他们的恐惧来源于一个新的事实，即他们之前对生活的希望和梦想实现不了了。

年龄较小的孩子没那么有远见，但是当他们对生活的变化感到焦虑和沮丧时，他们的行为可能会考验父母的耐心，即使是最善解人意的父母。如果变化及其他压力让他们感到不安，孩子通常以他们所知道的唯一方式来回应，来表达他们内心深处的恐惧——愤怒及其他失控的情绪、言语和行为。他们可能会完全崩溃、发脾气、对此刻任何在场的人大喊大叫。"我恨你！""滚开！"类似的暴怒，以及长时间的哭喊、啜泣，都可以合理地解释为"我非常害怕、难过，我觉得我的世界正在失去控制"。

背叛。"你怎么能这么做？"特别是当不忠的行为导致离婚时，孩子常常感到深深的伤害和背叛。当父母有外遇时，即使是非常小的孩子，也会觉得自己不再天真烂漫。正在为自己不断发展的道德感和性成熟而烦恼的青少年，特别容易受到愤怒、背叛、失信等感觉的影响。他们可能会变得非常谨慎，不愿完全信任任何人。

当父母分离是因为其中一人与一个非常信任的家庭朋友有外遇时，孩子的感受尤为复杂。14岁的布兰迪因为爸爸和她最好朋友的妈妈出轨而伤心欲绝。在我的办公室里，她坐在爸爸的对面，泪流满面。"我就有一个问题，"她说，"为什么？为什么，爸爸？"她递给爸爸一首她自己写的诗，是关于这位曾经深受她信赖的邻居和家庭朋友的。

我曾经信任过您，
您曾经得到过我的信任。
但是您给我带来的伤害又深又新，
我的心在流泪。

现在信任没有了，
我很难过，
但是我还感到
生气、愤怒、发狂。

曾经，我们一起吃饼干喝牛奶，
您倾听我的伤痛，我的希望。
我从没想过
您会把我们都当成傻瓜。

您溜进我们家
偷走我的爸爸
就像一个小偷。
您让我们的家变得空虚、充满伤痛。

让我告诉您：
我比您想象得更坚强。
无论我走到哪里
我都会昂首挺胸。[3]

当孩子发现，他们曾经信任的爸爸或妈妈和另一个曾经信任的成年人一起破坏了这份信任，这是极其痛苦的，可能会对他们产生非常深远、长期的影响,影响他们将来能否信任自己的亲密关系。孩子认为:如果他们连自己的父母都不能信任,他们还能信任谁?虽然孩子产生同样被背叛和愤怒的感觉,会让受伤的父母可能觉得自己是对的,但是无论哪个年龄段的孩子牵涉其中时,这些冲突都会给他们带来巨大的情感成本。

有些孩子决心再也不会让任何人如此严重地伤害他们。我听过太多的人说"我再也不会信任任何人",并且带着那个不愉快的决定生活。结果是,他们把自己与家人、朋友隔离开来,对于建立并维持长期、充满爱的关系非常谨慎。

内疚。这是父母离婚后对孩子产生严重影响的另一种情绪。虽然年幼的孩子比大一点的青少年更容易对父母的离婚表示内疚,但是所有孩子都对于父母婚姻的破裂——或者对于自己没能做点什么来阻止这件事发生——而感到深深的痛苦,觉得自己应该负有某种责任。"那都是因为我。我一遍又一遍地听到我的名字。"7岁的马修哭着说。事实上,当他晚上躺在床上时,经常听到自己的名字,那是父母正在争论一件至关重要的事情——他们儿子的幸福。

更具体的"信息"有时会让孩子确信离婚是他们的错。"他们离婚是因为我尿床,他们经常因为谁该起来帮我换床单而打架。"5岁的塔尼娅羞愧地说。对她来说,她的"坏"行为和父母争吵之间的关系是显而易见的:只要她能在晚上控制自己的膀胱,她就能阻止父母争吵、离婚。这一主题的其他呈现形式包括:糟糕的分数和成绩单、兄弟姐妹之间的争吵,以及其他常见的儿童行为,这些问题很可能让父母产生分歧,但绝不会是导致他们离婚的原因。

在极端的情况下,孩子可能会表现出抑郁的迹象,比如退行、对正常的儿童活动失去兴趣、持久的悲伤,或者情绪和行为上的变化。这些情况需要合格的专业人士的帮助。研究表明,如果孩子因为父母的离婚责备自己、把对父母离婚的愧疚或责任内化,他们会产生很多适应问题[4]。

当孩子的愿望或神奇的想法成真时，他们会有内疚感，这也让他们感到痛苦。"我对爸爸生气的时候，总希望他消失，现在他真的走了。"杰米说，他的火暴脾气和他爸爸非常像。即使已经7岁了，杰米仍不能相信，爸爸离开家不是因为他的愿望。

孩子的一厢情愿和勇敢应对

希望和解。"也许他们还会复合。"孩子谈论他们父母的离婚时，这是在所有反复出现的话题中最真诚的一个。当经常虐待孩子或情绪非常不稳定的家长离开家时，孩子偶尔会感到轻松。但大多数情况下，他们最想要的是让父母重聚，让一切恢复到以前的样子。他们不愿意公开表达自己的愿望，也很清楚自己不太能控制任何与离婚有关的决定。尽管如此，这种和解的希望可能还是会持续很多年。这也是当父母中的一方再婚时，甚至在他们离婚很多年后，孩子突然爆发愤怒或悲伤的根源。

这个主题有很多种呈现形式。"如果我再听话一点儿，也许他们就会在一起。"因为孩子常常认为离婚是他们的错，所以他们可能会更加努力地好好表现。他们希望家人团聚的愿望是如此强烈，以致他们会竭尽所能来实现这一愿望。但是孩子无法控制父母之间的分歧，对他们来说，理解这一点很重要。

在我们的咨询过程中，有一组二、三年级的孩子玩了一局游戏，提出一些关于孩子、离婚和有效应对的问题。7岁的艾莉森选了一张卡片，上面的问题是："孩子能让离婚后的父母重归于好吗？这是孩子能解决的问题吗？"她立刻回答："我希望我爸爸妈妈可以！"然后讲了一个她认识的人的故事，这个人真的让父母复合了。大家立刻齐声说："这真是一个奇迹，艾莉森！太了不起了！"这些孩子明白，这些秘密愿望是多么热烈真诚。

"如果有什么不好的事情发生，爸爸就会回来。"孩子对父母和解的希望和愿望一直存在，即使对那些父母好几年前就离婚了的大一点的孩子来说也是如此。一个非常聪明的15岁孩子向我吐露，当妈妈得了阑尾炎被送去医院的时候，他充满了希望，因为他的另一个妈妈*——是一个医生——那天值班，他非常愿意相信这个紧急情况是两人和解的催化剂。即使对这个聪明、适应良好的年轻人来说，让他最爱的两个人彼此相爱，是他一直以来从未与别人分享过的梦想。

对于很多孩子来说，这样的愿望都是隐藏在表面之下的，而且成了他们对父母一生依恋的一部分。父母和其他成年人可以帮助孩子对以下三点进行区分：他们希望父母和解、父母可能会和解，以及他们相信自己有能力让父母和解。

不让父母知道自己不安的感受。"我只是表现得我很开心，一切都很好，这样我就不会再添麻烦了。"10岁的罗伯在一个互助小组里和其他父母离异的孩子在一起，当他说到这一点时，许多孩子都点头表示赞同。和他一样，很多孩子有时掩藏了他们真正的担心、悲伤和恐惧。到了小学中期，孩子就会注意到别人的感受，他们通常非常体贴、善良。在这个年龄或者更大的时候，孩子通常会非常想保护他们的父母——以致他们经常会颠覆自己的感受，就像杰克一样，以避免父母有任何额外的悲伤或担心。很多孩子承担着超出其年龄的责任和成熟。当他们独自远行时，看起来就像一个小大人，担心不在自己身边的父母，小心谨慎地保护父母一方或双方的幸福。

虽然这些行为反映了一种共情、关心他人的优秀品质，但是让孩子承担父母一方或双方的全部情感责任对他们来说是不健康的。尽管孩子表现得慷慨大度，但是他们仍然需要感觉到父母能够并且愿意保护、照顾他们。如果父母能够证明，即使自己身陷困境，也能照顾他们，给他们提供

---

* 原文用的是"other mother"，结合上下文来看，这里指的应该是两名女性组成的家庭。——译者注

充足的时间、关爱、同情以及良好的家庭教育，孩子就能从中受益。

心理健康专家也认为，对于孩子来说，过早地扮演成人角色是有代价的。他们冒着失去童年的风险，在童年，他们背负着成年人的担忧和焦虑，偏离了正常的发展任务和活动，而那些才应该是他们成长的动力。

"我的爸爸妈妈一直缠着我跟他们谈这些事。我没办法告诉他们我的真实感受。我只是希望一切能回到从前。"认真负责的父母能够意识到，他们的离婚，无论多么合法、多么文明，都会对孩子产生很大的影响。意识到这一点，父母就会鼓励孩子谈论他们的感受和恐惧。这种谈话的时机要根据每个孩子的准备情况而定。

年幼的孩子经常感到不知所措，无法理清自己的感受，特别是对父母的感受，因为让他们产生困扰的正是父母。他们渴望幸福、安全的家庭生活，但这已经不可挽回地改变了，他们渴望着这种生活的回归。大一点的孩子认识到自己无力改变现状，这种认识有时使他们更加不愿意谈论自己的感受。与此同时，他们往往会保护自己的父母，不想让他们知道自己内心深处的悲伤、愤怒、沮丧或失落。

给父母的建议。孩子的内心体验经常通过他们给父母提的建议体现出来，这些建议一般会在互助小组的安全氛围中表达出来。以下是他们说过的一些话。

- 如果事情不断变化，对我们来说就更难了。
- 不要因为紧张、生气而对我们发火，这让我们觉得你也想要离开我们。
- 即使对彼此很生气，也要善待对方。你们每次吵架，我都胃疼。
- 除非你十分确定，否则不要说。这会让孩子重燃希望。
- 如果你要开始一段新的恋情，一定要谨慎。如果你要再婚，我们希望你不要再离婚。我们不想失去更多的人。
- 请一直在我们身边。你们俩离婚是一回事。不管你们的婚姻是否结束，请做一位合格的家长。不要也与我们分离。

幸福的可能

随着时间的推移和新生活模式的形成，很多孩子越来越平静，不那么悲伤了。"我想现在情况好多了，没有那么多争吵了。"一个10岁的孩子说。尽管她仍然因为曾经与父母在一起时的快乐时光一去不返而悲伤，但是她也知道，情况在好转，这种理解让她的悲伤有所缓解。她认为，积极的改变是可能的，未来会更加光明。研究表明，当孩子对照顾他们的成年人抱有现实、积极的期望，认为成年人在未来会帮助、支持他们时，他们就会表现出更强的韧性，做出更积极的调整[5]。

"离婚就像肾结石。很痛，但如果治疗得当，就会痊愈。"在我们的工作即将结束时，一个非常聪明的年轻女孩说了这句话。17岁的萨曼莎经历了父母的离婚，随着时间的流逝，她产生了新的观点。她当然有痛苦的感受和回忆，但在良好的支持和体贴的养育下，她感到安全、自信，所以她又能快乐起来。她正迎来一种新的生活方式、新的家庭结构，父母在她的生活中仍然是一个强大而充满爱的存在。萨曼莎内心深处明白，她永远不会被抛弃，父母之间的差异是他们自己的，而不是她的，生活还会继续。对很多孩子来说，父母离婚给他们带来的痛苦会持续一生，在其人生的不同阶段有起有落，但他们一直对未来生活充满持久的渴望。

你如何表达理解、共情和关爱

"能说出来的都是可以处理的。"这句已故的罗杰斯（Rogers）先生[6]的至理名言告诉大家，学习如何识别，描述，管理强烈的、有时是痛苦的情绪是很重要的。作为父母，如果你能帮助孩子学会通过健康、有用的方式表达、理解、管理情绪，你就教会了他们一项重要的生活技能。因为你要帮助他们处理各种情感，所以你也要学会在困难的时候支持、安慰他们，让他们感到安心。

你可能已经非常担心离婚会给孩子带来影响，袒露、谈论痛苦的情绪似乎会给你增加更多的压力。但事实恰恰相反。理解并用语言表达这些情绪本身就是治愈的第一步，这是关键的一步。我发现，当父母觉得自己准备好了走出这一步时，他们通常会有一种巨大的解脱感。我自己的经历生动地说明了为什么谈论情感可以加强、加深关系。此外，神经科学研究表明，标注情绪对大脑有强大的疗愈作用。因此，通过频繁、坦率的对话，你可以帮助孩子建立管理情绪的模式，这会让他们受益一生。

第一个挑战是帮助孩子拥有足够的安全感来谈论他们的感受。第二是理解他们的意思。第三，当然是找到最有效的方式来提供帮助、治愈、安慰以及永恒的关爱，这样孩子就能汲取、理解它们。

本章剩下的部分将专门介绍一些具体的做法，你可以利用这些方法来促进与孩子的有意义的双向沟通，并提供安慰，帮助他们更有信心。这些做法的目的是让孩子感受到所有情感都是可以被提及并被管理的。

挤时间。孩子经常说父母很"忙"。他们想知道，自己什么时候，能重要到可以在爸爸或妈妈的日程表上占据一席之地？今天忙碌的生活中充斥着工作、约会、家务、孩子的活动、社交活动，还有许多其他事情，有时父母只有很少的时间和孩子在一起。然而，为了帮助孩子感受到自己与你是有联结的，有足够的安全感让他们想要分享自己的感受，你需要为这种无组织的安静时刻创造机会。通常，这意味着从容地简化你的生活方式，创造更多的自由时间与孩子在一起。这也意味着要养成关注的习惯——注意孩子在说什么，他们脸上的表情代表什么，以及即使他们表示一切正常，背后也可能隐藏着什么。孩子总是在密切关注父母是否注意到"真正的问题"。

倾听但不做任何评判。能够预料到你将如何反应，肯定影响孩子会告诉作为家长的你什么内容。如果他们能基本确定你会保持中立，倾听他们要说的话，而不做任何评判、批评，或者不会感到不安，他们就更有可能袒露所有的想法和感受，并问出让他们心烦意乱的问题。认可他们的感受，然后让他们知道你将和他们一起解决问题，你可以通过这些做法来传达共情。"我明白，伊森。你真的很生气，很失望。我知道我们答应过你今年去度假，现在你爸爸和我要分开了，我们不能兑现这个承诺了，因为费用太高。所有这些变化都让人很难过。我们很抱歉。但是我们仍然可以有一些特别的时刻，去一些花费不那么高的地方旅行，我们会想办法让你和爸爸，还有你和我，能实现这个愿望。"

当孩子说"在爸爸家的时候，我很想你"或者"抱抱我"，只是倾听但不做评判，做到这一点相对容易。但是当孩子说的话违反了家规，或者他们表达了伤害性或者消极的想法和感受时，就需要你设法把批评搁置一旁。当孩子突然说"离婚糟糕透了！"或者"我恨你的新女朋友！"你的第一反应可能是告诉他"我们家里不许说脏话！"或者"你根本不了解卡罗尔，你不该恨她"。这种反应完全否定了孩子的说法和潜在的感受。很遗憾，这样的回答并不能解决孩子可能想表达的内心感受。相反，这些话背后的痛苦、恐惧和愤怒，可能会长期存在并恶化，随着时间的推移，引起更严重的问题。

虽然你可能觉得冷静反应很困难，但当你认真倾听并表达共情，以此来回应孩子的话时，随着时间的推移，你实际上推进了治愈过程。举一个例子：

"我知道，你很难接受咱们家发生的这些变化。你希望这一切没有发生，对这些变化感到愤怒。目前的情况对你来说很煎熬。让我们来谈谈那些非常艰难的事情，以及我们能做些什么让事情变得好一点。一定有一些解决办法可以帮助我们，让我们花点时间一起想出来。"

只要没有发生破坏性的行为，这种敏感、治愈性的问题解决方法，比批评、争论或永久的愤怒，将产生更好的长期结果。

对情感表示理解，将语言和情感联系起来。 通过让孩子知道他们所有的情感都是能被理解和接受的,从而鼓励他们开诚布公地交流。(这是一组原则的其中一条:所有的感受都是可以接受的;并不是所有的行为都可以接受。该原则以及管教的其他方面将在第 7 章讨论。)同样重要的是帮助他们扩充情感词汇,使他们能够用语言表达自己的感受。

大量的行为研究已经证明,标注情绪有助于平静感受,更好地控制相关行为[7]。这种关联早在被研究证实之前就被直观地理解了。正念冥想起源于 2500 年前的早期佛教教义,练习正念冥想的人通过识别当前的情绪、思想和感受,但不进行判断,也能让自己平静下来。长期以来,人们一直认为心理治疗的好处在于,用语言表达各种情绪——并让这些情绪被人们理解和接受。

最近,神经系统科学家利用功能性磁共振成像(functional magnetic resonance imaging, fMRI)扫描大脑[8],为我们理解标注情绪能让内心更平静的原因增加了重要的新信息。在这项研究中,研究人员向参与者展示了表达各种情绪的面部图片。当他们观察到愤怒或恐惧的表情时,核磁共振检测到杏仁核的活动处于高水平,杏仁核是大脑的一个区域,充当警报中心,在感知到危险或威胁时被激活。当这些人将每张图片与一个描述性词语相匹配,正确标记出所呈现的情绪时,大脑扫描检测到杏仁核的反应明显减弱。

与此同时,研究发现,"标注情感"过程(用语言确认情感)会让大脑另一个区域的活动增强。这个区域位于右眼后方的右腹外侧前额叶(the right ventrolateral prefrontal cortex, RVLPFC),与用语言思考情绪体验、情绪处理和行为抑制有关。右腹外侧前额叶活动增强和杏仁核活动减弱这个组合,就像一个内部刹车系统,以降低情绪反应,有助于缓和情绪,使痛苦的情绪不那么强烈。

这项有意思的研究揭示了右腹外侧前额叶和杏仁核之间可能存在神经通路,并对下面这个事实提供了一种生理解释:标注强烈的情绪能让我们感觉好点,也能提高我们的行为调节能力。情感标注所产生的这种新神经通路可能与一生中更强的情绪调节能力有关。这个新知识强化了帮助儿童、青少年和父母本人用语言表达情感的重要性。

这样做的目的既不是消除孩子的痛苦感受，也不是试图修复这些感受，而是倾听、接受和认识它们[9]。当你和孩子开诚布公地谈论他们的感受时，你就是在给他们提供一些描述性的语言，同时也在鼓励他们用自己的话来探索、描述这些情绪。这样做，你可以帮助孩子明白，虽然痛苦的情绪是离婚的一部分，但是他们理解、接纳这些情绪，实际上是让他们给快乐、爱、希望和积极体验腾出空间。就像10岁的亚伦通过文字和图画表达了很多痛苦的感受之后所说的："看来坏的感觉必须先出去，好的感觉才能进来。"

当孩子表现出愤怒或不安时，观察和反省的练习是有帮助的。你通常是可以读懂这些感受信号的，有时候，如果你能接纳这些感受而且不对其进行评判，孩子就会敞开心扉。比如，你可能会对一个小孩说："噢，你现在看起来很沮丧，很生气。也许你可以画些画，让我知道你的感受。"或者对于一个大一点的，总是简短地、一个词一个词地回应的孩子，你可以这么努力地引导他说话："听起来你很懊恼，心烦意乱，约翰。我们家发生了很大的变化，这让我们所有人都产生了很多感受，时时刻刻都觉得很艰难。让我们谈谈你的感受，找到适合我们所有人的解决方法。"

对观察到的行为给予相应的反馈。你可以对言语信号和非言语信号进行反馈，从而促进沟通。有时候主动发起谈话能够让孩子打开话匣子，有时候不会有立竿见影的结果，但是，即使是后一种情况，孩子也知道父母愿意听他们的故事。

鼓励孩子开诚布公交流的关键在于要注意孩子的行为和表情，并用言语去匹配你观察到的姿态，从而表明你的理解。例如，如果孩子蹦蹦跳跳地回到家里，你对她的情绪的反应是"哇哦！你看起来很高兴。我看得出来你现在的感觉很好"。这样的反应能够加强你们之间的联结。

反之，如果她与另一位家长共度时光后，心烦意乱，抱怨去上学的时候没有带她真正需要的书，你的反应应该是，承认她的强烈感受，让她感觉自己是被理解的："哦，得不到想要的东西真让人懊恼！看看我们能不能找到解决办法，不再发生这样的事情。"这样的反应既不是责备另一位家长，也不是责备孩子，也不是试图掩饰或忽视她的不安情绪。只是简单地承认情绪，并为解决问题奠定基础。

你可以通过简单直接的邀请来鼓励更多的交流，不带任何批评或判断。一般来说，最好不要问"你为什么会有这种感觉？"这个问题会让孩子很生气，也不能解释自己的感受。即使是成年人也常常难以解释自己产生某种情绪的原因；他们本身就是这个样子。反之，简单、低调的鼓励表达往往能引发沟通："再跟我说一些。这听起来很重要，我们谈谈吧。"

允许沉默，给予空间。有时候父母耐心等待会给孩子时间去处理他们的感受。例如，当孩子从父母一方的家回来时，变得沉默寡言、安静、喜怒无常，给他们一些时间和空间来过渡是很有帮助的。然后慢慢地、不要有压力，开启一段对话，"这周末，你和爸爸本来计划去钓鱼的。你们过得怎么样？"很多孩子不知道，和父母中的一方谈论他们和另一方在一起的时光是否合适。你可以通过不断地向他们传递这样的信息减少孩子的担忧，即谈论他们的所有感受，即使是他们认为可能会让你不高兴的感受，都是能被接纳的，而且讨论这些感受很重要。

有时候，父母对孩子的沉默表示共情，也是有帮助的。举个例子，当孩子一整晚都沉默寡言，你可能会说："你今晚很安静啊，伙计。有时候，当我们脑子里有很多事情的时候，我们会很安静。你要知道，当你准备好的时候，我很想听听你的感受，想听听发生了什么。"然后，在不强迫孩子回应的情况下，你可以通过让孩子参与一些愉快的活动为他们提供一些情感空间。

利用本章前面提到的信息，比如孩子对离婚都有什么反应，为什么他们经常隐藏自己的真实感受，他们说了什么话，表达的是什么意思，你或许能更好地理解孩子言行之外隐藏的东西。然而，不可避免的是，总会有那么一段时间，孩子的思想和感情仍然深藏不露，或者他们无法表达出来。在这段时间里，你可以帮助孩子谈谈他们关心的事，通过让他们静一静，然后温和而平静地建议："告诉我关于你的事情。你过得好吗？"

接受矛盾的感受。复杂的情绪是所有人类关系的一部分，孩子也不例外。往返于父母双方两个家庭之间的孩子必须不断地离开父母一方，重新融入另一方，以适应完全不同的环境。这些持续不断的转变意味着巨大的情感任务，因为他们在与父母中的一方告别的同时，也体验着回到另一方身边的复杂感受。当离开一个家，也意味着要与心爱的宠物和邻居朋友分离的时候，这些转变就更加复杂了。

当你能够理解并接受这些复杂的情绪，并且能够给予共情和理解，你就能够打开沟通之门，即使你对隐含的原因做出了错误的猜测。"看起来你现在很伤心，茱莉亚。也许你对回家同时有两种感受——见到我很高兴，但离开爸爸又很难过。我能理解这有多难受。你希望我们能住在同一所房子里，而不是让你在两所房子之间来回跑。让我们想想，现在做些什么可能有帮助。"

父母有时担心，如此坦率地与孩子谈论他们的感受可能会导致他们痛苦，如果不说，可能就不会产生这种情绪。你不需要担心，研究和多年的临床经验表明，孩子对他们的家庭和未来感到恐惧和焦虑，父母往往都不知道。孩子经常把离婚带来的不愉快情绪隐藏在心里，当你表达出理解和接受，孩子就会感到欣慰。即使孩子的悲伤或忧虑来自其他方面，他们仍然会因为父母的关心而感到安心。当你能够温柔、充满爱意、对孩子的需求保持敏感，孩子就有可能提出其他问题，并且在未来继续这样做。

营造环境使生活回归正常。当强大、难以控制的情绪突然扑面而来时，孩子常常感到很痛苦。感受如此强烈以致无法控制，这常常使孩子感觉非常容易受到伤害。承受周围压力的幼儿可能会控制不住地哭泣、发脾气，或者生病的频率远远高于平时。年龄较大的孩子已经习惯在一定程度上控制自己的行为，他们可能会发现，新的情绪种类和强度影响了他们有效管理自己情感和行为的能力。

不管什么年龄的孩子，都很少能告诉他们的父母"我害怕这些强烈的情绪，感觉完全失去控制了"。无论是对孩子还是作为父母的你来说，发现这层附加的内心风暴并不容易。但是通过仔细倾听、观察孩子行为的变化，你可能会激发出一种相当可靠的灵感，知道他们的话语背后还有更多的东西。

除了意识到孩子的感受，你还可以帮助他们理解这些感受在当前这种情况下是正常的，从而大大地安抚他们。当孩子感觉不知所措，或者无法面对他们认为是"错误"的感受时，了解到其他人在同样的情况下也会有同样的感觉，会让他们如释重负。你可以帮助孩子理解这种感觉是正常的，即使他们没有表达出特别的忧虑。"我们的家庭发生了许多重大变化——这些变化让所有人都心情复杂。离婚很难，即使从长远来看离婚会让生活变得更好，但是当下你可能会有很多感受。这很正常，也可以理解。说说你的感受以及你可能想问的问题，会很有帮助。"

其他人分享经历和感受的具体事例也会有所帮助。"你知道吗，有时候我和你有同样的感觉。还记得你的朋友安迪最初发现他父母离婚的情景吗？他和你现在的感受很像。当他的父母分开的时候，他也感到悲伤、愤怒。大多数孩子都这样。要知道你不是唯一一个有这种感受的人，这会很有帮助，谈论这种感受，知道这种感受是可以改变的，这也会有帮助。"

创造一对一的时间。花时间和每个孩子单独相处，这是加强亲子情感联结的关键。这些充满简单快乐的轻松时光营造了一种环境，能让父母与孩子自由、安全地谈话，同时也为亲子关系的情感银行账户增加了存款。父母启动这个过程的时候可以这么说："我真的很喜欢和你在一起，就我们两个，做一些有趣的事情。你想做什么？"或者，如果是面对一个幼儿——"让我们抱一抱，想想我们可以一起做的有趣的事情。我们可以画画、玩游戏，或者踢足球。你想要做什么？你来决定。"现在不是给孩子压力、质疑或责骂孩子的时候，而是简单地享受和他们在一起的时光。这样的时光对孩子来说是宝贵的，而且常常成为美好回忆的沃土。

展望更美好的未来。极度痛苦的时光往往令人难以忘怀，以致我们任何人——无论是成年人还是孩子——都很难意识到，他们不会一直这么痛苦下去。这时候，当你倾听并安慰孩子时，让他们想一想截然不同的未来——一种符合实际的、积极的，但不过分理想化的未来——会非常有帮助。对他们自己的生活，以及你和他们所担心的其他家庭成员的生活有一个全新的认识，会使目前的痛苦变得可以忍受，并且为伤口愈合和更光明的未来提供希望。我经常将希望看成"旅行"，它带领我们走过黑暗的日子，帮助我们预见积极的变化和新的开始。

确保坚定的爱。当你们分居或离婚的时候，作为父母，在你们需要向孩子传达的所有信息中最重要的是，确保你们对他们的爱会永远持续下去。即使他们从未问过那个最可怕的问题——"你会不会不再爱我了?"——孩子也需要不断地听到你会永远爱他们并照顾他们的话语。

离婚通常是一个长期的过程,随着时间的推移,婚姻关系的破裂迟早会发生,孩子可能有许多经历,这些经历强化了一个想法,即爱是会结束的。因此,你需要通过你的言语,最重要的是,通过你一生的行为,向他们保证你对他们的爱是永恒的。

坚持,再坚持。作为一个妈妈,同时也是一个心理学家,我清楚地意识到,当我们目睹、理解孩子的痛苦和悲伤时,我们渴望有一些神奇的词语,可以准确地触及心弦,让其愈合。然而,有时候,即使是最动听的话语,用最温柔的方式表达爱和理解,也会被孩子在他们周围筑起的高墙所阻挡。特别是当他们沉浸在痛苦的情绪之中时,孩子可能会竖起强大的屏障,不让任何东西触及他们内心的痛处。

我知道,充满爱意的话语以及拥抱的愿望被孩子建造的"围墙"弹回来,这是多么令人沮丧,似乎他们听不到,也感受不到。在那段时间里,我提醒自己,沟通是一个持续的过程,不是一次就能解决的。我所学到的是,耐心、坚定、持久的努力总是会有回报的。最终,随着时间的流逝,加上共同努力,孩子的伤痛终会被抚平,当他们准备好的时候,他们会敞开心扉。然后他们就会分享内心深处的想法和感受,因为我们在他们长时间的沉默中,不断地伸出援手,赢得了他们的信任。他们知道我们已经准备好,愿意并且能够去爱他们、倾听他们。所以我们能做的就是坚持,再坚持。

注释

1. Lynn A. Hoyt, Emory L. Cowen, JoAnne L. Pedro-Carroll, and Linda J. Alpert-Gillis, "Anxiety and Depression in Early Latency Aged Children of Divorce," *Journal of Clinical Child Psychology* 19 (1990): 26–32.
2. *Between Two Worlds: The Inner Lives of Children of Divorce* (New York: Crown, 2005).
3. 这首诗表达了作者曾经接触过的那些孩子所描写的情感,但考虑到隐私而进行了一些修改。

4. Lawrence A. Kurdek and Berthod Berg, "Correlates of Children's Adjustments to Their Parents' Divorces," in L.A. Kurdek, ed., *New Directions for Child and Adolescent Development: Children and Divorce* 19 (San Francisco: Josie Bass, 1983): 47-60.

5. Peter A. Wyman, Emory L. Cowen, William C. Work, and J. H. Kerley, "The Role of Children's Future Expectations in Self-System Functioning and Adjustment to Life Stress: A Prospective Study of Urban At-Risk Children," *Development and Psychopathology* 5, no. 4 (1993): 649-661.

6. 弗雷德·罗杰斯（Fred Rogers, 1928—2003）是一位教育家、作曲家、长老会牧师和儿童电视制作人，数百万儿童及其父母都知道他是《罗杰斯先生的左邻右舍》（*Mr. Rogers' Neighborhood*）节目的主持人。

7. J. David Creswell, Baldwin M. Way, Naomi I. Eisenberger, and Matthew D. Leiberman, "Neural Correlates of Dispositional Mindfulness during Affect Labeling," *Psychosomatic Medicine* 69 (2007): 560-565.

8. Matthew D. Leiberman, Naomi I. Eisenberger, Molly J. Crockett, Sabrina M. Tom, Jennifer H. Pfeifer, and Baldwin M. Way, "Putting Feelings into Words: Affect Labeling Disrupts Amygdala Activity in Response to Affective Stimuli," Psychological Science 18, no. 5 (2007): 421-428.

9. 这些概念与本书中所描述的相似：*How to Talk So Kids Will Listen & Listen So Kids Will Talk* by Adele Faber and Elaine Mazlish (New York: Avon, 1980).

# 第 2 章

风险和韧性：离婚的潜在影响

22岁的本坐在我对面，沉着自信地谈论着他最近一年的国外生活。作为一名常春藤大学的优秀学生，他生动地描述了自己与不同文化背景的人们的邂逅，我惊叹于他的睿智、成熟。然而，15年前父母的激烈争吵和离婚给他带来了挥之不去的情感伤痛，甚至到了现在，这种情绪还是异常强烈。当想到参加父母都在场的家庭活动时，他就会莫名其妙地"有点紧张"，尽管他的父母现在关系好多了。

本7岁的时候，我就认识他了。那时候，他的父母在激烈的争吵中离婚了，导致了整个家庭的动荡。这些年来，我接触了本的所有家庭成员，在这期间发生了很多变化，也产生了新的压力，我开始尊重、钦佩他们所有人。他们度过了一段非常艰难的时期，在这期间，父母双方都在寻求帮助，以控制他们之间的冲突，处理他们的个人问题，这样他们就能把3个孩子的需求放在第一位。很明显，本之所以成为今天的本，有多种因素的影响，这些因素可以分为两类——那些导致挥之不去的痛苦、让他面临长期问题风险的因素，以及那些帮助他复原、成长的因素。

本章研究的就是这些因素——使孩子面临持久问题风险的因素，以及那些帮助他们在面对离婚和重大家庭变化时茁壮成长的因素。充分的研究发现可以为离婚后的子女养育提供重要指导。

尽管关于儿童风险的研究发人深省，但我之所以在这里提出这个问题，是因为这事关重大，而且正如多项研究证实的那样，父母确实对孩子的适应产生了深远的影响——无论是好是坏。父母做出的决定、采取的行动有可能让孩子面临更多问题的风险，也有可能影响他们的韧性和健康的适应能力。

我知道，如果你正在经历分居或离婚，读这一章可能会很痛苦。但是当你读到这一章的时候，我希望这些信息能给你带来力量，因为它揭示了你可以如何给孩子的生活带来深远的积极影响。最重要的是，这些信息证实了离婚的负面后果并非不可避免。通过了解哪些做法会在短期和长期内帮助、伤害你的孩子，你就能更好地为他们降低风险，提高他们的适应能力，并采取措施让他们终身受益。

另一个"提醒"是，这一章包含大量研究。我绝不想让你觉得你或你的孩子也变成一个统计数据。恰恰相反！我希望你能够尽可能多地控制一些因素——影响孩子现在和未来生活的因素。因此，这一章有助于你了解一些最重要的研究结果：成千上万父母离异的孩子发生了什么，以及什么对他们的成长造成了影响，无论是好是坏。后续的章节将提供具体的指导，告诉你该怎样做才能为你的孩子打下最好的基础，让他们熬过这些重大的生活变化，并且用最有效的方法来培养他们的韧性。

研究表明离婚会给孩子带来哪些风险

每个关心孩子的父母都想知道："离婚会怎样影响我的孩子？他们会没事吗？还是说我们的离婚会以我们未能预料的方式伤害他们？"从

我的角度来看，基于已有研究以及我在儿童和家庭方面的专业经历，儿童既有面临持久问题的风险，也非常有可能锻炼韧性、健康成长。增加持久问题的风险或提高韧性的主要影响因素本章之后会介绍。

多年来，离婚领域的专业人士对离婚的持久影响持有不同的观点。一些人认为，几乎所有孩子都会经历持久的影响，而另一些人认为——至少在冲突较少的情况下——随着时间的推移，孩子很容易适应。大量研究表明[1]，离异家庭和再婚家庭的孩子确实比非离异家庭的孩子更容易出现心理、行为、学业和社会问题。然而，关于离异家庭和非离异家庭的孩子在适应方面的差异程度，研究人员和从业人员的观点不太一致。

为了更好地了解儿童在多大程度上受到家庭变化的影响以及影响的持续时间，研究人员采用了元分析方法，这种方法使用复杂的统计手段，将针对一系列相关研究问题的大量研究结果结合起来。这些元分析比任何单项研究都更有助于人们理解一个主题。当大量地研究存在相互矛盾的证据时，元分析尤其有助于识别最可信、最重要的发现。

有一个针对95项研究的元分析[2]，涉及13 000多名儿童，证实了离婚对儿童社交、情绪、学业构成了特定的风险。研究发现[3]，儿童和青少年面临各种问题的风险增加，包括他们的行为（遵守规则，以社会可接受的方式行事）、心理适应、学业失败、同伴关系、抑郁和自卑。一项研究发现[4]，离异家庭的孩子在心理和社交问题上的风险至少是非离异家庭孩子的两倍。其他大样本研究采用了敏感的心理测量，以评估这些问题的严重性[5]。这些研究结果表明，虽然非离异家庭中有10%的孩子也存在严重的心理、社交问题，但是这个比例在离异家庭中攀升到了20%~25%，是前者的两倍多。

最严重的问题出现在学业表现、多动和"外显"行为中——包括"宣泄"行为、品行问题、攻击性行为，其他反社会或破坏性行为[6]。平均而言，来自离异家庭的即将迈入青春期的儿童存在攻击性行为、不服从和行为障碍的比例更高，学校适应和学业表现更差，被停课的现象更多。

虽然不像行为问题那样普遍，但是离异家庭的孩子焦虑、抑郁和低自尊的比率也明显高于其他家庭[7]。根据我的经验，在如此多的需求中，儿童和青少年中这些安静的、更内隐的问题经常被忽视，即使最有爱心的父母也是如此。大多数孩子在父母离婚后都会经历强烈的情绪反应，并且会立即表现出压力的行为迹象，包括悲伤、愤怒、怨恨、焦虑和困惑，因为他们正在努力应对生活中的变化。这些反应在离婚后的第二年和再婚后的第三年至第五年开始减弱[8]。

不幸的是，与父母离婚相关的风险并不会随着童年的结束而结束。对于相当一部分青少年来说，后果是长期的，那些困难可能会持续到成年。离异家庭的孩子辍学的可能性是非离异家庭孩子的两到三倍，青少年怀孕的风险是非离异家庭孩子的两倍[9]。离异家庭的年轻人结婚更早，对婚姻的不满意度更高，也比非离异家庭的同龄人更可能离婚[10]。

研究表明，相对于父母一直保持婚姻关系的成年人，在童年时父母就离婚的成年人报告了更多的不幸、焦虑，更少的生活幸福感，对生活的个人控制感更弱[11]。那些父母离婚的成年人也会经历亲密关系的质量和稳定性的下降，他们自己的婚姻以离婚收场的可能性是其他人的两倍。毫不奇怪，考虑到这些问题，他们也更多地使用心理健康服务。离婚的后果远不止社交和情感上的困难，从长期来看，相当一部分来自离异家庭的个体也面临着更高的社会经济地位明显较低的风险。

一项研究探索了影响这些结果的一系列因素[12]。通过对跨越17年的两代人的纵向数据分析，研究人员发现，随着时间的推移，亲子关系质量会影响离婚与孩子心理健康之间的联系。婚姻不和与冲突会弱化孩子和母亲之间的情感纽带，而孩子和父亲之间的情感纽带会因婚姻不和与离婚本身而削弱。

这项研究与先前研究的结果相同，认为童年时期父母离婚的孩子在成年后的心理健康水平更低。研究人员检验了对这一结果的不同解释，发现父母的婚姻问题削弱了他们和孩子之间的联系。反过来,这些脆弱的亲子关系使孩子面临忧虑、低自尊和成年后普遍不幸福等风险。这些研究和许多其他研究证实,婚姻冲突和离婚降低了养育质量,破坏了孩子与父母之间的情感纽带,从而对孩子产生影响。

与父母的关系在孩子成年后仍然如此重要,这可能会让有些人感到惊讶。然而,大量的研究表明,孩子与父母的情感纽带在他们成年后仍然对他们的心理调节非常重要[13]。人们似乎天生就喜欢情感纽带。不管年龄多大,孩子都有一种强烈的爱父母和被父母爱的渴望。这些信息可以给父母带来力量,因为这表明,一段有爱的关系对孩子的一生幸福有着深远的影响——培育、维护一段有爱的关系是在父母能力范围之内的。

总体而言,关于离婚的长期影响的大量研究生成了一个重要观点:离婚不是一个单一事件,而是一系列家庭转变,所有这些都会影响孩子。离婚会给孩子的生活带来多方面的变化。这几乎意味着他们失去了原生家庭中的一位家长,与生活在其他地方的那位家长的联系越来越少,他们与父母以及大家庭的整个关系结构都发生了变化。对于一些孩子来说,这意味着长时间失去与父母一方的联系,甚至是数年。通常,这也意味着家庭预算的减少,父母之间的关系持续紧张,部分或全部时间住在一个或两个新家,适应父母的新伴侣和他们的家庭,以及有时候,随着之后父母再次离婚,这种痛苦不堪的经历还会重演。孩子要应付的重大生活变化可真多啊!

可以理解的是,孩子的心理调节能力受制于他们所面对的变化的数量和严重程度[14]。孩子所经历的充满压力的生活转变的数量会产生累积性的负面影响[15]。儿童时期经历的应激性变化越多,心理调节能力下降的可能性就越大。如果经历三个或三个以上的主要变化,如离婚、再婚和再一次离婚,那么成年后的孩子自己的婚姻以离婚告终的风险将显著增加。

离婚的风险是不分国界的。虽然大量研究是基于美国的样本,但是在加拿大、澳大利亚、新西兰、英国、德国、荷兰和其他欧洲国家的研究也得出了类似的结果。总的来说，这些研究显示，孩子所承受的与父母离婚有关的压力在许多国家和文化中都有所体现，在各个经济阶层的家庭中都有。大多数研究表明，儿童经历的家庭结构与他们成年后的心理调节能力之间存在某种联系。

父母如果对离婚的风险有符合实际的认识，他们就会从中受益。通常，这些风险要么被夸大了，要么被轻视了。虽然坏消息是，在经历严重、持久的问题方面，来自离异家庭孩子的数量是来自非离异家庭的两倍多，但好消息是，绝大多数孩子在父母离婚后表现得相当好。

不管这些统计数据被解释为坏消息还是好消息，即使只有一个孩子遭受严重的问题，或心理功能只是"还不错"而不是"非常好"，那也太多了。尽管有数百万的孩子由于父母的婚姻问题而处于高风险之中，但我相信他们本不必如此。研究以及这些数据统计可以帮助我们更好地了解，父母可以做些什么来减少或消除这些风险。在非常多不为人所知的故事中，孩子在父母离婚后过得非常好。他们的成功不是偶然的运气或者仅仅是因为时间的流逝，而是选择和行动的累积影响，这些选择和行动能够提高韧性，这是父母在孩子的一生中所追求的。本书旨在帮助更多的孩子过上这样的生活。

什么是韧性？

我们经常听到人们说："他们还小，韧性强——他们会挺过去的。"人们普遍认为，韧性是所有孩子固有的特质，但这种观点是错误的。许多人认为孩子能够从容应对无数的家庭变化和挑战，仅仅是因为他们还小。虽然天生的气质确实会影响孩子的韧性，但是儿童的天性中并不包含这样的心理弹性，让他们能够在没有支持的情况下自动从压力重重的生活经历中恢复过来。这并不是说孩子永远不会复原，他们当然能，但是只有把气质、高质量养育、稳固的人际关系、支持和技能恰当地结合起来才行。

以下是一些关于韧性的常见谬论，以及相应的事实。

谬论：孩子能够自然而然地复原。

事实：孩子不会仅仅因为他们还年轻就有韧性。相反，他们是通过拥有社会情感技能而变得有韧性的，这些技能是可以被教授、习得的。权威型的父母、家庭、学校、社区，以及他们所接触的社会系统和人的一贯支持，也可以提高孩子的韧性。

谬论：孩子恢复得相当快。

事实：培养孩子韧性的过程是在儿童的成长过程中完成的，日复一日，月复一月，年复一年。这种成长和成熟不是一蹴而就的。

谬论：对于孩子来说，韧性是一种"是与否""非此即彼"的特质。

事实：韧性不是"灵丹妙药"，而是在孩子生活的不同时期，多种资源和能力不同程度的积累。儿童和成年人可以建构一套社会情感技能，使他们能够在一生中成功地应对挑战。然而，这并不意味着孩子能够100%地复原或不复原，就像我们没有人会100%健康或不健康，或者100%聪明或不聪明一样。

谬论：拥有韧性意味着孩子不再有痛苦的记忆和情绪。

事实：拥有韧性并不意味着刀枪不入。遭遇重大损失或压力性生活变化时，自然会产生痛苦的情绪、悲伤的回忆。能够理解和处理这些情绪和经历有助于治愈和复原。

那么，究竟什么是韧性呢？这是在面对重大挑战时表现出来的能力，即从痛苦的时期中复原的能力。有多种途径可以提高韧性。天生比较随和的孩子对冲突和压力的反应可能比较小，但是仅仅特质本身并不能产生韧性。其中最重要的途径是高质量养育、支持性关系，以及使孩子不受不利生活经历冲击的保障措施——这些都来自负责的成年人的努力，也就是那些主动、用心看护孩子的人。

虽然孩子可以学会适应并成功地应对挑战，但韧性并不能使他们不被痛苦所伤害。他们可能以非凡的能力度过了痛苦时期，在学校或活动中取得了成功，但仍然有挥之不去的痛苦记忆和感受。

大量的保护性因素以及防止儿童接触危险因素可以提高儿童的韧性，使其健康成长。本章主要关注家庭中的风险因素和保护性因素，特别是那些父母可以控制的因素。第 6 章 "培养孩子的韧性" 将更详细地介绍个别的儿童因素，一些家庭外的因素将在第 4 章 "养育计划" 中涉及。

表 2.1 总结了数百项研究的结果。这些研究确定了导致儿童出现问题的特定因素，以及那些在离婚期间和离婚后对这些负面结果起到缓冲作用的保护性因素。

表 2.1　以儿童与离婚为主题的研究中确定的风险因素和保护性因素

风险因素		
个人的	家庭内的	家庭外的
• "困难型" 气质 • 在父母离婚前就存在适应性问题 • 担心被抛弃 • 误解，内疚，自责 • 缺少应对技巧，回避型应对方式 • 夹在冲突中间，伙同父母中的一方对抗另一方	• 父母间冲突不断 • 养育质量不高 • 亲子关系不好 • 对孩子的行为和活动监控不足 • 多次家庭变故（离婚、再婚、再次离婚） • 父母存在心理健康问题 • 家庭混乱、不稳定 • 经济衰退	• 引发父母冲突的法律程序和政策 • 缺少成年人榜样 • 与大家庭、朋友失去积极的联系 • 缺少支持性网络 • 混乱的学校教育 • 不安全的学校和/或社区环境 • 缺少有益健康的课外活动 • 出现心理健康问题时缺乏有效的治疗

续表

保护性因素		
个人的	家庭内的	家庭外的
• "容易型"气质 • 控制自己情绪的意识和能力 • 对他人的同理心 • 明白什么是可以解决的，什么是不能解决的 • 准确理解离婚是父母的问题，不自责 • 问题解决能力 • 有效的应对技能 • 在有需要的时候寻求支持 • 自信 • 主动参加学校活动、有益健康的活动 • 充满希望、乐观的态度	• 免受父母间冲突的影响 • 父母心理健康 • 合作性育儿（家庭暴力或虐待情况除外） • 亲子关系良好 • 高质量、权威型教养方式 • 家庭结构稳定 • 支持性的兄弟姐妹关系 • 经济稳定 • 来自大家庭的支持性关系	• 与积极的成年榜样建立支持性关系 • 支持网络：家庭、学校、信仰、社区 • 针对孩子和父母的循证预防性干预措施 • 促进冲突解决的法律程序 • 支持性、权威型学校教育 • 良好的同伴关系 • 安全的社区 • 有益健康的活动

研究人员普遍认为，影响离婚后儿童风险或韧性的最重要因素是他们所经历的冲突数量和强度、亲子关系质量以及养育质量。长期影响儿童的其他因素包括家庭的经济状况、父母的心理健康状况、额外压力的数量、家庭结构和稳定性、合作养育、儿童对发生在他们身上的事情的理解和控制感，以及他们的有效应对技能。

控制冲突的重要性

孩子在父母分手前的适应能力、离婚前后的养育质量，以及他们在父母离婚前后经历的冲突数量和强度，都会影响他们未来的表现。在每一个对照研究中，父母之间持续不断的冲突一般都与孩子的心理问题密切相关。

冲突在任何一段亲密关系中都不可避免，它几乎总是在配偶、情人甚至朋友关系的终结中起到一部分作用。然而，冲突以多种形式发生，并不是所有的冲突都会对孩子产生同样的影响。

已经解决的非攻击性冲突与没有冲突的普通讨论一样，不会让儿童感到痛苦[16]。事实上，如果告诉孩子冲突已经解决，那么冲突对他们产生的负面影响就会减少。因此，对于父母来说，关键不是否认愤怒和痛苦情绪的存在，而是想好如何以及何时表达这些情绪，这样他们的孩子就不会被卷入其中。

相比之下，语言上或身体上有敌意的、频繁的、紧张的、未解决的，或者涉及孩子的冲突对孩子来说特别危险。未解决的持久冲突降低了养育质量，使孩子更容易产生进一步的敌意，并且与更多的行为问题有关。涉及孩子的冲突对他们来说是最糟糕的，这将他们置于一系列行为和心理问题的风险之中。

当本的父母离婚时，对他来说就存在一个尤其危险的因素。当他的爸爸（杰克）发现他的妈妈（南希）有外遇时，悲痛欲绝。杰克感到被背叛，深受伤害，而且非常愤怒。当他第一次来到我的办公室时，他已经申请了自己对三个孩子的单独监护权。在他心里，他认为如果没有南希，孩子们会过得更好。南希也聘请了一名律师申请单独监护权，战斗开始升级。

杰克认为，他应该"告诉孩子们真相"，告诉他们母亲的不忠，并明确表示她也抛弃了他们。很明显，在杰克的愤怒之下是被厌弃的巨大痛苦，我相当肯定，对他来说，如果他选择放手，就要冒着用失落、悲伤填补空虚的风险，所以保持愤怒让他更有安全感。对南希来说，她也觉得很受伤。他们的婚姻在她出轨之前就已经恶化了，她也借助愤怒来保护自己。

所有这些愤怒都暴露了出来，尤其因为杰克和南希为了孩子们而争吵，孩子们被卷入其中。当我第一次见到7岁的本时，他告诉了我一些他无意中听到的父母之间的愤怒争吵。"当他们打架的时候，我很心痛。"

他说。

当我和杰克还有南希一起进行心理咨询的时候，很明显，对他们两个来说，愤怒之下是巨大的痛苦和脆弱。在一次痛苦的谈话中，杰克要求南希解释自己的行为——包括她争夺孩子监护权的决定，他的眼里充满了泪水。"我从没想过要伤害你，杰克，"南希说，"我们在婚姻中都有错。我们都把工作放在首位，把我们的关系放在次要位置。我并不想把孩子们从你身边带走，但当我看到你变得如此愤怒、怀恨在心，我很害怕，决定要保护自己。"他们都承认自己的行为很大程度上是出于恐惧和脆弱，在彼此都感到无能为力的情况下，他们都想掌握控制权。

无论杰克还是南希，虽然保持愤怒比处理更痛苦的情绪容易些，但是沉浸在愤怒中而不能自拔是很危险的。如果这样做，他们之间实际上形成了一种强烈、持久的依恋，但是这种依恋建立在对彼此的负面情绪之上。更糟糕的是，他们把孩子也拖进了旋涡。在心理咨询的帮助下，杰克最终意识到，争夺监护权不符合孩子的最大利益。南希内心深处也明白这一点。因为杰克和南希都是有爱、负责的父母，他们意识到孩子的生活中需要他们俩，他们最终放弃了申请单独监护权，寻求合作律师帮助他们达成法律协议。

但是为了能够共同抚养孩子，他们需要做出很多改变。我们努力协商出一种新的关系，在这种关系中，他们作为合作伙伴共同保护婚姻中最宝贵的部分——他们的孩子。在个体咨询的环节，他们学到了有效的方法用于管理强烈的情绪，这样他们就可以为了促进合作育儿而一起进行治疗。杰克和我一起努力，把南希作为妻子和情人的感情，与把她作为孩子母亲的感情分开，并为他们的关系设置新的界限。与此同时，南希努力控制自己的情绪，将杰克作为一个重要抚养合伙人，重塑他们的关系。对他们来说，这是一个漫长且艰难的过程。他们所经历的失望、痛苦、失落、愤怒和内疚，都不是那么容易消散的。

与此同时，在几个月的时间里，他们努力学习交流的方式，以减少冲突，并确保他们的孩子不会被卷入其中。这意味着保持相互尊重的沟通方式，沟通内容是与孩子有关的议题，而不是个人的婚姻问题。随着时间的流逝，一些痛苦的情绪平息后，他们能够面对面地讨论养育问题，有时他们会在咖啡店碰面，商讨关于孩子的安排和考虑。

我最后一次见到本的时候，我问起了他父母的情况。他笑着说他们都再婚了，过得很好。他仍然有一些痛苦的回忆，也就是父母吵架时的那些"黑暗日子"。但现在他也有了越来越多的美好回忆。听到父母谈论幸福、有趣的家庭往事，谈论彼此的优点，他感觉"内心幸福"。"就在前几天，爸爸说我非常尊重不同文化的人——就像妈妈一样。"他们的努力显然得到了回报。杰克和南希已经学会了真诚地欣赏对方——无论作为父母还是个体，并且培养了与本和他的兄弟姐妹一起反思这一点的能力，这对所有孩子来说都非常重要。

杰克和南希决心把孩子放在第一位，为自己和孩子寻求所需的帮助，学会重新协商他们的关系，有效地沟通，最终为所有孩子提供充满爱、权威型教养方式，这是对孩子真正的奉献，也是面对痛苦的勇气。本已经成长为一个成功的学者和有思想的年轻人，追求着自己的目标，这证明了他父母在极大降低风险和提高他的韧性方面的努力和效果。虽然本还有一些挥之不去的情感创伤，但他很大程度上是健康、快乐的，并且成长得很好。

但是，有些孩子就不像本这么幸运了。父母冲突对孩子适应的影响可能会持续很长时间。研究表明，父母冲突的频率越高，12年后年轻人的心理压力越大[17]。成年人回忆起在成长过程中父母之间的冲突越多，他们自己生活中的心理和婚姻出现问题的比例就越高[18]。

冲突的影响不仅仅是心理上的，还有生理上的。关于健康的生物心理社会模型显示，父母的冲突与孩子的压力、焦虑程度之间有直接关系。研究将孩子经历的父母冲突与其实际的生理疾病联系起来，结果表明，经历过父母冲突的孩子，其皮质醇水平更高，这是一种"压力荷尔蒙"[19]。最近的研究进一步支持了这一观点，研究表明，那些"非常痛苦"且深陷父母争吵的孩子，其皮质醇水平尤其高[20]。皮质醇由肾上腺分泌，会增加血压和血糖，抑制身体的免疫反应。

压力越大的孩子所报告的头痛、胃痛越多[21]。在经历了父母的争执之后，孩子生病的可能性增加了三倍[22]。另一项研究表明，父母冲突给孩子带来的压力不仅会影响他们的整体健康，还会影响他们的身体发育[23]。

由于离婚对孩子有如此深远的影响，对于那些来自高冲突、有暴力的家庭的孩子来说，离婚可以让孩子远离充满敌意的家庭环境，从而对他们产生积极的影响[24]。研究表明，如果父母经常争吵，最后离婚了，随着时间的流逝，他们孩子的状况要好于那些父母冲突不断但依然维系婚姻的孩子[25]。这些研究的发现非常清楚而明确：如果父母之间的冲突长期存在，关系高度紧张，那么离婚为孩子提供了一个机会，使其从有害的家庭环境中解放出来，过上更稳定的家庭生活。

第5章提供了具体、专门的指导，指导你如何处理冲突，保护你的孩子免受冲突的不良影响。

养育质量和亲子关系质量

在影响儿童韧性的最重要因素中，家长在以下两个方面有很大控制权，分别是养育质量，以及与孩子的关系质量。在关于父母离婚的儿童研究与那些关于其他压力环境下的儿童研究中，有些共同主题反复出现。所有这些研究都表明，孩子与至少父母一方或看护人的关系质量，以及孩子经历的养育质量，对孩子的长期健康至关重要，有助于他们的韧性和健康发展。

在任何一种生活困境中，区分什么是我们能控制的以及什么是我们不能控制的，什么是我们有能力改变的以及什么是我们无能为力的，这非常重要。在离婚期间以及离婚后，有些父母对于前伴侣如何对待他们和孩子感到无能为力。试图改变前伴侣往往会导致沮丧和郁闷。关于亲子关系和养育质量的研究之所以特别重要，是因为这些研究表明，如果父母集中精力于他们能控制的事情，他们将拥有很大的能量。

研究表明，孩子在生活中需要、想要负责的父母。在父母婚内以及离婚后，对孩子健康的最好预测指标之一，是父母心理调节能力以及父母所能提供的养育质量[26]。

亲子关系质量和养育质量紧密交织在一起。我用"高质量养育"和"权威型教养方式"这两个术语定义这种亲子关系：既有温暖关怀，也有一致有效的管教。给予孩子一对一的关爱，同时也提供稳定的家庭结构，建立积极的预期，设立明确的界限，这些因素的结合为孩子的成长所需奠定了基础。第 7 章在高情商养育方面提供了具体的指导，帮助孩子建立安全感，凭借韧性度过充满挑战的时刻。

一项严谨的研究强调了有效养育的作用[27]，这是一个以研究为基础的项目，向离异妈妈传授高质量的教养方法，这些妈妈获得了孩子的监护权，对孩子负有主要责任。这个项目的重点是有效管教（包括制订并保持明确合理的规则、限制），以及支持性、慈爱的行为（包括有回应的倾听、强化积极的行为、表达爱、给每个孩子一对一的时间）。6 年后，与其他父母离异的青少年相比，该项目中的孩子展现出非常积极的结果。其中包括较低的精神障碍和行为问题诊断率，较少使用酒精、大麻或其他药物，较好的平均成绩，较少的危险性行为，较高的自尊，更多地参与有益于健康的活动，以及更成功地应对家庭变化。事实证明，更好的养育对那些遭受最严重问题的孩子尤其有效。这项研究提供了令人信服的证据，证明了高质量养育在帮助父母离异的孩子茁壮成长方面起到了重要作用。

不幸的是，研究表明，离婚后父母和孩子的关系明显恶化，特别是在高冲突的情况下[28]。这种恶化不仅发生在童年，成年后也是如此。来自美国全国儿童调查（National Survey of Children）的数据揭示了离婚对年轻人的显著影响。在来自离异家庭的18—22岁年轻人中，65%与父亲的关系较差，而非离异家庭的这一比例为29%，离异家庭中有30%的年轻人与母亲的关系较差，而非离异家庭的这一比例为16%。其他长期研究也表明，来自离异家庭的成年子女与其父母之间的关系也在恶化。

许多研究人员发现，父母双方所提供的养育质量在离婚前后都有所下降。这并不令人惊讶，因为他们正在与自己的困难情绪做斗争，同时他们也在努力管理家务、应对财政问题、承担工作责任，养育子女让他们感觉不堪重负。

冲突多的同时养育质量又低效，这对孩子的危害非常大，不幸的是，高冲突和低质量养育往往是相辅相成的。一些关于母亲的研究表明[29]，相对于婚姻中没有冲突的母亲，高冲突婚姻中的母亲在管教及其他与孩子的互动中表现得不那么热情、拒绝更多、更严厉。对高冲突婚姻中的父亲的研究表明，他们经常远离自己的孩子，但当他们与孩子互动的时候，又产生新的麻烦，经常把孩子卷入父母的冲突中。父母分居后的前几年，养育方面的问题可能会加剧[30]。离婚对成年期的母子关系有显著的负面影响，即使在青春期时不存在这种影响，这说明，对有些人来说，母子关系会随着时间的推移而恶化[31]。

父母离婚后男孩和女孩的调节模式是不同的。通过对互动进行直接观察研究，结果表明，在与作为监护人的母亲互动时，男孩与母亲的愤怒互动、冲突比女孩多[32]。随之而来的是恶性循环，特别是那些感到愤怒、若有所失的男孩更是如此。他们经常表现出不合作的行为，这使陷入困境的单亲家长和他们儿子之间的互动更加困难、更加不尽如人意。

离异父母与其子女之间的关系不是很乐观、日益削弱，虽然探讨这种负面影响不那么令人愉快，但令人欣慰的是，这并非不可避免的结果。正如杰克和南希的故事所显示的，阻止、扭转这种恶性循环是有可能的。如果父母能控制住冲突，在自己家里尽最大可能提供最好的养育,他们孩子的生活就会发生重大的积极变化。结束痛苦的冲突、暴力不仅仅是大多数孩子和家庭的一种解脱,也是更好的管教,更温暖、更有针对性、更加权威型的养育的开始。

越来越多的研究表明,父母都参与的高质量养育能够有力促进孩子的韧性[33]。高质量亲子关系能够让孩子避免承受与离婚有关的压力,增强他们的安全感,减少恐惧感。关于儿童和青少年韧性的研究不断呈现出相似的结果:孩子与至少一方家长或看护人之间的健康依恋关系是孩子的能力和韧性发展的重要因素。

我和同事艾伦·布莱克(Aaron Black)对大学生的长期适应问题进行研究[34],这些大学生的父母11年前就离婚了,结果发现,对于那些在情感上与父母关系稳定的年轻人来说,父母冲突对其心理健康的影响得到了改善。稳固的亲子关系与年轻人更强的自我效能感、更强的信任他人的能力、更独立的人际关系以及更低概率的抑郁之间有直接相关。

不幸的是,对于很多孩子来说,离婚意味着他们与父亲之间的关系突然或慢慢中断。离婚2~3年后,18%~25%的孩子与父亲没有联系。即使父亲并没有从他们的生活中消失,但是如果父亲不那么主动地参与养育过程,很多年轻人就会慢慢与父亲失去联系。研究表明,相对于那些来自非离异家庭的年轻人来说,父母离异的年轻人与父亲的联系更少,两代人之间的经济往来、情感支持更少[35]。

最近很多研究的主题都关注父亲提供高质量养育的重要性。在一个关于63项父亲研究的元分析中,无监护权的父亲的参与、有效养育与孩子的学业表现以及各种健康适应的测量指标相关,这种相关性明确且一致[36]。

孩子生活得好的特征是,强烈的情感纽带和互惠互利的感受。特别是,如果父亲提供指导、进行管教,并积极参与孩子的学业和活动——不仅仅是娱乐活动,孩子就会受益。父亲及时支付子女抚养费能显著改善子女的经济状况和整体健康,提高他们的健康状况和受教育水平,这不足为奇。

但是，如果父亲不能成为权威型父亲，仅仅是增加联系的频率，并不能提高孩子的幸福感。这一主题的研究结论是，不管男孩还是女孩，都能从父亲的参与中受益，包括持续提供情感支持、表扬孩子的成就、管教不当行为、支持孩子的学业和活动[37]。

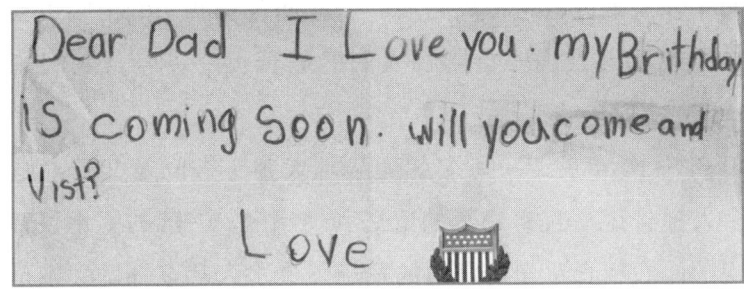

译注：亲爱的爸爸，我爱您。我的生日快到了，您能来吗？爱您的宝贝

对于家长以及帮助孩子和家庭的专业人士来说，所有这类研究都有重要启示。理解权威型父亲在促进孩子健康发展方面的重要作用，可能让更多的父亲主动参与养育子女的过程，也能鼓励专业人士去促进父母双方全心参与养育过程。它还有助于安排日程，使父亲有足够的时间更有意义地参与子女的学校教育和相关活动。除了合理的时间投入，父亲与子女相处的方式比他们与孩子接触的具体小时数或星期数更为重要。因此，鼓励父亲提供充满爱、权威型的养育，并帮助他们进一步提高技能、促进亲子关系，最终能让孩子受益颇多。

挥之不去的痛苦记忆和情绪

我希望我可以向你保证，在离婚和养育孩子的过程中，如果做"对"每件事，你和你的孩子就能终生幸福。但这对任何个人或家庭来说都不现实，不管他们是否离婚。对我们所有人来说，生活中总会有一些艰难的时刻、痛苦的经历,最重要的是我们如何应对它们。本节的目的是帮助你了解关于痛苦记忆和情绪的研究,这样你就可以预见这些记忆和情绪,了解孩子的感受有多深刻,不加评判地倾听,并给他们提供支持。

这类研究非常丰富,但都指向同一个结论。即使是对最有成就、韧性最强的年轻人来说,父母离婚后,一些痛苦和悲伤的情绪也会长久存在。但是,有些因素确实会影响人们的痛苦程度,以及人们如何处理痛苦。

父母离婚10年后,一所名牌大学的大学生被问及父母离婚时的经历。许多人报告说一直有痛苦的记忆和情绪[38]。失落的感觉很普遍,大多数人说,他们想念父亲在身边的日子。许多人甚至怀疑父亲是否爱过他们。这些学生的痛苦,他们对父母离婚经历的持续关注,都与他们所经历的监护类型有关。相对于那些由父母共同抚养的孩子,那些在单独抚养环境中长大的孩子有更多痛苦的回忆和失落感。相对于那些在共同抚养权中长大的孩子,那些在单独抚养权中长大的孩子更容易从离婚优势的角度看待生活。

那些父母冲突水平较高的学生,报告的痛苦情绪和压力最多[39]。虽然这些学生都有痛苦的记忆和想法,但是在关于抑郁和焦虑的标准化测验中,他们并无不同,这说明,这些年轻人在生活的重要领域恢复得很好、发展得很好,但他们仍然有痛苦的感觉和记忆,继续影响着他们与父母的关系。

有韧性并不意味着刀枪不入。痛苦的情绪和记忆往往与情绪管理和韧性发展息息相关。这在很大程度上取决于如何处理痛苦的经历,以及是否有外在支持帮助孩子度过困境[40]。这项研究强调了,在考虑离婚的长期后果时,将痛苦的感受与实际的心理障碍加以区分的重要性。

提供支持以培养孩子的韧性

考虑到孩子在父母离婚过程中经历的痛苦情绪，给孩子提供一个安全港湾来解决他们的问题，让他们发现自己并不孤独，学习一些应对技能，是培养孩子韧性的另一条路径。为父母离异的孩子提供认真设计、运行良好的小组干预项目，比如我开发的"离异家庭儿童干预项目"[41]，已经被证明对孩子非常有益。

很多研究已经证明，这种结合了支持和技能训练的预防性干预，对所有年龄的孩子都有积极作用。他们的健康适应能力不仅仅局限于与离婚有关的直接问题，还能促进他们在家庭、学校、同伴关系甚至身体健康方面的良好发展。我们的研究表明，孩子从参与这个项目中得到的好处能持续很长时间，在项目结束后还持续存在。孩子在这些干预项目中获得的支持、习得的技能，能够帮助他们打好情商之基，锻炼他们应对生活中不可避免的挑战和变化的能力。第 6 章对于这些项目以及培养孩子韧性的特定技能提供了更具体的信息。

孩子的理解力与控制力

正如第 1 章所描述的，如果孩子对于父母的离婚以及自己生活的变化没有获得符合事实的解释，那么恐惧、担心、令人不安的想象和误解就会乘虚而入。年幼的孩子特别容易产生被遗弃的恐惧，担心他们的基本需求得不到满足，担心他们的安全得不到保障。无数研究强调，一致、有保证、温暖的养育方式对于让幼儿感觉生活稳定具有重要意义。对于幼儿来说，保护性因素包括帮助他们对家庭变化产生符合其年龄的、准确的理解，使其确信不是他们导致了问题，让其相信父母对他们的爱无穷尽。

研究表明，对于年轻人来说，在父母离婚后无法控制自己的生活，这种感觉是其痛苦、苦恼的根源[42]。大多数儿童和青少年对父母离婚以及离婚对其生活可能产生的影响缺乏充分的了解或准备[43]。即使是在涉及他们自己的日程安排以及如何与父母共度时光的问题上，孩子的想法也很少被问及[44]。在家庭之间轮转的问题上，孩子很少觉得自己有足够的话语权，特别是当他们进入青春期的时候。一旦日程安排好了，很少有人问他们这些事情在情感上和现实上如何影响他们，但他们希望被问及。

研究发现，孩子对过渡期的积极感受与让孩子对某些决策发表意见有关[45]，但这里也告诫大家，如果孩子对最终决策承担过多的责任可能会给他们带来不必要的负担。如果对孩子的需求保持敏感、关爱孩子、给孩子发表意见的权利、让其对生活结构发表看法，久而久之，有助于缓解孩子的压力。

这项研究中出现了一个令人困扰的问题，缺乏沟通和控制是如何影响孩子的感受，特别是对爸爸的感受的？在这些研究中的年轻人渴望花更多的时间与他们的父亲在一起，但是他们觉得对此很少有或几乎没有控制权。在如此重要的事情上缺乏发言权，他们不仅会随着时间的推移越来越思念父亲，而且会对父亲是否爱他们产生挥之不去的怀疑。让孩子的声音被听到，让他们适当地控制自己生活的各方面，最终会使他们感觉受到父母双方的重视，与父母双方建立联结，并提高他们的幸福感。第 3 章重点介绍了父母该如何告诉孩子家庭的变化，并打开双向沟通的大门。

父母的心理健康状况对孩子的影响

在我们的生活面临巨大压力、巨大变化的时候，要成为我们渴望成为的那种父母是特别困难的。从个人角度来看，我意识到当我承受很大的压力时，我很难像我想的那样有耐心、富有同情心，给我的孩子提供我坚信的那种高质量养育。

儿童健康适应的其他可靠预测因素包括父母的健康和幸福。如果父母身心健康，他们的孩子也会很健康。不幸的是，反之亦然。

当孩子正在努力应对压力重重的家庭变化，感觉无助，担心自己的未来时，他们尤其需要至少一位身心健康的父母来引导他们，帮助他们适应、获得安全感。不幸的是，他们的父母往往无法提供他们迫切需要的稳定的情绪和支持，不过这也不足为奇。

离婚无疑是一个充满压力的过程，不仅让成年人容易出现心理问题，还会导致生理问题。已有研究证明，婚姻破裂与免疫系统功能被抑制密切相关。反过来，这增加了父母对病痛和慢性及急性疾病的易感性。压力也会增加事故发生的概率。因此，作为父母，你最重要的任务之一就是照顾好自己，这样你才能为孩子提供高质量养育，与他们保持健康的关系。第5章提供了一些具体的指导，来帮助你保持健康，并积极处理出现的问题。

光明的一面

在了解了父母离异会给孩子带来持久问题的各种信息之后，我想再次提醒你——一次又一次——尽管有太多孩子的结果并不乐观，但你们的孩子并不一定会成为其中一员。正如我们从本及其父母的故事中所看到的，离婚后建立一个健康的新家庭结构并不总是顺利的（更准确地说，它很少是顺利的！），但你和你的前任有机会帮助孩子不仅生存，还能通过有效的养育，克制冲突，以及温暖、充满爱的关系让孩子茁壮成长。

知识就是力量。本章提供了一些可靠、经过深入研究的知识，即哪些因素会严重影响孩子的未来幸福。有了这种理解，你现在就能更好地采取措施，帮助孩子最好地成长。接下来的章节会为你提供一些策略和具体的指导，你可以使用这些策略和指导强有力地提高这种可能性：你和孩子的未来充满希望、治愈和韧性。

注释

1. Paul R. Amato, "The Consequences of Divorce for Adults and Children," *Journal of Marriage and the Family* 62 (2000): 1269–1287; Paul R. Amato, "Children of Divorce in the 1990s: An Update of the Amato and Keith (1991) Meta-Analysis," *Journal of Family Psychology* 15 (1998): 355–370; Andrew J. Cherlin, P. L. Chase-Lansdale, and C. McRae, "Effects of Divorce on Mental Health Throughout the Life Course," *American Sociological Review* 63 (1998): 239–249; Robert E. Emery, *Marriage, Divorce and Children's Adjustment,* 2nd ed. (Thousand Oaks, CA: Sage, 1999); E. Mavis Hetherington, M. Bridges, and Glenda M. Insabella, "What Matters? What Does Not? Five Perspectives on the Association between Marital Transition and Children's Adjustment," *American Psychologist* 53 (1998): 167–184; S. McLanahan and G. Sandefur, *Growing Up with a Single Parent: What Hurts, What Helps* (Cambridge, MA: Harvard University Press, 1994)

2. Paul R. Amato and B. Keith, "Parental Divorce and the Well-Being of Children: A Meta-Analysis," *Psychological Bulletin* 110 (1991): 26–46.

3. Amato and Keith, 1991; Amato, 2000; Paul R. Amato, "The Consequences of Divorce for Adults and Children," *Journal of Marriage and the Family* 62 (2000): 1269–1287; Emery, 1999; Joan B. Kelly, "Children's Adjustment in Conflicted Marriage and Divorce: A Decade of Review Research," *Journal of Child and Adolescent Psychiatry* 39 (2000): 963–973; E. Mavis Hetherington, "Should We Stay Together for the Sake of the Children?" in E. M. Hetherington, ed., *Coping with Divorce, Single Parenting and Remarriage* (Mahwah, NJ: Erlbaum, 1999): 93–116.

4. Nicholas Zill, Donna R. Morrison, and Mary J. Coiro, "Long-Term Effects of Parental Divorce on Parent-Child Relationships, Adjustment, and Achievement in Young Adulthood," *Journal of Family Psychology* 7 (1993): 91–103.

5. E. Mavis Hetherington and John Kelly, *For Better or for Worse: Divorce Reconsidered* (New York: W. W. Norton, 2002).

6. Amato, 2001; Emery, 1999; Hetherington et al., 1999; E. Mavis Hetherington and W. G. Clingempeel, "Coping with Marital Transitions," *Monographs for the Society for Research in Child Development* 57 (1992): 1–299.

7. Amato, 2001; Hetherington and Kelly, 2002.
8. E. Mavis Hetherington and M. Stanley-Hagan, "Parenting in Divorced and Remarried Families," in M. Bornstein, ed., *Handbook of Parenting,* 2nd ed. (Mahwah, NJ: Erlbaum, 2002).
9. Sara McLanahan, "Father Absence and the Welfare of Children," in E. M. Hetherington, ed., *Coping with Divorce, Single Parenting and Remarriage: A Risk and Resiliency Perspective* (Mahwah, NJ: Erlbaum, 1999): 117–146.
10. Paul R. Amato, "The Consequences of Divorce for Adults and Children," *Journal of Marriage and the Family* 62 (2000): 1269–1287; P. L. Chase-Lansdale, A. J. Cherlin, and K. E. Kierman, "Effects of Divorce on Mental Health Throughout the Life Course," *American Sociological Review* 63 (1995): 239–249.
11. Amato, 2000; Paul R. Amato and A. Booth, *A Generation at Risk: Growing Up in an Era of Family Upheaval* (Cambridge, MA: Harvard University Press, 1997); Larry Bumpass, Teresa C. Martin, and James A. Sweet, "The Impact of Family Background and Early Marital Factors on Marital Disruption," *Journal of Family Issues* 12 (1991): 22–42; McLanahan and Sandefur, 1994.
12. Paul Amato and Juliana M. Sobolewski, "The Effects of Divorce and Marital Discord on Adult Children's Psychological Well-Being," *American Sociological Review* 66, no. 6 (2001): 900–922; Patrick Davies and Mark Cummings, "Marital Conflict and Child Adjustment: An Emotional Security Hypothesis," *Psychological Bulletin* 116 (1994): 387–411; E. Mavis Hetherington and Glenn Clingempeel, "Coping with Marital Transitions: A Family Systems Perspective," *Monographs of the Society for Child Development,* Serial No. 227, 57, nos. 2–3, 1992; Rex Forehand, A. M. Thomas, A. M. Wierson, and R. Fauber, "Role of Maternal Functioning and Parenting Skills in Adolescent Functioning Following Divorce," *Journal of Abnormal Psychology* 99 (1990): 278–283.
13. Amato and Sobolewski, 2001; Rosalind C. Barnett, Nazli Kabria, Grace K. Baruch, and Joseph H. Pleck, "Adult Daughter-Parent Relationships and Their Associations with Daughters' Subjective Well-Being and Psychological Distress," *Journal of Marriage and the Family* 53 (1991): 29–42.
14. Amato and Sobolewski, 2001.
15. N. H. Wolfinger, "Beyond the Intergenerational Transmission of Divorce: Do People Replicate the Patterns of Marital Instability They Grew Up With?" *Journal of Family Issues* 21 (2000): 1061–1086.

16. E. M. Cummings, M. Ballard, M. El-Sheikh, and M. Lake, "Resolutions and Children's Responses to Interadult Anger," *Developmental Psychology* 27 (1991): 462−470; E. M. Cummings, Paul R. Amato, and Alan Booth, *A Generation at Risk: Growing Up in an Era of Family Upheaval* (Cambridge, MA: Harvard University Press: 1997).
17. Amato and Booth, 1997.
18. Paul R. Amato and Alan Booth, "The Legacy of Parents' Marital Discord Consequences for Children's Marital Quality," *Journal of Personality and Social Psychology* 81, no. 4 (2001): 627−638.
19. Mona E. El-Sheikh, Mark Cummings, Chrystyna D. Kouros, Lori Elmore-Staton, and Joseph Buckhalt, "Marital Psychological and Physical Aggression and Children's Mental and Physical Health: Direct, Mediated and Moderated Effects," *Journal of Consulting and Clinical Psychology* 76, no. 1 (2008): 138−148.
20. P. T. Davies, M. L. Sturge-Apple, Dante Cicchetti, and E. M. Cummings, "Adrenocortical Underpinnings of Children's Psychological Reactivity to Interparental Conflict," *Child Development* 79, no 6 (2008).
21. Kamila S. White and Robert D. Farrell, "Anxiety and Psychosocial Stress as Predictors of Headache and Abdominal Pain in Urban Early Adolescents," *Journal of Pediatric Psychology* 31 no. 6 (2006): 582−596.
22. Mark V. Flinn and Barry G. England, "Childhood Stress and Family Environment," *Current Anthropology* 36, no. 5 (December 1995): 854−866.
23. Scott Montgomery, Mel Bartley, and Richard Wilkinson, "Family Conflict and Slow Growth," *Archives of Disease in Childhood* 77 (1997): 326−330.
24. Alan Booth and Paul R. Amato, "Parental Predivorce Relations and Offspring Postdivorce Well-Being," *Journal of Marriage and Family* 63 (2001): 197−212; Amato and Booth, 1997.
25. Booth and Amato, 2001; Amato and Booth, 1997.
26. Joan B. Kelly and Robert Emery, "Children's Adjustment Following Divorce: Risk and Resilience Perspectives," *Family Relations* 52, no. 4 (2003): 352−362.
27. Sharlene A. Wolchik, Irwin Sandler, R. E. Millsap, B. A. Plummer, S. M. Greene, and E. R. Anderson, "Six Year Follow-Up of a Randomized Controlled Trial of Preventive Interventions for Children of Divorce," *Journal of the American Medical Association,* 288 (2002): 1−8.
28. Nicholas Zill, Donna R. Morrison, and Mary J. Coiro, "Long-Term Effects of Parental Divorce on Parent-Child Relationships, Adjustment, and Achievement in Young

Adulthood," *Journal of Family Psychology* 7 (1993): 91−103.

29. Hetherington, 1999; Patrick. T. Davies and E. Mark Cummings, "Marital Conflict and Child Adjustment: An Emotional Security Hypothesis," *Psychology Bulletin* 116 (1994): 387−411; A. Krishnakamur and C. Buehler, "Interparental Conflict and Parenting Behaviors: A Meta-Analytic Review," *Family Relations* 49 (2000): 25−44.

30. E. Mavis Hetherington, M. Cox, and R. Cox, "Effects of Divorce on Parents and Children," in M. Lamb, ed., *Nontraditional Families* (Hillsdale, NJ: Erlbaum, 1982): 233−288.

31. Nicholas Zill, Donna R. Morrison, and Mary J. Coiro, "Long-Term Effects of Parental Divorce on Parent-Child Relationships, Adjustment, and Achievement in Young Adulthood," *Journal of Family Psychology* 7 (1993): 91−103.

32. Hetherington and Kelly, 2002.

33. Amato, 2000; Krishnakamur and Buehler, 2000; Irwin Sandler, J. Miles, J. Cookston, and S. Braver, "Effects of Father and Mother Parenting on Children's Mental Health in High and Low Conflict Divorces," *Family Court Review* 46 (2008): 282−296.

34. Aaron E. Black and JoAnne L. Pedro-Carroll, "The Role of Parent-Child Relationships in Mediating the Effects of Marital Disruption," *Journal of the American Academy of Child and Adolescent Psychiatry* 32 (1993), 1019−1027.

35. Booth and Amato, 2001.

36. Amato and Gilbreth, 1999; Black and Pedro-Carroll, 1993; C. M. Buchanan, E. E. Maccoby, and S. M. Dornbusch, "Caught Between Parents: Adolescents' Experience in Divorced Homes," *Child Development* 6 (1991): 1008−1029.

37. Amato and Gilbreth, 1999; Black and Pedro-Carroll, 1993; C. M. Buchanan, E. E. Maccoby, and S. M. Dornbusch, "Caught Between Parents: Adolescents' Experience in Divorced Homes," *Child Development* 6 (1991): 1008−1029.

38. L. Laumann-Billings and Robert E. Emery, "Distress Among Young Adults from Divorced Familes," *Journal of Family Psychology* 14 (2000): 671−687.

39. 出处同前。

40. 出处同前。

41. See more about this program in chapter 6; JoAnne Pedro-Carroll, "Fostering Resilience in the Aftermath of Divorce: The Role of Evidence-Based Programs for Children," *Family Court Review* (2005): 52−64.

42. Kelly and Emery, 2003.

43. J. Dunn, L. Davies, T. O'Connor, and W. Sturgess, "Family Lives and Friendships: The

Perspectives of Children in Step, Single-Parent, and Nonstep Families," *Journal of Family Psychology* 15 (2001): 272–287.

44. Joan B. Kelly, "Psychological and Legal Interventions for Parents and Children in Custody and Access Disputes: Current Research and Practice," *Virginia Journal of Social Policy and Law* 10 (2002): 129–163.

45. Dunn et al., 2001.

第3章

告知孩子，让孩子为变化做好准备

杰瑞和苏珊娜与我钦佩的很多离异父母一样，虽然他们的婚姻痛苦地结束了，但是他们俩都真心承诺，要把孩子的幸福放在首位。他们高中毕业后就在一起了，苏珊娜先工作，供杰瑞读完大学，然后再攻读工商管理硕士。他们最初的计划是，等杰瑞大学毕业后，苏珊娜再上大学，但当杰瑞大学毕业的时候，他们已经有两个孩子了。当杰瑞开始上班后，苏珊娜就辞掉了工作，在家抚养孩子。

为了取得成功，杰瑞每天工作的时间都很长，因此他在公司不断升职——结果工作时间更长，出差更频繁。与此同时，苏珊娜适应了抚养孩子的生活，承担了越来越重的抚养责任。苏珊娜每天和其他年轻妈妈在一起，积极参与孩子们的活动，结交了许多杰瑞并不认识的朋友。由于没有用心经营，当孩子们上中学的时候，苏珊娜和杰瑞的婚姻破裂了。虽然他们仍然尊重对方，但是除了孩子，他们已经没有共同语言了。他们发现，作为夫妻他们很难找到共同的朋友。他们去找婚姻治疗师寻求帮助，以弥合他们之间的差距。然而，面对徒有其表的婚姻，杰瑞最终提出了离婚。苏珊娜感受到深深的伤害和背叛，但同时她也意识到，他们的关系逐渐演变成一系列关于孩子和财务事务的报告，而不是充满爱的亲密婚姻，她也有责任。

苏珊娜和杰瑞不知道如何告诉孩子他们离婚的事，不知道如何计划未来的新生活，与此同时，他们俩也正被内疚和悔恨所折磨。告诉孩子这个决定，象征着他们所害怕的一切——这个决定究竟会对孩子以后的生活产生什么样的影响。杰瑞强忍住眼泪，说："我只是忍不住想，我们告诉孩子的那一刻，就是我们毁掉他们生活的那一刻。从理性上讲，我知道这个想法不完全正确，但我确实就这么觉得。"

告诉孩子离婚的决定通常会带来这样的恐惧和感受。幸运的是，杰瑞、苏珊娜和我，一起研究出如何与何时告诉他们的孩子，以及如何与孩子保持持续的开放性沟通。我们一起谈论他们的恐惧，预测孩子的反应，预测他们每个人会说什么。我们还讨论了初步的养育计划，搞清楚他们两人分别何时花时间陪孩子，什么时候对孩子负有主要责任。

由于苏珊娜和杰瑞有了一个初步计划，他们不仅要告诉孩子他们的生活很快会发生什么样的变化，还会告诉他们哪些方面将保持不变，以及在未来的日子里，他们的需求将如何得到满足。虽然这个计划并没有减少孩子的悲伤，但它确实让孩子确信，他们在父母的心中是第一位的，即使父母的婚姻即将结束，父母双方仍然会继续爱他们、照顾他们。

一年后，这个家庭的进步是显而易见的。杰瑞和苏珊娜仍在为自己的感受而挣扎，也还在担心孩子，但他们继续努力养育孩子。他们付出的努力反映在孩子的行为、情感和整体适应上。杰瑞和苏珊继续提高他们与彼此以及孩子有效沟通的能力，他们的孩子也学会了如何更好地表达感情、沟通需求。虽然很多时候还是会流泪，有时候会生气，但在他们分开两年后，这种情况就不那么常见了。随着家庭成员努力应对生活中的变化，他们都明白，前方的道路——虽然有所改变，有时充满坎坷——是通往未来的道路,而不是通往灾难的道路。

正如杰瑞和苏珊娜的故事所表明的,我在这一章传达的信息是希望和安慰。没有什么可以完全消除你的痛苦,因为你已经迈出了离婚的重要一步,并且将要告诉孩子。尽管如此,我希望,当你知道有一个行之有效的过程,可以让你的孩子为这种变化做好准备,并为他们带来即时安全感和长期幸福感时,你能从中得到慰藉。

虽然结束婚姻的决定往往伴随着一系列情绪——有时包括一种解脱感——但父母几乎普遍担心离婚会对孩子造成影响。当他们感觉不得不告诉孩子这个消息时,他们的焦虑往往会加重。大多数父母都害怕给孩子带来痛苦,并热切盼望他们能免遭痛苦。有些人希望,如果他们避免谈论离婚的话题,就能让他们的孩子免受一些伤害;有些人担心,如果他们鼓励孩子谈论感受和担忧,他们可能就会把一些想法灌输到孩子的头脑中,而孩子原本想不到这些。

作为一名家长,我也很担心会给孩子带来痛苦,我害怕告诉他们一些可能会让他们感到痛苦的事情。但是作为一名心理医生,我所经受的训练和多年经验已经反复证明了,和孩子谈论痛苦的经历、情绪具有治愈的力量,这些痛苦经历和情绪是重大生活变化和丧失的一部分。类似地,在孩子的生活发生重大变化前后,为他们提供清晰、符合其年龄的信息,也同样有益。

离婚的决定对孩子和父母来说,都是一个会产生巨大影响的变化。然而,研究表明,大多数儿童和青少年对父母离婚及其对他们生活的影响知之甚少。他们的世界发生了翻天覆地的变化,却没有任何警示、解释或准备。有时候他们得到的信息与其年龄不相称,或者这些信息不足以让他们了解这些变化即将产生的重要影响。在一项涉及离婚的亲子沟通的研究中[1],23%的孩子说,在父母离婚之前没有人和他们讨论过离婚,45%的孩子说,他们只得到一两句话的解释,比如"你父亲要走了"。事实上,只有5%的孩子说,他们提前做好了准备,并且可以就离婚的事情发问。虽然，乍一看，这些统计数据似乎令人难以置信，但实际上，很可能是因为我们希望自己所爱的人——尤其是我们的孩子——免受痛苦。

尽管父母很难和孩子谈论他们的离婚，但是孩子经常能意识到有些事情不对劲。孩子对父母的情绪有很强的感知力。

4岁阿什莉的例子揭示了小孩是如何把父母之间发生的事情藏在心底的，以及为什么体贴、积极的沟通会产生巨大的影响。唐娜和阿尔带阿什莉来见我，因为他们很担心她行为上的巨大变化。从前她非常阳光、随和，现在她几乎每天晚上都会醒来，因夜惊而尖叫，喘不上气，目光呆滞。白天，她又出现了如厕问题，以及其他很多退行行为。这些行为变化都是在她父母离异后开始出现的。

我很快就发现，唐娜和阿尔之前经常发生激烈的争吵，有时候甚至发展到互相推搡、碰撞。他们突然分开，各自搬到了不同的家庭。现在，阿什莉的时间被分配到两个全新的家庭里，当往返于两个家庭时，她承受着父母的怒视和充满敌意的争论。当我问他们是如何让阿什莉对变化做好准备，以及他们是如何与她沟通有关她的新安排的时候，显然，唐娜和阿尔几乎什么也没有告诉她。他们都沉浸在自己的痛苦和愤怒中，只是说爸爸妈妈现在都有了新家。所以阿什莉在两个家庭之间往返，却不知道发生了什么事，也不清楚她下次什么时候能见到父母中的另一方。

我们一起想办法帮助阿什莉适应生活中的这些变化。第一步是让她明白发生了什么。她的父母以一种充满爱意的方式告诉她，他们之间有些成年人的问题，他们非常抱歉，让她看到、听到了他们可怕的争吵。他们还解释了，他们不会再住在一起了，这就是为什么他们现在住在两套不同的房子里。他们告诉她父母两人都很爱她，而且会永远爱她、照顾她——他们对她的爱是永无止境的。我建议唐娜和阿尔给她读一些关于离婚的书，比如罗杰斯（Rogers）的《让我们谈谈：离婚》（*Let's Talk*

About It: Divorce)，以及维姬·兰斯基（Vicki Lansky）的《这不是你的错，可可熊》（*It's Not Your Fault, Koko Bear*），鼓励她和父母探讨家里发生的这些变化。他们买了一个大日历，用于安排大家的日程，然后阿什莉分别为爸爸妈妈挑选颜色，用不同的颜色标记"妈妈的日历"和"爸爸的日历"，分别代表她与两人在一起的日子。经过一再保证和沟通，阿什莉越来越安心，逐渐平静下来。

我们还研究了一种平行式育儿法（见第5章），这种方法可以让唐娜和阿尔全身心地投入阿什莉的生活，同时也可以避免他们之间有敌意的交流。因为他们意识到彼此的愤怒伤害了他们心爱的女儿，他们找到了控制情绪的方法，尤其是当他们在阿什莉面前的时候。很快阿什莉的夜惊症就消失了。随着时间的推移和爱的关注，她的如厕问题没有了，最终，她再次变得自信、阳光。

孩子得知父母即将离婚这个消息的方式塑造了他们的价值观，也为其未来的家庭生活定下基调。这个消息所传达的情绪联结和记忆常常挥之不去，为家庭关系会如何随着时间的推移而发展奠定了基础。如果信息带有痛苦和责备，痛苦的情绪可能会持续数年，破坏父母和孩子之间的关系。另一方面，如果父母对于婚姻的结束表示真诚的遗憾，对孩子许下承诺，对未来充满希望，也对疗愈的计划做出解释，就会为更积极的结果以及亲子之间的牢固关系创造条件。

通过阅读本章并将其中的概念付诸实践，你就是在迈出积极的一步。因为你有勇气深思熟虑地处理这个痛苦的话题，关心孩子的幸福，孩子必将从中受益。

然而，告诉孩子并不是一次性的事情，而是持续沟通的开始，包括他们与你还有另一名家长之间的关系、他们自己的生活安排，以及所有的情感，这些情感是他们最重要的人际关系的一部分。

虽然最初的解释和计划非常重要，但是只有当这些话语和计划得以证实，父母通过行为证明孩子最重要时，孩子才会真正放心。许多孩子经常感到沮丧，因为父母"总是很忙"——通常是忙于打电话、发电子邮件或发短信——似乎再也分不出时间陪他们了。密切关注孩子对陪伴时间的需求，给予他们关注，这样做传达了一个明确的信息：他们不会被抛弃，无论是身体上还是情感上。

在这一章中，我将提供一些一般性的指导，告诉你该如何、何时告诉孩子，以及如何让他们为即将到来的变化做好准备。然后，因为儿童的年龄决定了他们的需要以及他们处理和理解信息的能力，我将提供一些具体指导，对于各个发展阶段的孩子，该告诉他们什么——同样重要的是，不告诉他们什么。其中包括可能会对你有帮助的信息清单和一些话语的范例。第 7 章"离婚过程中的高情商养育"将包括更加实用、行之有效的策略，帮助你与孩子建立牢固、持久的关系，以及一些与他们沟通的有效方式——即使他们可能害怕问问题或者不知道该问什么。

让孩子为变化做准备：一些一般性准则

让孩子为即将发生的情感变化和物质变化做好准备很重要，这有两方面的原因。首先，准备的过程能提供一些信息，让孩子了解生活中正在发生的事情——这些信息有助于减轻因生活中的重大变化而让他们产生的恐惧和担忧。其次，这种准备有利于以积极的方式影响未来事件的发展。

什么时候说。决定什么时候告诉孩子与告诉他们什么内容一样困难。要考虑的一个因素是，你要结束婚姻的决心有多大。在做出离婚决定的过程中，往往充满了强烈的情绪，有时甚至是相互矛盾的情绪。所以最好在你们决定分手后再告诉孩子[2]，而不是在你们争吵的时候，或者还在决定如何解决婚姻问题的时候。

一旦你决定离婚，并且已经计划好要对孩子说什么，那么安排一次家庭会议，你、另一半以及所有孩子坐在一起，最好没有工作会议、学校活动或其他事务的打扰,也不是在有人疲惫、生病或饥饿的时候。有些孩子可能会立即做出反应——质疑、恐惧、哭泣或愤怒。其他人——特别是父母在他们面前几乎没有发生过冲突,离婚会令他们非常震惊——可能一开始说得很少或什么也不说,因为他们通常会感到目瞪口呆、难以置信。他们的问题和反应可能会在一段时间后才爆发。即使你预料到了后者的情况,也要留出充裕的时间和孩子开家庭会议,告诉他们这个至关重要的决定是经过认真考虑的,你希望并期待他们谈论自己的感受、忧虑和疑惑。如果在家里举行这个重要的家庭会议,让孩子拥有稍后在自己房间里独处一段时间的选择权,如果他们愿意的话。

在这次家庭会议晚些时候或者之后的几天里,如果父母双方分别都有时间与每个孩子单独谈话,对孩子来说是有帮助的。每一次谈话都为父母提供了一个机会,让孩子安心,并向他们表达无尽的爱。如果父母中的一方马上要搬走或者出差,孩子通常也会担心这名家长会离开他们。

除了安排日程之外,明智的做法是——尽管通常很难——留出一段时间,让双方都有足够的情绪力量来安抚和鼓励孩子。这并不是建议你控制自己的眼泪,而是希望你在情感上能够把全部注意力集中在孩子身上,并对他们的需求做出回应。

该何时告诉他们,根据孩子的年龄而定,从两周到一两个月不等。对于学龄前和小学阶段的儿童,一般最好在父母离家前两到三周告诉他们。年龄较大的儿童和青少年可能需要更多的时间来计划、处理这些变化给他们带来的影响,在父母离开前一两个月告诉他们,这样他们就有机会提出疑问,并对即将发生的变化做计划。

在考虑这次情感对话的时机时,你要避免生日和重大节日等特殊场合,这才是给孩子的真正礼物。如果坏消息与这些场合有关,那么关于这些场合的记忆就会永远被破坏。当我听到孩子说:"他们是在圣诞节告诉我的。他们把最快乐的时光变成让我悲伤终生的时刻。"我深感难过。不幸的是，我经常听到类似这样的表述，比如生日、圣诞节、逾越节*、感恩节，以及其他一些本应一家人快乐度过的传统场合，都变成了悲伤失落的时刻。

重要的信息。"无论父母之间发生什么变化，有一件事是不会改变的，那就是我们对你的爱。我们永远是你的父母，我们会继续好好照顾你。我们都非常爱你，我们对你的爱是永无止境的。"这是一条基本信息，是后续所有解释和讨论的基础。对于所有年龄段的孩子来说，这样的信息是所有慰藉和稳定的核心，使他们能够更加自信地——虽然仍然伤心——应对生活中的重大变化。

身体接触有助于强化这种爱的信息。坐在孩子身边，这样你就可以伸手去拥抱、抚摩他们，让他们在这个情绪激动的时刻感受到你的关爱。

孩子可能不会总是告诉你，持久的爱对他们来说有多重要，或者他们需要频繁地听到这样的话。但是一遍又一遍地告诉他们，并且在他们的一生中都用你的行动来传达这种信息，这是安慰和信任的最好源泉。

还能说什么。如果你告诉孩子，你并不是轻率地离婚，而是经历了艰难的考虑才做出这个重大决定，他们就能更好地应对这个改变其人生的消息。虽然信息需要符合孩子的年龄，但最基本的主题是，你的婚姻出现了严重的问题，而且无法解决。这些问题与孩子无关——问题不是他们造成的，他们也不能解决或改变这些问题。

婚姻中最美好的部分之一就是你们的孩子，如果你们都认可这个观点，那么当孩子听到你们这么说的时候会感到欣慰。他们也需要知道，你最关心的就是照顾好他们。当你继续履行这个承诺，把他们的需求放在首位，不过快地给他们的生活带来额外的变化、新的伴侣时，他们会更加安心。建立一个稳定的家庭，过一种有结构、温暖、有合理限制的

---

* 逾越节是犹太人的宗教节日。——译者注

家庭生活，与孩子建立权威型的亲子关系，有助于孩子产生"正常"、安全和被爱的感觉。

向孩子解释接下来会发生什么。如果能提前告知孩子并让他们为即将发生的家庭变化做准备，所有年龄段的孩子都会从中受益。告诉他们分居或离婚的事情是沟通的第一步，这种沟通过程会持续很多年。孩子不确定他们自己以及他们在这个世界上最爱的两个人会发生什么事，这对他们来说是极大的压力。当孩子试图在第一次谈话中了解信息时，他们需要知道他们仍然会有一个家，父母会持续地关爱、关注和指导他们。如果能让他们知道一些可能会发生的具体信息，也能让他们感到安心。

如果你在告诉孩子离婚的打算之前已经有了一些初步的计划，那就再好不过了。然后你可以告诉他们眼下最重要的事情——父母双方将住在哪里，孩子将住在哪里，以及他们什么时候能见到父母双方。掌握这些信息有助于缓解他们最大的担忧——我会怎么样？如果没有被告知家庭变化的信息，也没有被明确告知父母会继续照顾他们，孩子的心中往往会充满最糟糕的恐惧——担心他们的父母可能也会离开他们。

如果在这个时候不大可能制订一个总体计划，那么告诉孩子，你们正在为此一起努力，当你在为他们与父母双方的相聚时间做计划时，你

会考虑他们的需要、日程安排和想法，这也是有帮助的。

父母双方一起告诉孩子。如果可能，你们可以一起告诉孩子你们即将分开的消息。我知道这有多难，尤其是当你自己的情绪还没有处理好的时候。

在一次特别激动的会面中，杰瑞和苏珊娜讨论了如何以及何时告诉孩子等细节，然后苏珊娜表露了他们对未来的共同希望，承诺会为了孩子共同努力。"一旦我们集中精力制订计划，确保孩子是我们优先要考虑的，告诉他们离婚这个消息——以及离婚本身——就变得更容易接受了。都是为了他们。我们想要让孩子知道我们俩都深爱着他们，并且让他们知道，我们永远都是他们的父母——在任何意义上都是。"

在决定告诉孩子什么内容时，你们最好要有足够安静、私人的时间进行深思熟虑的谈话，就适合你们每个人的方式和语言达成一致，再一起做出谨慎、深思熟虑的决定。在一起制订这个计划时，你们可能会发现，用一种全新的方式来思考你们的关系会很有帮助——你们将作为专业的合作伙伴一起从事极其重要的工作，从现在到余生一起养育孩子。做出这样的转变需要巨大的自我控制力、准确的判断力和敏感度，但如果你能把它看作对孩子健康成长的投资，就更容易完成，所以这非常值得你付出时间和精力。更多关于如何建立一种有效、务实、共同养育的关系的信息将在第 5 章中介绍。

因为通常很难把导致离婚的所有问题放在一边，许多父母发现向专门研究家庭和离婚的心理健康专家咨询是有帮助的。他们可以一起找到父母与孩子交谈的最佳方式，让他们为即将到来的变化做好准备。

但有时候有必要单独告诉他们。当然，有时候父母一起把这个消息告诉孩子是不明智的，或者是不可能的。如果父母中的一方没有事先通知就离开了，那么让父母一起和孩子谈话当然是不可行的。

如果父母之间的关系极其不稳定，或者对彼此有很深的敌意，那么他们就不大可能坐在一起与孩子进行这种对话。如果有家暴史，或者由于某种原因，孩子或父母一方的安全受到威胁，父母的首要任务经常是保护孩子。如果一起告诉孩子有面临暴力的风险，那么父母中的一方就必须单独告诉孩子。孩子需要父母保证，他们会得到照顾、是安全的，父母需要采取必要的措施，以确保他们的安全。

无论在何种情况下，如果父母不能一起告诉孩子，那么负责告诉孩子离婚消息的父亲或母亲，就需要向孩子解释，他们的生活中哪些方面会发生变化，哪些会保持不变。特别是在这些情况下，孩子需要得到保证，这位父亲或母亲会全心全意地照顾他们，保证他们的安全。第5章提供了一些关于平行式育儿法的资料，可以用来尽量减少冲突。

避免谣言。孩子需要直接从你那里听到你要离婚的消息。这么多年来，我听过很多孩子痛苦的故事，他们从祖父母、姑姑、叔叔、堂（表）兄妹，或者亲密的家庭朋友那里得知父母要离婚。其他人则是从同伴那里得知这个消息，而这些同伴又是无意中从他们父母那里道听途说的。无论哪种情况，这些孩子都觉得自己被背叛了。在孩子最需要与父母双方建立牢固而充满爱的关系的时候，从其他人那里听到父母要离婚的消息，这破坏了他们最基本的信任感和诚实感。

为了不让孩子受到二手信息的影响，万无一失的办法就是，确保在告诉孩子之前不要告诉其他人你的决定。告诉家人、朋友和邻居是之后的事。在某些情况下，在你告诉孩子后不久，告诉那些和孩子很亲近的成年人是有帮助的，这样孩子就可以和这些信任的人谈论他们的感受和恐惧。

然而，由于离婚的决定非常重要，在这段艰难时期，你可能需要一个可以信赖的知己，倾听你的心事、支持你。如果你可以向某位朋友或家人倾诉这样的个人信息，一定要让他们保密。另一种安全的选择是，与专门研究婚姻和家庭问题的有执照的心理健康专家讨论这些问题。这不仅能使谈话的隐私得到保证，正在考虑离婚的人还能得到有经验的心理医生的支持。

很多人希望与其他亲密的家人和朋友分享他们的想法和感受。虽然得到支持毫无疑问是有益的，但我想要提醒的是，只能信任那些特别值得信赖的人，他们能够保守秘密，而且言行谨慎。即使是无意中听到的闲话，也会让孩子产生不必要的恐惧和担忧。

有时，朋友和家人出于对你的忠诚和爱，可能因偏袒你、批评另一方而无意中挑起冲突和敌意——也给孩子带来痛苦。为了避免或者减少给孩子带来这种额外负担，我经常建议父母双方都告诉他们的朋友和家人，为了他们的孩子，他们希望以最尊重的方式处理离婚事宜，并请求他们在这方面给予全力支持。明确地要求他们不要和别人讨论你们的家庭事务也是明智的，特别是要明确表示，你希望确保孩子从你这里听到消息，而不是从别人那里听到。如果这些人对你的孩子很重要，让他们知道你什么时候会告诉孩子，你想让孩子从他们那里听到什么信息，这很重要。

告知孩子时不要"告发"前伴侣。五分之四的离婚都不是双方共同选择的，所以在很多情况下，被离婚的一方会感到被抛弃、被背叛、痛苦悲伤、深受伤害，而且通常非常愤怒。在这种情况下，这类家长可能希望孩子和他们产生一样的想法："我们都被甩了"，并把他们都视为受害方。如果离婚不是双方共同的选择，或者存在高冲突的情况，那么在告诉孩子的时候就难免会有责备、报复、愤怒或讽刺的内容。"我不知道你为什么对我这么生气，这完全是你妈妈的主意——这与我毫不相干。"或者"我知道你有多伤心多生气——你爸爸的自私也让我伤心不已，因为他为了她甩了我们。"

从"告知孩子"演变成"告发"另一位家长，这种情况太容易发生了。虽然父母一方可能觉得告诉孩子另一方的错误是正当的，但了解这些信息会随着时间的推移而危及他们与父母双方的关系。关于父母外遇或品德有失的信息对孩子来说是痛苦的，破坏性很强，让他们不得不决定哪一方是好人，哪一方应该受到谴责，这不利于他们的健康发展。很多时候，得知父母离婚的负面信息过多，其中一个结果就是，孩子会心存疑虑，不知道自己将来该不该充分信任某个人，愿意对一段长期的关系做出承诺。如果孩子直接或间接地与父母对立，最后遭受痛苦最多的还是孩子[3]。责备会导致冲突，而且会危及孩子与父母一方的关系，这又会导致持久的问题。

在我们的互助小组中或私下进行咨询的孩子经常谈论到，当他们的父母分享成人问题的细节，或者描述对方的缺点时，他们是多么不知所措、多么困扰。当孩子要扮演离婚问题的"专家"时，他们必然会给父母这样的建议："告诉我们家庭的变化以及我们会怎样，但请不要给我们讲那些血淋淋的细节。"

当孩子听说他们的世界将发生重大变化时，他们迫切需要父母专注于关爱、照顾他们，而不是被卷入父母的伤痛和愤怒之中。除了虐待或暴力的情况，如果父母双方各自都帮助孩子与父母另一方保持良好的关系，避免疏远另一方，孩子就会从中受益。这样做，父母也能赢得孩子的尊重，因为他们采取了正确的方法。许多父母认为这句口头禅能帮助他们专注于最重要的事情，尤其是在分手初期，情绪激动的时候："我的孩子需要我的爱，胜过我现在对前任的恨。"

如果你还在纠结要不要"全盘托出"，那么你可以想象一下，你希望孩子在未来的岁月里如何看待他们的家庭，进而审视自己的这些感受，这会很有帮助。作为一位有爱心的家长，你希望孩子能受益于这个事实：父母深爱、关心他们，而不是让他们觉得自己被你们的冲突所困。通过想象10年后的孩子，关注什么会让他们快乐自信，你可能就会更好地控制自己的伤痛或愤怒，并且在谈起孩子的父亲（或母亲）时保持尊重和肯定。

与孩子的另一位家长相处融洽并不是对前任的恩惠，而是给孩子的终身礼物。研究表明，那些在离婚后与父母双方都保持良好关系的孩子，比那些与父母一方疏远的孩子，更有可能在未来拥有一段充满爱的关系和婚姻[4]。

当然，要给孩子提供多少关于离婚的信息，应该根据孩子的年龄和成熟程度而定。但是通过聚焦于想让孩子成长为什么样的人，你就不会告诉他们不想听到的事情。在这种情况下，少即是多。

处理一些最困难情况的最好方法

离婚从来都不是一件容易的事，但有些情况远比"普通的"分手要困难得多。有一些行之有效的方法，可以帮助孩子适应这些特别困难的情况。

父母一方突然离开。如果父母一方突然离开，没有提前告知，剩下的那一方就会面临一项艰巨的任务，即把这一消息告诉孩子。突然离开的原因往往是复杂的成人问题——酗酒、滥用药物、监禁、情绪问题或婚外情。

对于突然被抛弃的父母一方来说，这很难，但是对于孩子来说，理解和处理这个全新的现状更难。如果他们没有得到符合其年龄的准确信息，他们就会用自己最大的恐惧和幻想来代替未知的信息："也许是因为我。我不够好——或者不够可爱。他离开是因为他生我的气，因为我没有收拾自己的东西，还和我妹妹吵架。"儿童和青少年有时会把父母的突然离开与他们自己的叛逆或争吵联系起来。"我们大吵了一架。我希望她能消失，现在她真的不见了。"

孩子需要被告知，父母离开是因为他们有成人问题需要解决——这与他们或他们可爱与否无关。如果父母因为酗酒或滥用药物等问题正在接受帮助，那么告诉孩子父母是安全的，并且父母为了解决自身问题正在接受所需要的帮助，这很重要。

为了保护孩子不受痛苦现实的伤害，有时候留下来的父母一方会为另一方的离开编造一个理由，比如"爸爸要出差很久"，或者只是告诉孩子"他离开了"。虽然这种说法通常是基于保护孩子这个最深切的愿望，但它们在孩子的头脑中留下了一个巨大的空白，这个空白里几乎充满了各种负面的可能。即使孩子不用自己的恐惧、幻想或内疚填补这个空白，他们也会经常听到很多谣言，自己无力应对。

在信息缺乏的情况下，孩子常常担心他们现在完全依赖的这位家长对他们隐瞒了一个重要的秘密。这种保密经常会令孩子滋生羞愧感，这会破坏他们与这位家长的关系。因此，尽管父母需要避免分享"血淋淋的细节"，但他们也要根据孩子的年龄告诉他们关于另一位家长离开的准确事实，同时保证会永远爱他们，以此来帮助孩子。

没有明显的冲突。最近的研究表明，父母间冲突很多和父母间很少或几乎没有冲突这两种情况下，孩子对父母离婚的反应有所不同。研究表明，婚姻存续期间父母冲突水平较高的孩子在父母离婚后实际上生活得更好[5]。这些研究强化了长期以来的观点，即对于充满敌意和冲突的婚姻来说，离婚是一个有效的解决办法。另一方面，在没有明显冲突的家庭中，孩子更难适应父母的离婚。对于那些还没有意识到婚姻问题的孩子来说，离婚的消息是一个意外，是他们不愿意看到的。他们在父母离婚后的生活与曾经的家庭生活形成鲜明对比，父母离婚这个消息使他们感到措手不及。

在这种情况下，如果能事先有所准备，孩子会从中受益。我并不是说，在孩子面前打架就是解决办法。确切地说，如果你预期会分开，你需要提前让孩子知道你们之间出现了问题。如果最后你们并没有离婚，孩子将会学到一个宝贵的经验，那就是努力解决关系中的问题是有益的。如果你们真的离婚了，因为提前告知过孩子，这个消息就不会那么令人意外。

以下是一个例子，家庭看似平静，但你们可能要离婚了，你该如何让孩子为此做好准备。

"爸爸妈妈在相处上遇到了很大的问题。这些问题都与你无关——

这是我们之间的事。我们正在努力解决这些问题，但我们可能无法继续生活在一起。"

"我们知道这对你来说很难接受，我们也很难过。我们还不确定会发生什么，但是当我们做出决定的时候，会告诉你。我们很抱歉不得不告诉你这些问题。你可能会对这一切有些疑问，也有一些感受。你可以和我们谈谈你的感受，问我们任何你可能想到的问题。"

不管你解释了什么，以下信息都能帮助孩子避免不确定和恐惧感："无论我们之间发生了什么，我们都希望你知道，我们全心全意地爱你，我们永远是你的父母，我们会好好照顾你。"

不可否认，这样的谈话是很困难的，但是如果你们最终决定离婚，你就可以用这种充满同情的信息来缓冲，该信息可以帮助孩子为即将到来的变化做好准备。在其他情况下也一样，在低冲突的离婚中，你们最好计划好如何告诉孩子这些信息，避免责备，并向孩子保证，你们会永远深爱他们。

父母一方有错。虽然离婚几乎都是由各种复杂因素而不是单一因素造成的，但有些离婚事件会给孩子带来额外的压力。如果父母有暴力行为或做了违法的事情，他们必须承认自己的伤害行为，为自己的行为负责，并为此对家庭造成的影响而道歉。如前所述，最好让孩子获知基本事实，这些事实要以适合他们的年龄和理解能力的方式传达，但是不要涉及复杂的成人问题细节。

如果父母之间发生了肢体冲突或者言语谩骂，他们需要认识到这些事对于孩子来说是多么的可怕和困惑。孩子需要学会的是，不能用暴力或敌意的表达方式来处理愤怒。无论在什么情况下，父母中的一方都不能责备另一方"导致"其发脾气、做出虐待和暴力行为。孩子需要一个真诚的道歉，以及将来会改正的承诺。然后，当然，父母必须履行这个承诺。

不同年龄的孩子需要什么

孩子在成长的每个阶段对压力的反应有所不同。在儿童和青少年的成长过程中，过度哭闹、行为退化、情绪暴发，以及诸如头痛和胃痛等身体不适都会以各种方式表现出来。

由于孩子在成长的不同阶段处理信息和情绪的能力是不同的，所以你传达的具体信息和传达方式需要根据每个孩子的年龄进行调整。在这一部分，我会提供一些沟通的办法和建议，以及其他一些工具和活动，用来帮助处于各个发展阶段的孩子理解和应对离婚的初始决定所带来的变化。

婴幼儿

两岁以下的孩子不能理解离婚的概念。对他们来说，重要的是他们的体验，婴儿能理解他们周围的情绪——快乐和满足，还有愤怒、沮丧和抑郁。即使很小的孩子也能感觉到父母的心烦意乱或压力。

虽然婴儿不会说话，幼儿只会说一点儿，但他们会用仅有的"词汇"——行为——来表达他们的感受。小孩对他们所经历的事情几乎会立刻做出反应。当他们体验到日常压力时，会表现出与平静时期完全不同的行为模式。发育的退行是婴幼儿遭受压力的标志。例如，他们可能在断奶后重新喜欢用奶瓶，拒绝他们曾经喜欢吃的食物，不再试着说出物品的名字而是指向这个物品，不与其他人互动，不再站立、爬行，也不喜欢被人扶着走。睡眠模式紊乱、没有食欲、变得容易沮丧，以及更频繁地生病也可能是这个发展阶段的孩子遭受压力的迹象。

婴幼儿无法控制自己的情绪，所以他们需要富有爱心的成年人日复一日地帮助他们控制情绪。研究已经证实有些方法可以帮助孩子茁壮成长，即父母通过回应性、舒适的照料来保护孩子。

他们需要至少和父母中的一方建立稳固的依恋关系，最好是和父母双方都建立依恋关系。无论他们是和一名还是两名家长生活在一起，如果他们生活在一个温暖的养育环境中，生理和情感需求都能得到可靠的满足，他们就会茁壮成长。如果父母细心、耐心、负责，并且能够帮助他们，他们就会感到安全。

婴幼儿需要什么

- 与父母一方（最好是双方）形成安全依恋。
- 在温暖的养育环境中，孩子的生理和情感需求都能得到满足。
- 感受到父母的关爱、可靠。
- 连续一致的照料。
- 远离冲突和敌意。

幼儿：18 个月—3 岁

至少和一名有爱心的成年人建立安全依恋，最好是和父母双方都建立依恋，这对幼儿的健康发展来说至关重要。然而从 18—24 个月开始，他们也开始需要一些独立、自主。难怪这个蹒跚学步的阶段被称为"可怕的两岁"，处于这个年龄阶段的孩子经常说"不"、发脾气，但同时又有热情洋溢的笑声和撒娇依偎。

在这个阶段，孩子仍然通过行为而不是语言表现压力，他们行为模式的变化通常标志着他们核心感受的变化。由于孩子在这个时期的发育和行为会发生明显变化，父母很难判断哪些行为变化是孩子正常发展的一部分，哪些反映了他们的压力。

饮食和睡眠习惯的改变、更容易烦躁或哭泣，以及不像从前一样容易被安抚，这些都表明幼儿正在承受一些负面情绪，而且他们不能通过其他方式处理这些情绪。在发展成就上的倒退，例如在如厕训练上的退步、语言上的退化、其他行为恢复到从前的水平，以及在看护人面前变得更加焦虑和害羞，这些都是他们生活中出现问题的典型症状。

发脾气、高需求、叛逆等幼儿行为是意料之中的，也是他们越来越独立的迹象。然而，如果超过一定限度，或者暴发的频率、持续时间或强度发生了明显的变化，父母就要怀疑他们是否感到失控、害怕或不安。如果孩子必须与父母中的一方分开，要么去托儿所，要么与父母的另一方在一起，就会出现这些表现。当他们与父母一方分离时，甚至父母一方只是离开这个房间去了另一个房间，他们也会变得黏人、哭泣、心烦意乱。变得异常沉默或悲伤也表明他们遇到了一些麻烦。与任何年龄的儿童一样，当幼儿承受压力时，可能会更频繁地生病，因为压力会抑制他们的免疫系统，使他们更脆弱。

3岁以下的幼儿需要有人给他们简单地解释一下正在经历的变化。比如"妈妈会住在这里，爸爸会住在他的房子里，你有些时候和妈妈住一起，有些时候要和爸爸住一起。"这是他们所能处理的全部。因为非常小的孩子不能理解今天、明天以外的时间概念，他们不能连续几天都见不到父母双方，否则就感觉不安全、没保障。虽然婚姻发生了变化，但如果父母双方都与孩子有频繁的接触，并始终给予高质量的照顾，就能让孩子对他们形成健康的依恋。我知道如果你在部队或者因工作需要出差，这可能会很困难，但是如果你在一定程度上可以把控自己的行程，你就能帮助孩子建立这些重要的早期依恋关系。

拥抱、依偎、微笑和其他身体接触对于帮助幼儿感受到关爱和安全非常重要。用安抚的语调告诉他们你有多爱他们，也能让他们安心。保护幼儿远离离婚的压力需要父母控制冲突，并能在生理上、情感上持续地照顾他们。通过在两个家庭中都给予他们及时的照顾，创造一个没有压力的环境，来满足这些小孩的需要。照顾好自己的身体和情绪可以帮助你维持一种平静的氛围，给予孩子爱心和关注。我知道，对于睡眠不足、自己的世界刚刚崩塌的父母来说，这是一个艰巨的任务。第5章提供了一些可靠的策略和建议，告诉你如何照顾好自己，进而帮助孩子茁壮成长。

如果父母能简单解释、告诉孩子什么时候能再见到他们，孩子就会从中受益。具体的提示物，比如专门为孩子准备的一本书，上面有他们在两个家庭的照片，可以帮助这些非常年幼的孩子理解父母双方都将继续关爱、照顾他们，也可以帮助他们确认自己在家庭中的特殊地位。虽然没有一种工具可以解决所有问题，但这些个性化书籍可以帮助孩子处理和理解他们生活中的变化，同时它们强化了重要信息，即与父母双方建立积极联系和依恋。

大一点儿的幼儿需要什么

- 与父母一方（最好是双方）形成安全依恋。
- 在温暖的养育环境中，孩子的生理和情感需求都能得到满足。
- 经常提醒，让孩子感受到父母的关爱，确定父母会一直在他们身边。
- 连续一致的照料。
- 远离冲突和敌意。
- 对家庭变化的简单解释。

学前儿童：3—5岁

当5岁的乔安娜来见我时，她说话声音非常小，我几乎听不到。幼儿园的教师担心她在学校的孤僻行为，她不喜欢玩耍，拒绝吃午饭。她还开始使劲嘬手和胳膊，手和胳膊都发红、破皮了。父母和教师都对她的行为感到困惑。

当她走进游戏室的时候，看起来似乎非常紧张。很长一段时间，她一动不动地嘬着袖子和手。孩子的行为有重要的用意，这是他们向外在世界传达自己内心体验的方式。在这个案例里，乔安娜发出了一个求救信号。她为什么如此焦虑，我们能做些什么来帮助她呢？当我鼓励她去游戏室探索时，她开始试探性地四处走动，不说话，也不参与游戏。我温柔地提醒她，游戏室是一个她可以选择怎么玩和玩什么的地方。

经过几个星期的鼓励，她才开始玩游戏。最后，她在游戏室里放了5个玩偶，她家里也有5口人。慢慢地，她把它们一个接一个地带出房子，只留下一个小女孩娃娃孤零零在房子里。当她和这个叫乔乔的娃娃一起玩时，她哭了起来。当她终于平静下来之后，她哽咽着说："所有的悲伤、疯狂都是因为她。她的爸爸妈妈都走了。他们要离婚了，都是她的错——就像我一样！"

乔安娜那么小，那么脆弱，却背负着巨大的情感负担。我告诉她，孩子们都对离婚感到艰难、困惑，并提醒她，有时候似乎孩子可能会导致父母离婚，但实际上这是成年人之间的问题——这不是由孩子引起或孩子能解决的问题。乔安娜不相信。泪水顺着她的脸颊流下，她低声说："不，不，这是真的。因为我尿床了。他们打架的时候，我总是听到我的名字。现在他们不再相爱了，他们都要走了，我也没有地方住了——这一切都是因为我。"除了深深的罪恶感，还有深深的痛苦和被抛弃的恐惧。"我将会怎么样？"

学龄前儿童容易对家庭变化及分离的原因产生误解。他们的困惑和不解包括无关紧要的困惑，比如我从一个4岁的孩子那里听到的："我的父母离婚了，因为妈妈每天早上起得很早，穿着拖鞋重重地到处走。"以及更令人不安的自责，比如乔安娜。

他们的另一个普遍反应是害怕被抛弃。年幼的孩子常常会得出这样的结论：如果婚姻关系可以解除——如果爸爸妈妈可以不再相爱——那还有什么能保证他们会继续爱自己的孩子呢？他们内心最深处的担心，往往是没有说出口的，比如："我会怎么样？谁来照顾我？如果妈妈（或爸爸)也离开，我怎么办？"

这个年龄的孩子还不能理解离婚这样复杂的概念。当他们听到父母愤怒的声音时，他们能理解这些情绪，感到压力和恐惧。这些年幼的孩子既没有足够的认知能力去理解"离婚"和"监护权"等词语的含义，也没有足够的语言技能表达内心体验，他们往往觉得自己的世界正在崩塌。即使父母仔细地解释他们的处境和即将发生的变化，学龄前儿童也很少能完全理解这些。他们的逻辑思维能力——理解因果关系以及预测接下来会发生什么的能力——是非常有限的，即使他们表现得好像完全理解了。这个发展阶段孩子的典型特征是产生天马行空的想法，他们认为这些想法往往导致了父母的离婚，这在成人看来完全不可能，但这些神奇的想法确实会给学龄前儿童带来极大的痛苦。

学龄前儿童行为的改变，通常会反映出他们感受到的压力。有些孩子采取极端的自我安慰行为，比如乔安娜嘬手，这种行为与自我惩罚极其相似。许多孩子会出现退行，表现出早期才会出现的发育行为——央求别人抱他们或喂他们、黏着父母、玩婴儿玩具、说婴儿语、尿床和其他如厕问题。他们可能变得苛刻、叛逆，或者不合作。或者他们很容易因为一些"小事"而哭泣，不想一个人睡觉。

对于3—5岁的孩子来说，最好是在一名家长搬出去之前1~2星期，告诉他们父母即将分开的消息，以让他们做好准备。如果解释得非常清楚、简单、令人放心，孩子就能够最大程度地理解、接受这些变化。首次告诉孩子家庭的变化只是交流的开始，在未来几天和几个月内，沟通还会继续。亲密的身体接触对这个年龄的孩子来说特别有意义，所以坐在一起、拥抱、触摸能让他们放心，确信自己仍然被爱着，父母仍然会照顾他们。

对于小孩来说，最好是简单解释，然后经常跟进最初的对话。在这些时候，如果你保证会无条件地爱他们，告诉他们生活中的哪些方面会发生变化，哪些不会变化，他们会从中受益。这时候，也可以问问他们对这些变化有什么想法和感受，了解他们有什么误解、担忧或恐惧。

告诉 3—5 岁的孩子什么

- 对于家庭变化，给孩子一个简单的解释。
- 确保孩子能够理解，这不是他们的错，他们也不能修复成年人之间的问题。
- 告诉孩子你们会永远爱他们，同时拥抱他们。
- 减轻他们认为自己也将被抛弃的恐惧。
- 安抚他们，你们永远是他们的父母，会永远照顾他们。
- 向他们保证，他们仍可以和父母双方在一起；向他们解释日程安排。
- 用简单的话语解释，对他们来说，哪些方面会发生变化，哪些不会。

范例。没有哪种说法是完美的，也没有什么范本能让你在告诉孩子离婚这个消息时不产生痛苦。但我希望，当你在思考以何种方式告诉他们，让他们即使了解到生活会发生重大变化，仍能感觉会被关爱、被保护时，你能从以下范例中找到一些有用的指导。

"妈妈和爸爸之间有一些成年人的问题使得我们很难相处。我们经常吵架。这对我们都不好，所以我们决定不再住在一起了。我们会有两所房子。我们两个人会轮流和你住在一起。妈妈会住在这所房子里，爸爸会住在另一所新房子里，你很快就可以看到了。博会和妈妈住在一起，所以你回到这里的时候还可以和他一起玩。爸爸会让基蒂去他家。你仍然可以去上游泳课，还能见到你的朋友。如果你愿意，我们还可以在游乐场为你举办生日派对。"

"我们想让你知道，这些成年人的问题不是你造成的，这一切都不是你的错。我们都很爱你，永远都爱。无论发生什么事，我们对你的爱永远不会停止。有些事永远不会改变：妈妈永远是你的妈妈，爸爸永远是你的爸爸。你永远是我们特别的艾米，我们会永远照顾你。"

日历、书籍、电影及其他资源。年幼的孩子需要具体的提示物告诉他们什么时候能见到父母。让他们为两个日历涂上颜色——每个日历对应一个家——用不同的颜色分别代表他们与妈妈在一起的日子、与爸爸在一起的日子，这样可以帮助他们破解离开每位家长的时间之谜，对于小孩来说，时间似乎是永恒的。每天的提醒可以帮助他们进一步理解，比如"再睡两个晚上你就能见到爸爸了"和"今天幼儿园放学后妈妈会来接你"。当他们想念另一名家长或者为他们什么时候会去另一个家而烦恼时，这些提醒也能让他们安心。

孩子需要一个安全、不具威胁性的方式来表达他们的感受。谈论其他孩子及其父母的离婚是孩子探索自己感受的一种方式，而且不必承认他们自己的感受，那可能会让他们感到恐惧和困惑。例如，如果一个孩子不愿意承认自己的感受，"一些孩子担心自己会怎么样，有些孩子甚至可能认为是他们导致了问题——但是孩子不会导致父母离婚……这是一个成年人的问题"，这样的言论可以帮助他们意识到，他们的感受是正常的。

把孩子抱在怀里，阅读符合孩子年龄的离婚故事，这提供了另一种舒适的方式，让他们开始理解自己可能感受到的所有情感。你可以买到很多这个主题的书，而且不断有更多的书出版。我经常建议学龄前儿童的父母，使用专门为这个年龄段的孩子而写的书。阅读的时候可以和孩子进行一些互动，一次只读一页，然后停下来说说书中人物的感受。如果你打算和孩子一起阅读某本书，你可能会提前阅读，这样你就可以为孩子可能会有的想法和情绪做好准备，同时确保其中的信息不会让你感到不自在。

6—8 岁的孩子

大多数上学的日子里，赛斯醒来的时候都会胃疼。他以前一直是个安静、严肃的孩子，现在变得更加沉默寡言。教师注意到了他行为上的变化。他经常看起来心不在焉，无法集中精力做功课。如果不能第一时间领会概念，他立刻变得烦躁不安。他的成绩开始下滑。如果作业的分数低于他平常的成绩（A 和 B），他就会哭。

就像许多父母经常吵架的 7 岁小孩一样，赛斯承受着其中的压力，并且表现在生理和情绪问题上。在一次小组活动中，赛斯告诉我们，他想通过取得好成绩让一切回到正轨。"但是我在学校总是担心这担心那，所以成绩越来越差。"——这让他更加发愁。可怜的赛斯非常关心他的父母，以致无法集中精力做任何事。他非常想保护他的妈妈，她很伤心，但是他也很烦恼，她说的关于他爸爸的一些事情并非事实，他认为那是不公平的。他不知道该怎么跟她说，他也不能问爸爸，他爸爸看起来很生他妈妈的气。头脑中的所有这些焦虑和混乱，几乎让他疲惫不堪。

当父母离婚时，年幼的学龄儿童往往深感悲伤，想念不在身边的那名家长，并热切希望父母能重归于好。他们对家庭的巨大变化感到内疚，觉得自己要为此负责，这很常见。尽管这些孩子的语言能力可能很强，而且在不断提高，但是他们的压力迹象通常是非言语的。因为孩子担心自己的感受和恐惧会加重父母的焦虑，那已经让他们心烦意乱了，所以他们经常试图隐藏自己的感受。他们感受到的压力可能以各种方式表现出来——变得孤僻、容易心烦意乱。男孩更可能变得不合作，或者一反常态地愤怒和好斗。男孩和女孩都可能出现退行，表现出不成熟的行为。他们常常担心父母中的一方或双方，女孩可能会特别努力地好好表现。同时，很多孩子难以集中注意力，成绩可能下降。头痛和胃痛是压力所导致的最常见的身体症状，但过敏和哮喘相关症状的增加也是一个指标。最近在心理神经免疫学领域的进展有助于解释情绪和身体健康之间的联系，以及压力对免疫系统的影响。

到了学龄早期，孩子已经发展出一些逻辑能力，他们能够理解事件之间的联系，并预测一些结果。他们通常能够根据自己期望的他人反应来控制自己的行为。然而，他们还不能从抽象的角度思考问题，因此即使非常聪明的孩子，也可能会误解父母的矛盾和离婚过程中的一些表达和经历。

这个阶段的孩子有很强的公平意识，如果有人违反了他们僵化的是非规则，他们会变得非常不安。当他们发现父母中的一方或双方可能对另一方做了"错误"或"不好"事情，或者听到有人说离婚本身就是"错误的"时，他们常常感到非常紧张。正如很多孩子所说，在这个家庭重大变化上，他们没有投票权。他们缺少发言权，因此失去了对自己生活的控制，这让他们深感不公平。他们经常在对父母忠诚与否之间左右为难，他们竭尽全力维持父母间的公平与平等。

对于所有年龄段的人来说，最好的解释是简短、清晰、令人安心和充满爱意的。因为这个年龄段的孩子能更好地理解离婚的含义，以及离婚对他们的影响，所以他们通常比年幼的孩子更容易感情用事。无论他们是否公开表达自己的感受，他们经常发现很难处理引起其焦虑的信息。很多时候，他们会忘记别人告诉过他们什么。这并不是因为他们没有集中注意力，而是因为他们的情绪过载，他们无法接受和处理更多信息。由于这些原因，经常与每个孩子进行一对一的跟进交流对他们的理解和健康快乐非常重要。

告诉 6—8 岁的孩子什么

- 对于家庭变化进行简单的解释。
- 告诉孩子会永远爱他们。
- 对于离婚表示歉意，因为你知道这样的改变对他们来说很难，会让他们伤心。

- 如果是真的，告诉孩子，他们是你们婚姻中最美好的一部分。
- 确保孩子能够理解，这不是他们的错，他们也不能修复成年人之间的问题。
- 减少他们对于自己会怎么样的担心，让他们相信你们永远都是他们的父母，会永远爱他们、照顾他们。
- 解释什么会改变，什么会保持不变，以及新的生活方式将如何影响他们。
- 鼓励孩子表达自己的感受，无论是现在还是未来。让他们知道你注意到他们很痛苦。
- 鼓励孩子与父母双方保持良好的关系。让他们知道，他们不必在你们两人之间做出选择。

范例。就像本章所有的范本一样，这仅仅是一个样例，帮助你思考如何解释当前的情况，以及如何为这个年龄段的孩子提供最重要的信息。

"我们有些不好的消息要告诉你。就像之前告诉过你的，我们之间有很多问题，相处得不太好。很遗憾地告诉你，我们要离婚了。你知道什么是离婚，对吧？就是父母不再和彼此结为夫妇，要住在不同的房子里。"

"但有一件事我们真的想让你明白，虽然我们要离婚了，但并不意味着我们不再是你的父母了。我们在一件事上的观点是一致的，那就是我们非常非常爱你，没有什么能改变这一点。我们希望你能爱我们，和我们一起共度时光。你不必在我们之间做出选择。"

"我们知道这个消息很难接受，你可能会为此感到难过，甚至生我们的气，这很正常。我们也有这种感觉。不管你有什么感受，说出来总是好的，我们都想听听、说说能让你感觉好点的办法。我们想让你知道，离婚不是你造成的。离婚是因为我们之间的问题，不是因为你，所以这不是你能解决的。现在家里人都很悲伤，但我们爱你，我们会竭尽所能帮助你。对我们家来说这是很大的改变，但我们都会熬过去的。"

"再过几个星期，我就会有一套新公寓了，你会在那里和我待上一段时间，再在这里和妈妈待上一段时间。等下周我的新家准备好了，我想带你去看看。就在附近，所以我们还会经常见面，我还是你们足球队的教练。你还会去原来的学校上学，你还可以让所有的朋友到我们这两个家里来。"

"我们知道你现在很难接受，之后可能还会有更多的疑问。但你要知道，有什么问题都可以问，并且告诉我们你的感受，这会对你有好处。永远记住，我们非常非常爱你，这一点永远不会改变。"

日历、书籍、电影及其他资源。和学龄前儿童一样，让学龄早期的儿童在日历上用不同颜色区分"妈妈日"和"爸爸日"，他们也会从中受益。他们习惯于按部就班，有规律、可预测的日程安排可以帮助他们减轻压力。你可以用书籍作为一种方式，与孩子开启对话，帮助他们减少担忧和误解，让他们明白生活中的哪些方面会保持不变。

许多学校设置了互助小组，以帮助儿童应对家庭变化。一旦你告诉了孩子关于离婚的事情，父母中有一方已经搬走了，就要把这些变化告诉孩子的教师，并弄清楚孩子的学校是否有互助小组项目或其他可用的资源来帮助你的孩子，这通常是有帮助的。

青春期前：9—12岁

"我的爸爸妈妈太自私了——他们只想着自己！他们为什么要这样对我？为什么他们不能像成年人一样，学会解决自己的问题？我所有的朋友都会认为我是个怪胎。"11岁的凯西对于她父母的离婚直言不讳。和其他青春期前的孩子一样，她被同龄人的意见弄得焦头烂额，对任何可能损害她声誉的事情都感到心烦意乱。

除了新的社交问题之外，青春期前的孩子已经发展出相当强的推理能力。作为敏锐的观察者，他们很可能对父母的问题有所觉察。他们能够真正理解离婚，但因为没有足够的阅历让其了解全部情况，了解父母婚姻问题的细节对他们也没什么好处。他们明白，离婚不像死亡，不是必然的。当意识到父母在没有征求他们意见的情况下就做出了这个决定，他们通常会产生愤怒、怨恨和其他强烈的情绪。

使情况更加复杂的是高度不可预测的感觉，青春期前的孩子在这段时期会出现生理和情感上的变化，这些变化让他们产生不可预测的感觉。因此，这些孩子关于父母离婚的体验可能包含一些元素，这些元素在年幼的孩子身上并不明显。

性别也起到一定的作用。青春期前的男孩更难适应只和妈妈住一起的生活。失去一个有责任感的男性，会让他们的适应变得更加复杂。这个年龄段的男孩和女孩都可能会扮演缺席家长的角色，这种情况下就会发生角色转换，孩子成了家庭的守护者。尽管承担一些责任可以让他们更加成熟、自信，但是过分地肩负起成年人的角色，对他们来说是不健康的。如果由父母一方或双方承担责任，他们会更有安全感。

当青春期前的孩子努力处理他们自己的忧虑、悲伤，以及担心如何对父母双方都保持忠诚时，他们通常会隐藏许多痛苦的情绪。表面上的冷漠可能掩盖了其他深深困扰着他们的情感。身体上的不适，比如经常头痛或者胃痛，或者去学校医务室但又说不清楚哪儿不舒服，这些都表明他们承受着压力。

纠结于父母之间的忠诚冲突，会对孩子产生负面的情感后果，这种负面影响会延续到孩子的一生。因此，要避免把责任推给青春期前的孩子，避免让他们参与到关于谁对谁错或者谁是受害者的谈话中，这很重要。

如果父母中的一方采取了公正的态度，拒绝贬低另一方，青春期前的孩子不会陷入关于忠诚的两难境地，他们就会受益。相反，听到指责和责备只会让他们更愤怒，并可能直接导致更多的行为问题。

正如我们希望孩子为自己的行为负责一样，对于父母来说，知道该为他们的婚姻问题负责，也很重要。青春期前的孩子不需要——也不应该——听到详尽的细节，但是家长诚实地承认错误，并为此可能造成的痛苦真诚地道歉，可以帮助孩子开始面对现实。这样他们就不用去苦思冥想，也不用去处理外界的谣言了。

青春期前的孩子经常需要帮助，家长应帮助孩子表达他们关于父母离婚的内心感受。和更小的孩子一样，"你这个年纪的孩子会担心该告诉朋友什么，担心朋友可能会怎么想……这些感受都是可以理解的"，类似这样的意见可以帮助他们意识到自己的感受是正常的。对于是否要让别人知道自己的父母离婚，孩子持什么样的意见，通过讨论这些话题，可以帮助孩子缓解焦虑。他们是想自己告诉亲密的朋友，还是想让你告诉他们这个消息？如果他们想自己处理，那就尊重他们的决定，这很重要。你可以帮助他们思考如何和朋友分享这个消息，才能得到朋友的理解和支持。

有时，青春期前的孩子更希望你先告诉他们朋友的父母，这些父母再告诉他们的孩子，为以后孩子之间谈论这个话题做好铺垫。如果你的孩子更希望你传递这个消息，那么提前计划好你要说什么，并设想如何回答他们的朋友可能提出的问题，这会很有用。如果孩子愿意，她可以邀请一两个亲密的朋友到家里来，然后告诉他们这个消息。如果孩子允许，你可以告诉他们，因为他们是很好的朋友，所以她想和他们分享一些关于你们家庭变化的重要信息。然后你可以简单地解释一下这些变化——你们将要离婚，但是两个家庭都随时欢迎他们来和你的孩子一起玩。你也可以告诉他们，他们的友谊对你们所有人都很重要，离婚也不会改变这一点。这样的谈话最好简短，并根据孩子的反应来判断，是否要进一步交谈——或者结束谈话，然后进行一些让他们开心的活动。

把选择权给孩子，让他们决定是否告诉他们的朋友或者其他类似的事情，让他们在家庭变化的某些方面有一些掌控感，否则他们会感觉很无力。

即将进入青春期的十几岁的孩子将要开始从家庭中独立，但他们需要推动的是基岩，而不是沙土。你可以通过言行证明你仍然会做一名负责任的家长，从而帮助他们。他们的"工作"是在学校好好表现，继续参与有益身心的丰富活动。如果你能提供持续的照顾、监督和指导，他们才能做到最好。

告诉9—12岁的孩子什么

- 告诉孩子，你的婚姻即将结束，并做出简短说明。
- 对于没能解决你们的婚姻问题表示遗憾，也承认离婚会对他们的生活产生影响。
- 承担责任，但不相互指责。
- 如果是真的，告诉孩子，他们是你们婚姻中最美好的一部分。
- 确保孩子能够明白，他们不应该受到责备，也不能解决你们的婚姻问题。
- 经常告诉孩子，你们会永远爱他们。
- 确保孩子明白，你们永远是他们的父母，会一直照顾他们。
- 鼓励他们与父母双方都建立良好的关系。
- 向他们解释，哪些会发生变化，哪些会维持原样。
- 随着你和他们的生活发生变化，不管是现在还是将来，都要征求他们对日程安排的意见。
- 向他们解释他们的意见很重要，但你会最后决定日程安排。
- 要让他们放心，日程安排包括他们与父母双方在一起的时间、他们的活动时间、他们和朋友在一起的时间。
- 鼓励他们表达自己的感受，让他们知道你会倾听。
- 让他们知道，当他们不想说话时，你也会尊重他们的意愿。

范例。以下范例为如何与9—12岁的孩子交谈提供了一些指导建议。

"我们需要和你谈谈咱们家发生的一些事,这些事可能会让人觉得伤心、难以接受。你可能已经注意到了,我们已经很久没有好好相处了,所以我们决定离婚。我们的问题有很多原因,事情发展到这一步,我们都很遗憾。作为夫妻,我们在很多事情上都不能达成一致。"

"但有两件事我们真的完全同意,一是我们都非常爱你,而且会永远爱你,二是我们永远是你的爸爸妈妈。我们对你的爱永远不会停止。"

"即使我们的生活发生了变化,我们希望你能够把精力放在那些对你来说重要的事情上——在学校好好表现,参加各种活动,与你的朋友在一起。我们都会帮助你参与这些活动。"

"我们也想让你知道,我们之间的问题是我们两人之间的事,不是你造成的,你也解决不了。我们不希望你偏袒任何一方或者在我们之间做出选择。对你来说很重要的是,继续花很多时间和我们两个人在一起,就像现在这样。"

"我们知道这对你来说很难接受,做出这个决定,对我们来说也很难。和我们一样,你可能也会有很多感受。我们想让你知道,你不需要保守任何秘密。你可以和你的朋友、教师,还有学校的辅导员谈谈,也希望你能和我们谈谈,谈谈咱们生活中的这些变化,以及你对这些变化的感受。这很难,但我们都会挺过去的。如果你想让我们帮你告诉你的好朋友,我们可以帮你。你可以决定怎样让你更舒服些,然后告诉我们你想让我们做什么。"

"我们一直在考虑这个日程安排,以及这些变化会对你和我们产生什么影响。你每周有一部分时间和爸爸在一起,另外一部分时间和妈妈在一起,周末轮流和我们每个人在一起。你可以让朋友来这两个家,你仍然可以参加以前的活动。我们想听听你的意见,你觉得这个安排有什么问题,我们想知道你的感受。那么我们就先试试,有问题的话,我们再调整,制订更适合你的安排。我们非常爱你,也非常关心你,所以我们会时不时地和你聊聊，看看你过得如何。我们知道你有时候不想说话，没关系。但你要知道，我们会一直在，随时准备倾听。"

"最重要的是，你要记住，我们都非常非常爱你，没有什么能改变这一点。"

在第一次谈话之后的几天、几周、几个月，甚至几年里，你要抽出时间经常和他们一对一地谈话，这仍然非常重要，不是只谈论离婚，还要谈论孩子感兴趣的所有事情。如果可以，你要想办法和孩子一起欢笑，分享让你们感到开心的经历。当然，大量的身体爱抚会有助于强化你所说的持久的爱，并加强你和孩子之间的联结。

日历、书籍、电影及其他资源。由于许多青少年的生活已经非常忙碌，包括学校活动、运动、音乐课、乐队练习以及和朋友的社交时间，离婚所导致的日程安排的变化通常会让他们的生活更复杂。无论是纸质日历还是电子日历，都能帮助他们了解自己该去哪里，以及如何从一个地方到另一个地方。把往返于各个目的地所需要的东西装进包里，并列出清单说明前往每个目的地需要带什么东西，这有助于缓解他们的焦虑，不会那么担心是不是没把东西放对地方，没带合适的书籍或设备。

十几岁的青少年可能想自己读一些书，这些书让你们有机会展开谈话，谈谈他们正在读什么，谈谈这些书和他们有什么关系。如果正在看的小说和电影中，有离婚对一些角色产生影响的情节，这是一个很好的时机，让这个年龄的孩子谈谈自己对离婚的看法，而且不会让他们感到尴尬。提供日记和美术用品，鼓励孩子用这些方式表达他们的感受，这也可以为他们的思想和情感提供发泄渠道。当然，只要花时间一起参加活动，就有助于搭建一个坦诚交流的平台。

在学校和社区中有一些有执照的心理健康专家，专门帮助孩子和家庭处理离婚问题，他们也是帮助青春期前的孩子处理复杂情绪的宝贵资源。

青春期：13—18 岁

青少年继续他们在青春期前就开始的旅程，迈出更大胆的独立步伐。在他们看来，离婚严重扰乱了他们的生活。大多数青少年的身体和智力技能已经得到发展，包括逻辑能力，以及对各种情况下可能发生的事情做出预测的能力，但是他们仍然缺乏深厚的生活阅历，大脑还不够成熟，无法为他们的认知提供更深入、更广泛的背景。

与青春期相关的行为——情绪变化、自我中心、以成人的言行找碴、冲动、有时过于夸张——都源于他们正在经历的快速的生物、心理和神经变化。在大脑中，灰质继续增厚，神经连接逐渐加强，在青春期前后达到旺盛的发育高峰。然后大脑中的神经连接开始精减，一直到青春期结束。因此，在这十年间，认知能力会得到极大的塑造，因为大脑中被使用的神经通路不断被加强，而不被使用的神经通路逐渐被舍弃。

大脑的其他变化也对青少年的行为产生巨大的影响。功能性核磁共振研究表明，青少年和成年人的大脑在处理情绪的方式上有很大差异[6]。当看到恐惧的表情图片时，青少年的杏仁核（大脑中负责识别恐惧和其他情绪的部分）活动比大脑额叶（理性思维的脑区）更加活跃，而成年人的反应恰恰相反。尤其是年纪小一点的青少年，他们经常把害怕的面部表情误读为悲伤或愤怒，这可能在某种程度上解释了，为什么他们在处理情绪问题时更加困难。年纪大一点的青少年则表现出从杏仁核活跃转移到额叶活跃。这些研究从生理角度解释了青少年的情绪化反应、推理能力提高的原因。

与此同时，青少年容易产生情绪化反应，他们的额叶皮层——大脑的首席执行官，负责控制一切——仍在构建之中[7]。所以青少年的愤怒回路很容易被激活，控制情绪和冲动的开关正在被重新调整。就在这些主要的神经变化发生的同时，青少年还受到激素起伏和紧张心理的冲击。

虽然青少年具有一定的逻辑思维能力，但是他们的判断可能会受到冲动的影响，导致危险的行为。不幸的是，有些判断失误会带来可怕的后果，青少年交通事故、酗酒、吸毒的比例很高就证明了这一点。

因为青少年的大脑更容易上瘾，所以青春期使用药物的风险更大。研究表明，相对于成年人，酒精对青少年学习和记忆的影响更大，而且酒精对正在发育的大脑的伤害比人们想象的要大[8]。过早饮酒也会增加酗酒的风险。最近的一项研究发现，在14岁之前开始饮酒的人中，有47%会出现酒精依赖，相比之下，在21岁之前从不饮酒的人中，这个比例只有9%[9]。青少年的大脑是最脆弱的时候，但也是他们最有可能采取冒险行为的时候，这似乎是一个特别残酷又讽刺的天性。

即使青少年努力寻求自我认同感，想要打破一些家庭束缚，但他们仍非常渴望被关爱。2007年音乐电视（MTV）和美国联合通讯社（Associated Press）对13—24岁的年轻人做了一项调查[10]："什么让你快乐？"他们排名第一的回答是"和家人在一起的时候"。尽管青少年可能不会公开表达，但他们非常想要知道父母有多么重视他们，并想要感受到父母无条件的爱。然而，另一项调查发现，只有47%的美国青少年认为成年人喜欢并尊重他们[11]。

大多数青少年感到压力只是因为他们生命中所处的特殊阶段，即将离开过去受保护的舒适生活，进入不确定的未来，还得为之负责。有些人表现出严重的叛逆迹象，而另一些人则更加平和地进行这一转变。如果青少年不能对影响他们的重大决策发表意见，如果日程安排没给他们留出自由的空间，他们会感到特别大的压力。与其他年龄阶段的孩子一样，父母之间的矛盾、与父母的关系不稳定或脆弱是青少年压力的主要来源。

父母离婚给青少年带来了巨大的额外挑战，因为他们需要将所有的家庭变化和强烈的情绪加入"常规"的紧张状态中。家庭结构的变化进一步侵蚀了青少年寻求独立的稳定基础，因为这些变化使未来看起来更加不确定。离异父母需要特别注意青少年的压力和焦虑迹象。

对于大多数青少年来说，父母离婚对他们的生活是一个打击，不被接受。出于这个原因，需要提前告诉他们所有将会对他们产生影响的变化。由于青少年的认知、情感正在发生变化，让他们为家庭的变化做好准备需要敏感性、判断力、耐心、时间，以及符合实际的期望，即尽管你尽了最大努力，过渡可能也不会朝着你希望的方向发展——至少一开始时不会。青少年当下最关心的问题包括：我和我的家人会发生什么？我的朋友们会怎么想？我不想让别人同情我！这是不是意味着我得住在两个地方，然后带着我所有的东西来回跑？我还能考驾照吗？我本来想在学校放假的时候去旅行，还能成行吗？如果我在妈妈家过周末，爸爸会不会觉得我不想和他在一起？谁来支付我的大学学费，我毕业后谁来帮助我？在某种程度上，他们就是想知道——这到底是谁的主意？

在准备与青少年交谈时，你可以预料到需要回答这些问题——甚至更多！通常情况下，如果父母双方事先讨论并达成一致，该如何让青少年做好准备，并为其未来的生活铺平道路，谈话就会更加顺利。第一次谈话仅仅是个开始。尤其是青少年，他们需要持续不断地谈论这个问题，以及在他们摆脱童年进入成年过程中的其他感受和体验。除了说话和倾听——有时他们拒绝做这两件事——他们还观察你的行为，并以此作为自己言行的准绳。

在这个成长阶段，青少年会特别担心他们视为受害方的那个家长。他们可能觉得非常有必要弄清楚谁是分手的罪魁祸首，并且和他们认为对离婚决定负有较少责任的那个家长结盟。当婚外情成为导致离婚的一个因素时，相对于掩盖事实或为自己的行为辩护的父母，那些诚实地承认这一事实，并对其造成的伤害表达真诚的歉意的父母，更有可能得到青少年的尊重。试图保守重大秘密会让父母和青少年之间的距离越来越远。

虽然让青少年站在他/她那边，可能会让那些感到受伤害、被背叛的家长觉得安慰，甚至高兴，但这样做一般是要付出代价的。如果青少年与父母双方都建立积极的关系，他们最有可能茁壮成长、适应良好。

例外情况是，如果家长有虐待行为，或有慢性精神健康或药物滥用的问题，那么经常联系可能会不安全。

告诉13—18岁的孩子什么

- 告诉孩子，你们的婚姻即将结束，以及为什么——简短但不涉及私密的细节。
- 对于离婚表示歉意，承认这个决定会对他们的生活产生影响。
- 承担责任，不相互指责。
- 如果是真的，告诉孩子，他们是你们婚姻中最美好的一部分。
- 确保孩子能够明白，这不是他们的错，他们也不能解决你们的婚姻问题。
- 向他们表达无尽的爱——经常这样做。
- 让他们安心，共同对他们做出承诺，你们永远是他们的父母。
- 鼓励他们与父母双方都建立健康的关系。
- 向他们解释，生活中的哪些方面会发生变化，哪些方面会维持原样。
- 当你们或他们的生活发生变化时，征求他们对当前或以后日常安排的意见，但要让他们知道，你会做最后的决定。
- 向他们解释，他们可能无法得到他们想要的日程安排，但是这个安排将包括和父母在一起的时间、他们的活动时间、和朋友在一起的时间。鼓励他们表达自己的感受，让他们知道你在倾听。
- 让他们知道，当他们不想说话的时候，你也会尊重他们的意愿，但是你会再次询问他们，因为他们的感受对你来说很重要。

范例。除了听到的话语外，青少年能很快领会父母的谈话和行为中的腔调气氛。语气甚至比语言更能影响青少年对未来变化的想法和感受。青少年会察觉到潜在的敌意、讽刺和责备，而这些往往会导致危险。但他们也能感受到父母真正的悲伤和相互尊重，这些都强化了这样一种认识：即使在生活发生重大变化时，父母双方也会为他们提供一张安全的支持网。因此，当你准备把离婚和未来的变化告诉青春期的孩子时，你要调整自己的感受，找到办法向前任表达真诚的尊重，向他们表达难过和歉意，从而积极地促成这种转变。

虽然在告诉青少年时，没有哪种方式是"正确"的，但是下面的例子可以提供一些建议。这可能是父母理想的沟通方式，但考虑到可能会出现的情绪，谈话不太可能进行得这么顺利。

"我们有很重要的事情要和你谈谈。如你所知，很长一段时间以来，我们相处得都不太愉快。我们一直在努力解决我们之间的问题，但还是没能解决。所以我们决定离婚。我们为此感到难过，我们知道你也会有很多感受。最重要的是，我们想让你知道，即使我们生活在不同的家庭，我们俩都会永远爱你，永远支持你。你也应该明白，我们之间的问题与你没有任何关系。不是你造成的，你也解决不了。事实上，有一件事我们都非常认同，那就是，因为有你的存在，所以我们都很感激这段婚姻。"

"我们俩都想和你在一起——你不必在我们两人之间做出选择。我们将拥有共同法定监护权，我们正在制订日程表，这样你就会有很多时间和我们在一起，你也可以继续参加以前的活动，在两个家都能见到你的朋友。你可以对此发表意见，虽然我们不能保证会完全按照你的要求安排每个环节，但我们想知道，我们刚分开时以及以后，这个安排是否适合你。我们还要在这里住几个星期，然后妈妈就会搬到公寓去，直到她在你学校附近找到房子住。一旦我们知道更多变化，一定会提前告诉你。"

"最重要的是，你要永远知道，无论发生什么，你有两个非常爱你的家长——这一点永远不会改变。你可能很难一下子接受这件事。你可能对此有些疑问，有很多感受。发生这样的事，我们也很难过，也很抱歉。尽管这个过程很困难，但我们希望，从长远来看，没有那些紧张和争吵，对我们大家都有好处。我们想知道你现在以及未来几天、几周的想法和感受。你只要记住，无论如何，我们都会爱你，我们会挺过去的。"

日历、书籍、电影及其他资源。大多数青少年的生活和日程安排都很充实，所以在两个家庭之间的轮转肯定会让他们和你的生活更复杂。如果他们还没有使用记事本或日历（无论是纸质的还是电子的），现在他们可能需要这些了。把他们所有的日程安排都整合到一个工具中，这样可以帮助他们掌控自己的生活，就不必担心在某个特定时间点自己应该在哪里。如果能把每个活动或每天的清单贴在日历上，放在每个家靠近门口的位置，那就更好了。日历和清单能帮助他们对自己的生活和物品负责，有控制感。当他们从一个地方转移到另一个地方的时候，书包、健身包、旅行包，还有专门放工具的架子等，都能让他们感觉到生活是井然有序的。

除了帮助青少年管理物理层面的日程表和物品，你还可以用各种工具帮助他们调整情绪。如果小说和电影中有离婚情节，你们可以就此展开对话，帮助青少年减少孤独感，让他们觉得更"正常"，同时也提供了一种方式来谈论他们现在的感受和体验。有执照的心理健康专家也可以成为一个重要的资源，这些人在这个领域有特殊技能和知识，通过他们的帮助，青少年能够管理自己的情绪，努力应对他们生活中的变化。

为接下来的日子做计划

现在，你可能会感到不知所措，以致想合上这本书，想想别的事情——什么事都行！不可否认，在离婚的过程中，告诉孩子这个消息是最难的部分之一，但每个家庭的情况可能都各不相同。可以想象，你们的谈话可能和我在这一章里讲的不一样。这里提供的只是理想化的范本，你们的谈话不必依此而行，也不一定会顺利，即使是经过精心策划的。

尽管你做了最好的准备，很多事情还是会出差错。你和前任可能很难控制你们的强烈情绪，以致不能一起和孩子谈话。或者即使你们设法一起和孩子谈话，你们可能会偏离主题，无法说出本来想说的话。你的配偶可能会偏离你们之前已经达成一致的计划。你们刚说了几句话，孩子可能就哭着冲出房间。青春期或者青春期前的孩子可能会呆呆地凝视前方，没有任何反应。但即使第一次谈话不像你最初所希望的那样顺利，你也要再试一次，也许每次就只完成一件事。

然而，更重要的是，你要明白这个"重要谈话"只是第一步，接下来还会有很多很多次谈话。与每个孩子一对一地跟进最初的谈话——无论进展得怎么样——很重要，然后保持沟通渠道畅通。出去散步或者开车的时候可以让你有机会"只是想听听你的感受"，这样不会让孩子感到尴尬，也不会在他们还没准备好的时候强行对话。

因此，本章的指导不仅仅是帮助你判断，在你和孩子第一次谈论这件事的时候，什么是重要的，还能帮助你专注于一些信息，在未来的几天、几年里不断重复的信息。你需要一遍又一遍地提醒孩子，你们会无条件地爱他们，承诺会作为一个有爱心的父母永远支持他们。你还需要提醒孩子，他们不应该被责备，他们无法解决你破碎的婚姻，也无法弥补你的伤痛。他们需要你的帮助来管理他们日程，应对生活的变化，以及在事情发生变化或者不顺利的时候做出调整。他们开心的时候需要你的拥抱，伤心的时候也需要你的拥抱。他们需要一种舒适感和安全感，这种感受是伴随着精心安排和新的家庭习惯、仪式而出现的。

关于健康的生活习惯、家庭结构和传统习俗如何帮助大家在变化的环境中感到正常和安全，第4章和第7章提供了更多的信息。分手后的一段时间里，最重要的——有时也是最具挑战性的——一个方面，就是要保持言行一致。关于如何做到这一点，你会在第 4 章、第 7 章和其他章节中找到更多信息。

当然，对你的孩子隐藏你所有的感受是不可能的，也不是明智之举。这样的伪装会在你和他们之间设置不自然的障碍。但是，如果你更多地关注他们的感受而不是你自己的感受，通过言语和行为接纳他们所表达的负面情绪，这样能很大程度地帮助他们。"我们正在经历一段艰难时期。我们现在都有很多感受。"为了满足孩子的需要，你要为他们提供长期所需的基础。至于你自己的强烈感受，你当然需要表达出来，甚至说出那些可怕的细节，但是这些最好由你信任的朋友、知己或治疗师来处理，而不是你的孩子。

在你专注于离婚后的生活，让孩子过得尽可能好的同时，我希望你也能允许自己做一个凡人。我们大多数人都在痛苦的时光中曲折前进，每一个转折都会让我们成长。恢复和适应重大的生活变化需要时间和努力。研究表明，一个人在离婚后重新感觉到痊愈，所需要的平均时间是一年半到两年[12]。

当我在接触让孩子准备好迎接生活中的所有变化，勤勉且慈爱的父母时，我总是想起，"勇气（courage）"这个词的词根是拉丁语 *cor*——即"内心"之意。当你和孩子在迎接未来的变化时，我希望你们依然相信爱和支持，并且记住，即使进展曲折，但从长远来看，这仍然是通往韧性、健康适应的路径。

注释

1. J. Dunn, L. Davies, T. O'Connor, and W. Sturgess, "Family Lives and Friendships: The Perspectives of Children in Step, Single-Parent, and Nonstep Families," *Journal of Family Psychology* 15 (2001): 272–287.
2. 但有一个例外。如果父母之间没什么冲突，父母需要提前让孩子做好准备。关于这方面的指导请见"没有明显的冲突"这一节。

3. Robert E. Emery, *The Truth About Children and Divorce: Dealing with the Emotions So You and Your Children Can Thrive* (New York: Viking, 2004).
4. Paul R. Amato, "Children of Divorce in the 1990s: An Update of the Amato and Keith (1991) Meta-analysis," *Journal of Family Psychology* 15, no. 3 (2001): 355–370.
5. Booth and Amato, 2001.
6. Deborah Yurgelun-Todd, PBS *Frontline* interview "Inside the Teen Brain".
7. Giedd, 1999.
8. A. Brown, S. Tapert, E. Granholm, and D. Delis, "Neurocognitive Functioning of Adolescents: Effects of Protracted Alcohol Use," *Alcoholism: Clinical and Experimental Research* 24 (2000): 164–171; Aaron M. White and H. Scott Swartzwelder, "Age-Related Effects of Alcohol on Memory and Memory-Related Brain Function in Adolescents and Adults," in Marc Galanter, ed., *Recent Developments in Alcoholism* 17 (New York: Springer U.S., 2006): 161–176.
9. Ralph W. Hingson, Timothy Heeren, and Michael R. Winter, "Age at Drinking Onset and Alcohol Dependence: Age at Onset, Duration, and Severity," *Archives of Pediatrics and Adolescent Medicine* 160 (2006): 739–746.
10. "Youths Find Happiness in Family," AP-MTV Poll, as reported in *Rochester Democrat and Chronicle*, August 20, 2007.
11. David Walsh, *WHY Do They Act That Way? A Survival Guide to the Adolescent Brain for You and Your Teen* (New York: Free Press, 2004).
12. E. Mavis Hetherington and John Kelly, *For Better or for Worse: Divorce Reconsidered* (New York: W. W. Norton, 2002).

第 4 章

养育计划：解决艰难抉择的积极办法

"今天星期二，足球训练结束后，我是该去爸爸家还是妈妈家？明天我需要带什么东西，这些东西在哪儿呢？我汇报要用的书是在爸爸家还是妈妈家？我的健身包在哪里？"

这仅仅是在父母离婚后，泰德经常问自己的一堆问题中的几个。他们在他10岁时离婚了，从那时起，直到高中毕业，他每隔一天就要在这两个家往返一回，包括周末。他总是感到困惑、焦虑，因为他每周的同一天都在不同的家里。每天早上收拾行李时，他都不确定是否把所有的作业或运动器材都放在了适当的地方。由于日程安排非常复杂，尽管这个男孩非常勤勉认真，但他在童年的大部分时间里都处于焦虑状态。

更糟糕的是，泰德的父母经常改变他的日程安排，以适应他们自己的各种需要——包括工作和其他方面的需要——而且往往是临时决定。哪怕出一点点问题——比如忘了家庭作业或没参加活动——都可能引发他父母之间的敌意，这会让泰德心里更加难受。令人沮丧的处境以及对此缺乏控制让他感到抑郁、焦虑，即使在他成年后还是难以摆脱这些情绪。

40多岁的泰德现在已经是一名成功的企业高管,在很多方面都很出色。但每次打包去旅行,他还是会感到焦虑,即使是一个期待已久的愉快假期。手提箱象征着他童年时代每天都感受到的担心和焦虑。

据我们从大量研究中所了解到的,泰德的情感负担在很大程度上是可以避免的。如果他的父母能够控制他们的冲突,在那些关键的岁月里减少他在两个家庭间轮转的频率,根据他的意见制订时间表,更好地控制他们不稳定的工作和社交安排,并且建立一种合作式养育关系——在他们自己的生活发生变化和情感动荡时,这些都不是轻易能做到的事情——他们就可以让他不那么焦虑。一开始,如果他们明白可能需要调整儿子的日程安排,知道要注意什么,他们可能就会做出改变,就不会让儿子那么焦虑,无论是当时还是现在。

本章将为你提供一些关键信息,这些都是泰德的父母所不了解的。首先,从对法律选择的简要概述开始,这是大多数养育计划的背景架构。但是,本章主要关注,已经被证明会影响监护安排的顺利实施的因素。日程安排是最关键的因素之一,我会解释如何制订日程安排和养育计划,使其最适合处于不同发展阶段的儿童。

我在本章中提出的想法和建议都基于大量研究,也有些启发来源于我自己与孩子及其父母接触中的丰富经验。

法律事务上的选择

离婚的父母往往会陷入一个令人头疼的法律迷宫,在选择解决方案时,相对于理性思维,他们更容易受到强烈情绪的影响,无法把重点放在希望自己和孩子得到的结果上。传统诉讼通常是一种对抗性的法律程序,其本身的性质会加剧父母之间的冲突。尽管大约90%的离婚案件最终都是在庭外解决的,但谈判受到诉讼过程中双方合作程度的影响。律师之间的谈判可能可以友好合作，也可能极具攻击性。

有些人认为自己或子女的安全受到威胁，因为他们曾经被前任虐待或威胁，或感到被恐吓，对于这些人来说，有必要寻求一位律师作为强劲的代理人。只有少数情况属于这一类。然而，不幸的是，在很多不需要攻击性策略的情况下，这些策略却被频繁使用。

很多时候，激进的攻击性策略会产生不良影响，进一步加剧离异父母之间的矛盾，而他们仍然需要分担养育子女的责任。受伤、害怕、愤怒的父母往往会因为情绪上的原因而选择攻击性的方式。因为遭受损失而感到脆弱无助，他们本能地想要反击，他们会选择自己所能找到的最有力的武器——一名咄咄逼人的律师。不幸的是，这种咄咄逼人、言辞激烈的法律途径，往往会加剧双方的痛苦和愤怒，这些人离开法庭时的心态与他们未来所需要的心态背道而驰，他们在未来很多年里都需要共同承担养育子女的责任。

在选择律师和诉讼的过程中，记住这一点很重要：你是律师的客户。你选择的律师，他/她的建议要符合你的目标和孩子的需要，然后坚持让他/她采用服务于那些目标的方法。你寻求的是专业的建议和服务，但你的律师应该愿意并且能够帮助你在实现目标以及选取手段时，把孩子的需要放在首位。他/她应该愿意友好协商，而不是对簿公堂。

我的一名来访者的经历很好地说明了这一点。在取得相当大的进展之后，有一天，安娜来到治疗室宣布她要结束治疗。"我的律师说，当我见过你之后，我没那么愤怒了，也没有准备好报复。他说我必须保持愤怒才能赢。"她说。从激进诉讼的角度来看，愤怒是一种很好的武器。但是如果想要达成合理的协议、建立良好的平台以共同养育子女，那么保持愤怒就不利于实现预期的结果。安娜和我谈过她的真正目标——保护她的孩子，找到一种方法与即将成为前夫的人有效地共同养育孩子，她决定二选一。她的当务之急就是要向律师重申她的目标，并坚持要求他按照她的意愿行事。如果这招不管用，她准备找别人做她的代理人。

幸运的是，律师听从了她的意愿，改变了策略，最终帮助她达成了双赢的养育协议，从而让孩子茁壮成长。尽管激进的代理仍被视为法律标准，但许多法学院正在考虑采取一些举措，对专门从事家庭法的律师进行培训，以便让他们更全面地认识家庭和儿童的发展需要[1]。

幸运的是，除了传统的诉讼，现在还有其他解决婚姻纠纷的方法。人们越来越多地寻求调解与合作法，从而有效代替对抗性诉讼，因为对抗性诉讼可能会加剧家长冲突，对子女产生负面影响。

调解

调解是一种替代性纠纷解决机制（alternative dispute resolution，ADR），包括父母双方和中立的第三方。调解的主要目的之一是通过帮助离异父母就其子女问题达成共同商定的协议，减少冲突。调解人通常是心理健康专家或受过特殊培训的律师，帮助离异夫妇商订协议，但如果双方未能达成协议，他们无权做出最终决定。

调解的好处之一是，父母双方在调解过程中都是决策者，他们要决定其子女生活中最重要的事情。已有研究证明，调解对于离婚多年后的家庭产生了许多积极的结果。弗吉尼亚调解研究（The Virginia Mediation Study）跟踪了两组随机分配的离异家庭，一组是经过传统法庭诉讼的，一组是经过调解的[2]。结果很显著，调解对12年后的家庭关系产生了积极影响。经调解达成协议的父母显然对过程和结果更满意，而且这些父母双方都比那些提起诉讼的父母更多地参与孩子的生活。相对于父母提起诉讼的孩子，父母经调解而离婚的孩子与未生活在一起的父亲/母亲的联系更多。12年后：

- 在那些父母经过调解的孩子中，有28%的孩子每周与不住在一起的家长见一次面，相比之下，在父母提起诉讼的孩子中，这一比例为9%；
- 在提起诉讼的父母中，有36%未与孩子居住在一起的家长在过去一年中没有见过他们的孩子，相比之下，经过调解的父母在这一比例上只有 16%；
- 经过调解的父母中，有 59% 的家长每周都会给孩子打电话，相比之下，提起诉讼的父母中，这一比例只有 14%。由于许多孩子已经离开家或者搬走了，所以电话联系方面的差异尤其明显。

特别值得注意的是，父母接触越多并没有导致他们之间越多的冲突，这可能是因为他们已经学会通过调解过程一起解决问题。

这些好处源于经过专门训练的调解员仅 5 小时的调解。因此，这个过程不仅会让孩子和父母获得更好的结果，还为父母以及由纳税人资助的庭审系统节省了巨大的成本。

该研究发现，调解这种方式的一个最重要的组成部分，是强调情绪指导[3]。例如，当父母充满敌对、争吵不断时，调解员会指出自己与他们共处一室的感受，并且大声地问他们，孩子经常处于这些冲突中会有什么样的感受。这和我在诊所里发现的很多离异父母的情况一致。当我们花时间去理清愤怒背后的其他情绪时，我们通常会发现悲伤。意识到这一点不会让那些痛苦的情绪消失，但它确实能帮助父母识别他们的情绪，寻求帮助来克服它们，并学会如何管理它们，这样他们就能商定一个有效的养育计划。

和其他任何与你的家庭共事的专业人士一样，谨慎选择调解员是很重要的。我建议家长所选择的调解员，在你所在的地区是获得认证的，并且在离婚和家庭调解方面有过特殊训练和经验。在美国的一些州，有的人只要经过 20 小时的训练，就可以被指定为调解员，但他们没有家庭关系、心理学或法学背景，所以在这些州，询问调解员的背景特别重要。明智的做法是先与调解员见面，看看你和前任是否对调解员的风格、知识、经验和技能感到满意。为了你和孩子的幸福，任何通过调解达成的协议，在你签字之前都必须经过你的律师的审查。

合作法

合作法，也被称为合作实践，即离婚的父母与受过训练的专业人员合作，以尊重的方式解决纠纷，而不用诉诸法庭，这种方式越来越受欢迎。在这种模式下，父母双方都有自己律师的支持和保护，同时作为合作团队达成法律协议。它与调解的不同之处在于，它涉及一组人，而不是单一的调解员。

合作实践与传统诉讼的区别主要表现在四个方面.

- 在这种以客户为中心的模式中，双方通过谈判达成一致的和解协议，而不需要法院来裁决任何问题；
- 双方达成共识，如果父母中的任何一方上法庭，法律专业人士就会退出；
- 这个过程的特征是，沟通和信息共享的开放性；
- 合作团队使用沟通技巧，进行问题解决，共享解决方案时，要优先考虑客户及其子女的利益。

在合作过程中，律师采用一种全新的方式为客户服务，以一种全面整体的方式关注离婚。律师的作用是多方面的，提供信息进行教育，促进委托人之间的协商，以及维护委托人的需要和利益。这个合作过程强调有效的沟通、化解冲突以及达成协议的积极方式。

一些合作实践的模式包含一名财务专家，这是一个中立的角色，帮助澄清与财务有关的问题、可行的选择及后果。团队中增加这样的角色还能帮助客户为他们自己及其子女做出明智的财务决策。教练，或者家庭关系专家，通常也是合作团队的一部分。教练通常是一名有执照的心理健康专家，他能促进团队成员之间的沟通，帮助管理困难情绪（困难情绪可能会妨碍问题的有效解决），还能为有效沟通和积极的共同养育行为树立榜样。这个团队通常还包含一名儿童专家，这应该是一名有执照、受过专门训练的心理健康专家，能够在这个过程中为儿童发声。儿童专家还会向家长提供一些信息和指导，告诉他们如何给孩子提供最好的支持，减少冲突，并提供最有效的养育方式，以促进孩子的适应。这个人还能帮助团队制订有效的养育计划，专门根据孩子及其家人的需要而量身定做。

根据我自己在合作过程中作为儿童专家和教练的经验，大多数父母都非常希望在与孩子有关的决策上有发言权。虽然关于合作实践的长期研究才刚刚开始，但初步证据表明，绝大多数离异夫妇都完成了这一过程。少量的信息表明，随着时间的推移，参与合作过程的父母更有可能继续采取合作的育儿方式。

养育协调

养育协调在冲突解决中是一个相对较新的领域，用以解决父母在"判决后"发生的纠纷，也就是离婚后的纠纷。如果父母冲突严重、无法就基本的子女抚养问题达成一致意见，例如时间安排或课外活动，就会建议父母采用这种以儿童为中心的方法。养育协调的目标是减少冲突，及时解决纠纷而不诉诸诉讼，引导父母了解子女的需要，并帮助父母执行养育计划或法院判决。这种方式将心理健康和法律问题的知识与养育子女的意识和洞察力结合起来。如果父母在调解之后仍然无法达成协议，可以通过仲裁的方式解决问题，由养育协调员为他们做出决定。

养育协调员通常是有执照的心理健康专家或律师，专门从事家庭法、离婚和儿童监护，并在调解和冲突解决方面接受过额外的培训。通过家庭和调解法院协会（Association of Family and Conciliation Courts，AFCC），可以获得更多信息，为过渡期家庭提供养育协调和其他服务，这是一个致力于通过解决家庭冲突改善儿童和家庭生活的组织。

养育协调员不偏袒纠纷中的任何一方，也不支持任何一方，而是保持客观，努力帮助父母达成协议。

养育协调的目标和职能包括：

- 解决与孩子有关的纠纷；
- 帮助家长履行养育计划；
- 要么一起做决定，要么接受养育协调员的决策；
- 将注意力和精力重新集中在孩子的需求、情感和最大利益上；
- 改善沟通和养育的技巧；
- 巩固、稳定家庭。

无论你选择传统的诉讼、调解、合作实践，还是养育协调，如果你选择专业人士和你共事，帮助你制订最好的分手协议和养育计划，并找到坚持这些计划的方法，把重点放在孩子的最大利益上，那么你很可能会得到最积极的结果。

养育关系中语言的力量

很多父母因为自己的悲伤、失落和愤怒而不知所措，与已经决裂的伴侣进行礼貌客气的讨论绝非易事。即使是用来描述父母如何为孩子做决定的术语，也可能会促进合作，或者导致冲突。"监护权"这个词意味着对孩子的所有权，而"探视权"则意味着父母一方的次要角色。这样的措辞可能会加剧愤怒和失落感，在儿童支持和健康问题上不利于双方建立合作精神、分担责任。有一项研究询问人们，不同的法律术语会让他们联想到什么，"共同法定监护权"这个词与公平、善良和平等有关，而"单独法定监护权"则常常与自私、不公平、糟糕、无用联系在一起[4]。与没有监护权的父母相比，拥有主要监护权的父母被认为是更有权势、更占优势的"赢家"。这些术语及其内涵可能会进一步加剧已经感到被边缘化的父母的失落感和绝望感，并可能加重未与孩子居住在一起的家长和孩子之间的隔阂。

正如我们看到的，如果父母双方有能力、负责任，以支持性、有意义的方式参与孩子的生活，而不仅仅是"探视"，那么孩子最能从中受益。越来越多的法律和心理健康专业人士正在呼吁用新的术语来取代"监护"和"探视"，并倡导共同抚养孩子，遵守对孩子的承诺[5]。幸运的是，美国许多州正在采取明确措施，改变这些术语及其含义[6]。

和许多专业人士一样，我更喜欢用"养育计划"这个词，用来描述家长在调解员、律师和心理健康专家的帮助下，谈判达成的法律协议和指导原则。这些词语描述了他们如何分担责任，以满足孩子的需要。大多数养育计划的核心是一张经过深思熟虑而制订的具体日程表，它使得父母双方都能与孩子共度有意义的时光。这些计划作为离婚协议的一部分，可以为父母在离婚后处理不熟悉的事项时提供有益的指导。同样重要的是，如果执行得当，养育计划有助于为孩子提供他们所需要的安全感。

然而，最终，任何一种监护权协议或养育计划如何起作用，在很大程度上取决于父母如何执行。在阅读本章时，你会发现一些关于如何让不同生活环境下的孩子更好地成长的特征描述。最好的养育计划应该是，两位负责任的家长在花时间考虑孩子的发展需要之后共同制订的计划，然后努力确保这些需要得到满足。

监护权高度冲突的情况下法庭的角色

本章提出的养育计划方案对许多离异父母来说是有效的。然而不幸的是，有些夫妇双方虽然努力要达成一致，但仍然会陷入僵局或者冲突不断。如果你们的法律谈判停滞不前，你们的监护权案件正在法庭上等待判决，那么下面的内容可能能帮助你。

你们可能会被要求进行"司法鉴定"或者心理评估。这个过程由一名在监护评估方面受过专门训练的心理健康专家来执行。美国心理学会（The American Psychological Association）、家事与和解法庭协会（the

Association of Family and Conciliation Courts），以及美国儿童和青少年精神病学学会（the American Academy of Child and Adolescent Psychiatry），都明确制定了监护评估员的道德准则[7]。这个过程要对你、你的前任以及你的孩子进行评估，目的是向法庭建议，什么样的养育计划才能使孩子的利益最大化。

法庭亦可委任一名律师或受过专门训练的工作人员，来代表你孩子的利益。美国各个州对这个人的称呼都不一样，其中包括"诉讼监护人（guardian *ad litem*）""法律监护人（law guardian）"和"儿童律师（attorney for the child）"。该工作人员的作用是服务于"孩子的利益最大化"，许多专业人士认为这是一个模糊标准，没有明确的界定。许多担任这个角色的人认为，他们有责任协助法庭衡量、评估双方向法庭提交的互相矛盾的资料，并关注孩子的发展需要。

讽刺的是，收集了所有矛盾信息，在法庭上听取了对父母双方的指控，各种各样的专家提供了不同的证词，之后，该工作人员的建议通常都是，注意孩子需要与父母双方保持积极的关系。所以，如果你们能在法庭之外制订养育计划，达成监护协议，你们就可以绕过这个费劲、费钱、费力的过程。

理解监护权的法律定义

尽管人们担心"监护"这个词带有情绪色彩，但大多数法庭仍然使用这个词。对子女的"法定监护权"意味着有权利和义务决定孩子成长相关的事务。

许多离异父母发现，不同类型的法定监护权之间的差异让人非常困惑甚至无所适从。下面的信息基于美国许多州的现行法律（截至出版时）。因为美国每个州的法律都不同，而且会随着时间的推移而改变，我希望你咨询所在州的律师，来解决离婚后养育孩子过程中遇到的所有法律问题。

通常用来描述父母照顾孩子的相关选择的术语有"单独法定监护权""共同法定监护权"和"共同生活监护权"。

单独法定监护权赋予父母一方在不与另一方协商的情况下，就孩子的家庭、健康、教育、宗教信仰以及其他所有事项做出重大决定的权利。因为这样的安排严格限制了父母一方对孩子生活的参与度，所以这种协议的使用频率远远低于共同法定监护权。

即使父母中的一方被授予唯一的决策权，法院也可以判定另一方在法律上有权花时间陪伴子女、分担养育子女的责任。这通常涉及法律上设立的"探视"权，允许父母一方在固定的时间和孩子在一起。

共同法定监护权要求父母双方共同决定关键问题，通常包括孩子的健康、教育和宗教信仰。研究表明，使用调解的父母比选择对抗性更强的法律程序的父母更有可能选择共同法定监护[8]。共同法定监护权并不强制规定某种特定的生活安排，也不一定规定孩子与父母双方度过相同的时间。父母共享共同法定监护权和共同生活监护权（见下文），或者他们可以共享共同法定监护权，而其中一人拥有单独或主要生活监护权。

共同法定监护权已成为美国许多地区的标准做法，在法律允许的州，50%～90%的离婚后判决中都使用了共同法定监护权[9]。20世纪90年代初只有20%的家长选择了这种协议，这表明自那时以来，该比例急剧增加[10]。这种增长可能是由于家长、法官、法律和心理健康专业人员越来越理解父母双方都积极参与孩子的生活是多么重要。

除了可以让孩子更好地适应，共同法定监护权还能让父母之间的关系更积极。因为这种双赢的决策方式本质上承认父母双方的权利，它培养了一种积极的情绪气氛，反过来又产生更积极的养育行为。研究表明，与没有共同法定监护权的父母相比，共享共同法定监护权的父母会花更多时间与子女在一起，更频繁地支付子女抚养费，从长期来看更多地参与子女的事务[11]。

共同生活监护权规定子女可以与父母双方分别居住一段时间。在美国大多数州，共同生活监护权法并没有要求父母双方分别与孩子在一起的时间要均等。各州对共同生活监护权的界定和要求各不相同，但一般来说，孩子平均每周有两个夜晚，或者说33%～50%的时间和父母中的一方在一起，剩下的时间和另一方在一起。法学学者指出，这种时间分配有助于确保父母双方都不会被指定为"主要监护"或"探视"的身份[12]。共同生活监护权仍然相对少见；一些评估显示，在美国，只有5%～10%的孩子能够定期居住在父母双方的家中[13]。即使在加利福尼亚和亚利桑那等州，在20世纪80年代早期颁布了共同生活监护权法，12%～27%的父母选择共同生活监护权，孩子大部分时间仍然和他们的母亲在一起[14]。

在美国有些州，子女抚养费可能与生活监护权的级别高低有关，所以咨询律师了解你所在州的准则是很重要的。不幸的是，这些条款有时会成为谈判中讨价还价的工具。许多法官发现，在监护权纠纷中，父母计算与孩子相处的确切时间是出于财务方面的考虑，而不是为了关注孩子的发展需要，这是很令人痛心的。

研究表明，有些共同监护形式通常会使孩子与父母双方的关系更亲密，生活水平更高。一项涉及33个研究的元分析评估了共同法定监护、共同生活监护和单独母亲监护情况下的孩子状况[15]。与单独由母亲监护的孩子相比，那些共同监护的孩子在情感、行为、自尊和适应家庭环境等方面更胜一筹。这些研究纳入了很多来源信息，包括母亲、父亲、教师、临床医生和孩子本人。

然而，如果父母之间冲突不断，那么与他们共享居住并不能保证孩子从中受益。与经常争吵的家长住在一起的孩子有更多的情绪和行为问题，包括抑郁、身体症状、孤僻的行为，以及与父母的坦诚交流更少。如果频繁的接触反而让孩子暴露于父母持续的冲突或高度的愤怒、敌意中，就会把孩子置于有害的环境中。研究表明，由父母共同监护但父母冲突不断的孩子比被单独监护的孩子表现得更糟糕[16]。

虽然每个家庭的情况各有不同，而且在做监护权决定时应该谨慎，但在高度不稳定或虐待的情况下，应该考虑单独监护权。如果父母有虐待、暴力倾向、患有未经治疗的精神疾病，或者父母不当的管教或滥用药物会危及孩子的安全，那么父母与孩子频繁接触，对孩子没什么好处[17]。在这种情况下，需要制订一个以安全为基础的养育计划，保护孩子和父母免受伤害。现在已经有了一些优秀的养育计划模式适用于这些情况。例如，俄勒冈州的家庭法庭、亚利桑那州和阿拉斯加州的法庭、家事与和解法庭协会以及其他一些机构，都经过研究后开发了养育计划模式。如果父母间曾经冲突很多，那么有明确具体规定的平行养育（见第5章）会是一个更安全的选择。在某些情况下，为了确保孩子的安全，有必要执行监督探视权。最重要的是，如果存在家庭暴力，法庭应该敏锐地觉察到有必要进行制裁、指导，以保护儿童和受虐待的父母免受进一步伤害[18]。

尽管共同生活监护或共同抚养存在潜在好处，但这些协议并不总是奏效，即使没有虐待、暴力、不受控制的心理问题或成瘾。在决定是否要协商达成共同生活监护权时，重要的是要明白，什么能让这些协议运作良好，以及什么会使这些协议不利于孩子。

哪些因素影响共同监护的成功实施？

最适合孩子的共同监护情况是以父母之间良好沟通合作为基础的。在"共享居住"这个问题上，我更希望是这样：父母管理好自己的情绪，协商日程安排，解决日常问题，在日程安排和家庭之间的轮转上更灵活。对涵盖了共享居住的共同监护权最满意的父母往往是那些自愿选择这种形式的父母，他们相信父母双方积极参与孩子的生活会产生附加价值，并愿意一起努力。另一个对共享居住产生积极影响的因素是两个家庭的距离。如果来往于两个家庭之间的交通时间很短，对孩子来说往返就更容易一些。

什么样的父母能成功实施共享居住协议，研究提供了更多信息[19]。结果并不出人意料。如果父母双方都能很好地适应、合作、心平气和，并且就共同监护权达成一致，那么就有可能会成功[20]。成功实施共享居住协议的父母具备这些特征：

- **灵活**——他们愿意调整日程安排，以配合孩子的活动或另一方的工作；
- **善解人意**——他们能够理解和欣赏孩子和另一方的观点；
- **明智**——他们运用良好的判断力，在他们的关系中保持界限，不会强迫孩子表达忠诚或站队；
- **公事公办**——他们能够摆脱之前的婚姻关系，进行角色转换，成为养育子女的专业伙伴；
- **公正**——他们不会深陷愤怒之中，也不会把家庭问题归咎于另一方；
- **尊重**——他们能有效交流，保持相互尊重的态度；
- **以孩子为中心**——最重要的是，他们把孩子的最大利益放在首位，并以此作为决策的依据。

由于种种原因——不单是因为他们自身感到被伤害、愤怒——许多父母无法采取这些态度并照其生活。通过如实评估你自己执行这些行为的能力，如实分析你与前任的关系状况，你将能够更好地思考如何才能顺利实施共同生活监护权。向受过专门训练的心理健康专家、调解员或律师咨询，可能会有助于你选择一个合法且实用的方案，让你采取最适合孩子的居住安排和养育计划。

养育计划：一种新的生活方式

对于孩子来说，没有哪种养育计划是"最佳"的；有多少个家庭，就有多少种方案。除了单独监护权和共同生活监护权的对比研究，没有研究表明到底什么样的日程安排最适合孩子。这需要不断创造、探索各种可能性，以找到每个家庭自己的"最佳"计划，但这是值得的。研究表明，从长远来看，最轻松自在、自信快乐的孩子，其父母会一起努力制订计划，使孩子远离冲突，倡导健康的亲子关系，并提供高质量养育[21]。

养育计划包含影响孩子每天、每月、每年生活的所有因素。一般来说，这些因素包括：

- **责任**——在新的情景中，每位家长应该负责什么？你们将如何确保承担所有养育责任？
- **决策**——从短期和长期来看，你们如何制订和孩子有关的决策？随着孩子未来生活的发展，你们将如何改变养育计划？
- **沟通**——关于沟通，你们对彼此有什么期望？什么信息必须共享？多久交流一次？你们会采取什么样的方式——使用电子邮件、电话、短信还是面对面交谈？
- **日程表**——你们分别在什么时候与每个孩子见面？你们如何分配他们的节假日时间？
- **财务状况**——你们如何管理抚养子女的开支？抚养孩子的计划包括哪些内容？你们如何制订合理的预算？你们分别能提供什么，财务状况对孩子现在及未来的活动和学业会产生什么样的影响？
- **教育**——孩子是否会继续在同一所学校就读，还是因为搬家需要转到别的学校？
- **宗教信仰**——信仰问题将如何处理？家庭内已经形成的习惯会继续保持吗？如果不能，不同的信仰和观点将如何处理？

- **健康**——如何决定是否去看医生、用药或整牙？
- **冲突**——既然知道分歧几乎是不可避免的，你们将如何处理分歧？你们将如何控制冲突，尽可能减小冲突对孩子的影响？

当然，孩子往往通过自己的需求和感受来看待养育计划。这些计划对他们的生活进行了精心安排，解决了他们的许多问题。在最好的情况下，有关计划和变化的沟通是充分开放的，孩子是有发言权的。以下是有效的养育计划能为孩子解答的一些主要问题：

- **害怕**——我会怎么样？
- **家**——我们要搬家吗？爸爸妈妈住哪儿？我住哪儿？我会有自己的房间吗？我会和我的兄弟姐妹分开吗？我的东西怎么办？
- **日程安排**——我和爸爸妈妈分别什么时候见面？我还能见到我的朋友吗？他们怎么知道去哪儿找我？我还能踢足球、参加合唱团、考驾照吗？
- **资金**——家里有足够的钱买我需要或想要的东西吗？有足够的钱让我上课吗？他们能付得起我的大学学费吗？
- **规则**——他们对我的期望是什么？我能做什么或者不能做什么，会有变化吗？两个家庭的宵禁时间和睡觉时间一样吗？我能在爸爸和妈妈家之间来回搬行李吗？
- **沟通**——妈妈和爸爸会不会谈论我，比如我的成绩、我能和朋友们做什么、我能在外面待到多晚？如果我想做什么，他们不同意怎么办？如果我和妈妈在一起，我能给爸爸打电话吗？如果我和爸爸在一起，我能给妈妈发短信吗？如果我这么做，爸爸或妈妈会不高兴吗？

创建以孩子为中心、适应孩子发展阶段的养育计划

尽管养育计划必须解决所有实际问题——工作日程、财务状况、学校或托儿所、文化考虑等——但如果还能考虑到每个孩子的独特个性和需求、父母双方分别能够提供的育儿质量以及他们之间的冲突程度,这些计划才最有效。

> **养育计划:第一步**
>
>
> 1. 根据孩子的发展需要和高质量亲子时间制订日程表。
> 2. 设立一个定期审查计划、根据需要调整计划的程序。
> 3. 管理你的情绪。

当你开始制订养育计划时,我希望你首先关注三件事:根据孩子的发展需要,以及孩子与父母双方的健康关系来制订日程表;设立一个定期审查计划、根据需要调整计划的程序;管理你的情绪。一旦这三方面都到位了,你们就可以想办法一起做决定、解决分歧,培养孩子适应变化的能力,并支持他们与父母双方建立积极的关系。

制订日程表

正如我在第 3 章所指出的,在与离婚有关的所有法律问题得到解决之前,制订一些适用于分居期间的临时计划,这很重要。在这个充满变化的时期,各个年龄段的儿童——包括青少年——都会受到许多恐惧、担忧的影响。制订日程表有助于他们安心,因为这表明父母还是会对他们负责,仍然会照顾他们。

在共享居住协议中,用月、年为单位来考虑日程安排是有好处的。如果过多地强调多少天、多少小时,父母就会倾向于关注自己对孩子时

间的掌控权，结果他们常常感到沮丧、愤怒和失落。然而，更重要的是，它将注意力从对孩子最有利的事情——如何分配孩子的时间，以确保他们真正感受到与父母的联结和爱，避免不必要的干扰，即让他们感到焦虑、困惑或烦恼——中转移。

虽然日程表似乎就是简单的日程安排，但是一些重要的心理因素影响着这些安排能否顺利实施。

孩子的内在需要。尽管在所有日程表中，父母的义务都是不可回避的考虑因素，但要想让日程表顺利实施，在制订日程表时必须满足儿童的内在需求。儿童的年龄、发展阶段、气质、情绪需要、适应新环境的程度都是最基本的考虑因素。孩子和每位家长在一起的时间、轮转的频率、日常生活变化的程度，以及计划的其他方面都有可能让他们感到安全舒适，也有可能让他们感到焦虑、害怕或者悲伤。一般来说，如果日程安排能让父母双方都参与到孩子的学校活动、娱乐活动中，孩子就会茁壮成长。对于那些有能力处理这一问题的父母来说，"鸟筑巢"——孩子待在一个家里，父母搬进搬出——可以为孩子提供稳定的生活环境。当你制订计划时，回顾一下第 1 章中关于解释孩子可能发出的信号的内容，以及第 3 章中关于在不同发展阶段表明压力的行为的内容，会对你有所帮助。

对于有重大疾病、学习或情绪问题的孩子，制订养育计划还需要额外的考虑。有这些特殊需要的孩子通常在更稳定的生活情况下才能表现最好，所以对他们来说，相对简单的日程安排，包括稳定的生活习惯，尽量减少轮转，可能让他们感到安心。

为了让孩子尽可能与父母的生活一致，尽可能多地和父母在一起，一些父母选择达成以下协议：当原定陪伴孩子的家长不得不外出工作或旅行时，孩子将由另一位家长照顾。该协议有时被称为"优先取舍权"，它可以纳入养育计划，当一位家长长时间不在时，可以减少这位家长照顾孩子的时间，增加孩子与另一位家长在一起的时间。本协议必须明确说明具体的次数和情况，以防止产生冲突。基于这个原因，许多家长发现，这种协议适用于夜间或长时间外出，而不是仅仅几小时或一个晚上的外出。

根据儿童的发展需要和能力制订与其年龄相匹配的日程安排的相关原则，本章后续将会介绍。

养育的质量。每位家长所能提供的养育质量是影响孩子长期良好适应的一个主要因素[22]。这意味着每位家长都需要在日程表中留出时间来满足自己的需求，这样他们才能更好地为孩子提供温暖、耐心和权威型的照顾。如果一位家长出现身体不适、抑郁或极度紧张的情况，可能需要暂时调整日程安排，便于康复，此时孩子就需要由另一位能够提供细心照顾的家长看护。第7章提供了更多关于优质养育策略的内容，而第5章则会指导父母如何照顾自己。

一对一的时间。优质养育的一部分是父母与孩子之间的独处时间。当我帮助父母制订养育计划时，我经常建议父母给每个孩子留出一些时间，与他们单独相处。独处的频率取决于孩子的年龄、兄弟姐妹的关系，以及其他家庭环境因素。当然，父母双方都要支持孩子和对方在一起的时间，不要给他们施加压力或让他们感到内疚。孩子经常告诉我，他们是多么珍惜和忙碌的父母在一起的这段美好时光。抽出时间度过一段特殊时光可以强化彼此的关系，为一生的信任和感情打下基础。

一致、简单。对于那些已经在处理父母离婚带来的情感和物质问题的儿童和青少年来说，简单、一致的日程安排可以减轻他们的压力，而不一致、复杂的日程安排则会增加他们的压力。例如，孩子每周在同一天和同一位家长待在一起，这是有好处的。这样孩子就知道"星期二我在妈妈家，星期四足球训练后我要去爸爸家"。

为变化做计划

为变化做计划能让你满足孩子不断变化的需求，这些需求是在孩子成长和发展过程中自然产生的。这还能让你根据自己生活的变化来调整计划，以及适应不断变化的家庭环境。通过对变化设置期望和过程，你可以避免让变化成为争吵的另一个缘由。

在你们自己还心烦意乱的时候，就让你和前任迅速做出关于孩子未来的所有重要决定，这是不合理的。在签订法律协议之前放慢进程，这样你就有时间处理自己强烈的情绪，看看孩子对初步的养育计划做何反应，为你们的关系建立新的基本规则。此外，虽然你们的关系发生了变化，但是为了孩子的利益，还是要找到一起合作的方式。

当孩子感觉压力很大、不知所措时，通常可以通过稍微调整日程安排来解决，有时候只需要减少他们在两个家庭之间的轮转次数，或者延长他们与父母双方的一对一时间。

正如我在第1章中所说的，孩子经常把痛苦的感受藏在心里，担心他们可能会伤害父母的感情，或者在父母关系已经很紧张的情况下引发更多冲突。你可以通过观察孩子，和他们交流如何安排生活，并且调整养育计划，来帮助他们缓解这种焦虑。如果当你或你的前任来接孩子时，他们拒绝交流，或者表现出压力或抑郁的症状，比如坐立不安、愤怒、过度哭闹、成绩下降，或者对他们以前喜欢的活动或朋友失去兴趣，这些都可能意味着这个日程安排给他们增加了压力。问问孩子这个日程安排怎么样，作为父母的你能做些什么来缓解他们在轮转时的压力。

14岁艾玛的故事可以说明，细心的父母如何对孩子的压力信号做出反应。当简和鲍勃离婚的时候，他们达成协议，女儿有一半的时间和爸爸在一起，另一半的时间和妈妈在一起。6个月后，艾玛来找我，因为她觉得"焦虑不安"。起初她很难用语言精准描述其中的原因，但她有时会用艺术来表达。在她的其中一幅画上，一个孩子弯着腰，背着一个又大又重的背包。我让她给我讲讲这幅画，她说："这就是我的感受，我感觉不停地把所有的书和其他东西搬来搬去。"

结果证明,这只是艾玛的其中一个负担。我们交谈的时候,很明显她也很想念妈妈,她经常出差,而且经常工作到很晚。她希望能多见见妈妈,希望在妈妈家里多待一段时间,这样她也能更容易地见到她的朋友们。她不想那么频繁地在两个家之间往返。但艾玛也深爱着爸爸,非常担心会伤害他的感情。"我希望你能帮我和他们谈谈,"她说,"我只是觉得我现在做不到。"

我们见面的时候,简和鲍勃都意识到,他们的女儿"不能做自己",她看起来疲惫、紧张、孤僻,成绩也下降了。简承认她的事业比艾玛的需求更重要,她对她们在一起的时间太少表示后悔。鲍勃因为提出离婚而痛苦,因为他意识到这对他深爱的女儿影响很大。经过激烈的交谈,我们一起制订了一个调整过的日程表,减少了艾玛轮转的次数。艾玛每天放学后都可以去妈妈家,简调整了她的工作日程,每周只有一个晚上加班。鲍勃同意那天晚上和艾玛在她妈妈家过夜,然后在另一个工作日晚上和她在他家共进晚餐。虽然他还是能经常见到她,但是鲍勃发现,艾玛不能像他期望的那样经常待在他家里,这让他感觉很难过。然而在女儿生命中的这个关键时刻,日程安排的变化对她产生了巨大的影响,她明白爸爸的灵活付出表明了他对她的爱。简和鲍勃表现出了勇气、责任感和成熟,把女儿的需求看得比自己的感情还重要。

从长远的角度看,增加一个审查养育计划的环节,对孩子的好处非常大。即使计划运行良好，家长也应该定期审查，确定该计划是否能最好地满足孩子的需要，并在必要时做出调整。我每年与家长见面2～3次，经常是在学期的开始和结束时，以及重要节假日之前，看看日程表是否需要进行调整，评估是否需要额外的支持，或者预测是否会发生影响重组家庭的重大事件。在他们还在适应自己生活中的巨大变化时，父母更关注孩子的当前需求，而不是未来要发生的变化，这是可以理解的。随着时间的推移，你自己的生活发生改变，孩子也在成长，你们很可能拥有更加安稳幸福的未来——你可以帮助孩子和你自己创造这样的未来——意识到这一点，然后从大局出发，对你是有好处的。

管理情绪

制订养育计划，深思熟虑地解决孩子的需求，需要父母双方以尊重、专业的方式进行协商。管理情绪是这种方法的关键，这样孩子就能免受父母冲突所带来的压力。

在离婚的过程中，父母经常受到强烈情绪的冲击。失信、拒绝，以及对"失去"更多生活点滴的恐惧会激起愤怒、怨恨和报复。就像海绵一样，大多数孩子都能"吸收"周围的情感。法律协议、居住时间安排或者财务问题，关于这些问题的怒气满满的交流会让所有的孩子产生压力；年幼的孩子会臆想出非常真实的恐惧。即使是最深思熟虑的计划也可能被伤痛、失落、怨恨、嫉妒和愤怒所破坏。研究表明，40%～50%的父母会时不时地干扰共同的养育安排[23]。

尽管审视自己的情绪可能很痛苦，但这样做能让你评估自己是否能找到解决分歧的方法。如果你预料到会有麻烦，你可以采取措施保护孩子。如果冲突似乎不可避免，你最好在法律协议中列入一条计划，说明将来如何解决分歧。如果你们双方都有值得信任的心理健康专家或者调解员帮助你们客观地解决争端，那么在你们的法律协议中指定这个人也许是有益的。这样做有助于确保你有一个熟悉的资源来帮助你迅速解决分歧，并关注到孩子的需求。虽然有人帮忙肯定比没人帮忙要好，但是与一个新的专业人士或专业团队合作，可能会延长达成解决方案的时间，从而增加问题升级的风险。

我自己的经历证明了，在离婚前、离婚期间和离婚后获取持续帮助的价值。在许多离婚协议中，我被列为临床心理医生和儿童专家，可以帮助家庭打破养育子女的僵局。因为我们曾经接触过，所以我们经常能够相对迅速地解决问题，使每个人都获益，特别是孩子。

马文和爱丽丝还有他们的4个孩子，是我接触过的一个典型案例。我第一次见到他们的时候，马文和爱丽丝还陷于激烈的冲突中。两人在工作上都位高权重，并且都追求个人的成功。马文总是依靠爱丽丝来管教孩子、管理家务，爱丽丝同时也要处理自己的工作。在没有征求爱丽丝意见的情况下，马文最近接受了一次晋升，这次晋升需要他经常出差，让爱丽丝肩负起更多的家庭责任。当时爱丽丝的事业正处于关键时刻，她需要更大的灵活性。爱丽丝对此事的反应直接、愤怒且尖锐。马文对此事的反应是公开出轨。而他们的孩子们——12—18岁——都开始表现出明显的紧张迹象。

在他们离婚前的6个多月里，我和马文、爱丽丝一起工作，帮助他们控制愤怒和痛苦，找到减少冲突的办法，关注孩子的需求。我也接触了所有孩子，帮助他们识别、处理自己的情绪，让他们了解自己能控制什么，不能控制什么，让他们以健康高效的方式管理自己的生活。他们分居后的最初几个月——那是一段很艰难的日子，我们取得了一些实质性进展，我们一致认为，他们离婚后仍然需要专业帮助。事实上，我们密切合作，制订和调整养育计划，并且随着父母和孩子生活的改变而变化，继续帮助这个家庭处理父母间的冲突，管理孩子的情绪和需求。

还有一些策略，父母可以自己使用以减少冲突。一种方法是制订并坚持明确、相对固定的日程表，最大限度地减少父母之间的接触。另一种方法是建立一种以孩子为中心、公事公办的关系，在孩子面前，相互承诺遵守行为准则。调解、养育协调、心理治疗和合作法也被证明有助于父母控制、减少冲突。

如果父母之间冲突很多，让父母双方用日记记录孩子的重要信息，可能会有所帮助。书面沟通可以让父母双方都了解情况，有助于减少矛盾，并在儿童往返于两个家庭之间时进行平稳的过渡。这本日记提供了重要的信息，确保孩子得到食物、休息、慰藉、喜爱的玩具，以及他们所需的药物。对于婴儿和年幼儿童来说，进食、午睡、换尿布和排便习惯、哭闹、发烧、药物治疗以及新的发展——爬行、行走、新的语言和技能——应该都被记录下来并分享。随着孩子长大，他们的活动，在行为和人际关系方面的考虑，还有好消息，也都可以通过这种方式来分享。

持续的愤怒不利于正确判断、理性思考和问题解决——这些都是协商计划和养育孩子的必要条件，都会对孩子的生活产生积极影响。所以，即使你很容易把前任当敌人，但如果你能找到礼貌沟通的方法，对你的孩子会更好。如果你能够管理好自己的情绪，制订合理的养育计划，培养自己和孩子的适应能力，那么你的孩子将会受益匪浅。第 5 章提供了更多关于如何控制冲突的详尽内容，并解释了平行养育策略，可以帮助那些在对方面前难以控制情绪的父母。

关于父亲和养育计划的特别说明

20 世纪 80 年代早期，我开始接触离婚互助小组里的孩子，"缺失的父亲"是一个反复出现的主题。许多孩子很难过，因为他们与父亲的联系很少，或者要隔很长时间才能和他见面——通常要隔几个周末。这些孩子觉得父亲是他们生活中的"访客"，而不是真正的家长。当父亲离婚后继续生活——发展新的关系、再婚、养活新的家庭成员，有些人会渐渐远离他们前任所生的孩子。

最近的研究表明，近一半的儿童和青少年希望更频繁地与他们的父亲联系，三分之一的儿童希望每次联系的时间更长 [24]。只有不到10%的年轻人希望减少与父亲在一起的时间 [25]。在接受调查的父母10年前就离婚了的大学生中，有超过一半的人希望有更多的时间与父亲在一起 [26]。尽管有这样的证据，每周与不住在一起的家长定期联系的孩子仍然是少数 [27]。不过，这种情况正在发生改变。对1976—2002年的数据进行分析后发现，在这几十年里，父亲和孩子之间的联系增多了 [28]。父亲与子女之间联系的增加也意味着前任之间联系的增加，这说明，为了子女的福祉，他们在联系的过程中要控制冲突。

第2章中介绍了一些研究，这些研究都表明，让父亲积极参与孩子的生活并提供优质的养育非常重要。由于大量证据表明，孩子非常渴望父母双方的积极参与，并能够从中获益，我强烈希望父亲——那些在统计数据上最有可能从孩子生活中消失的家长——在制订养育计划方面发挥积极作用，然后持续充分地参与，成为充满爱心、善于交流、权威型的家长。有很多因素会对更紧密的关系造成影响。在这些因素中，研究表明，减少父母之间的矛盾、加强父亲的权威型养育有助于维持幼儿与他们的关系 [29]。

鉴于亲密的父子关系能带来诸多益处，保证与父母双方在一起的时间都有意义，这样的养育计划能让大多数孩子在短期内适应良好，并在长期内茁壮成长。

根据孩子的发展阶段制订养育计划

关于儿童发展的研究为我们提供了丰富且不断更新的知识宝库，包括儿童在每个发展阶段需要、理解和能够做什么。了解孩子当前和未来的发展阶段，然后再制订养育计划，最有可能帮助孩子茁壮成长。了解了这些知识并不能保证在过渡期不会出现问题，但是它可以帮助你为孩子成长过程中的适应问题做计划。在第 3 章介绍了每个发展阶段的孩子都是通过哪些行为传递出其痛苦信号的，这些信息可能会帮助你发现问题点——甚至是隐藏的问题点——并帮助你根据需要做出改变。

婴幼儿：出生—18 个月

婴儿的首要需求是安全的依恋关系，至少需要与父母一方，最好是父母双方都形成依恋。虽然不是所有的研究人员都认同，但是相当多的证据表明，大多数婴儿在 6—7 个月的时候，就与父母双方建立了亲密的关系[30]。为了维持这些依恋关系，婴幼儿需要与父母定期、频繁地互动，主要是通过各种看护活动，如洗澡、喂食、玩耍、抚慰、换尿布和夜间盖被子等。

更有争议的问题是，婴儿是否需要一段单一、主要的依恋关系，以及与主要看护人定期分离是否对他们有害。与主要看护人分开但是与另外一位家长待在一起是否会让婴儿痛苦，是否会导致后续的问题，关于这个问题，证据也不一致。但是最近基于依恋理论的研究表明，婴幼儿可以和不止一名家长或看护人建立联系，而且他们受益于与父母双方的频繁互动。这很大程度上取决于两个家庭的看护质量、情感敏感度，以及父母对子女的回应程度[31]。

根据我自己与很多家庭打交道的经验，我坚信，在孩子出生的第一年，孩子与主要看护的家长形成依恋，同时孩子也对另外一位家长产生依恋，这不仅是可能的，而且是非常重要的。当婴幼儿对负责任的父母产生安全的依恋时，会有很多好处。对于小孩来说，养育计划的一个重要目标就是与父母双方保持足够频繁的联系，以确保幼儿得到父母的保护、信任父母、与父母双方建立依恋。避免与父母任何一方长期分离，可以减少婴儿的分离焦虑。对于小孩来说，"长时间"是指 3～4 天。为了使这些频繁的轮转顺利进行，父母必须沟通好，准备好必需品，如喂养时间表、就寝时间、食物偏好、疾病、安抚技巧，以及任何与孩子需求有关的信息，然后尽可能保证在看护他们时采用一致的模式。

婴儿的日程安排也需要考虑他们的睡眠、进食和清醒时间。如果已经形成了母乳喂养模式，哺乳时间表必须考虑在内——同时要了解这一时间表会随着时间的推移而改变。一些哺乳期的母亲在两次哺乳期间，给前任用奶瓶喂孩子的机会。在切实可行的情况下，这样做对所有人都有好处。母亲有了自己的时间，奶瓶喂养有助于促进父亲和婴儿之间的依恋。让父亲到家里来，给他更多的时间让他参与照顾孩子，这让我曾经接触过的一些母亲感觉很放松，但并不是所有人都能做到，或者希望这样，特别是在高冲突的情况下。

婴幼儿（出生—18个月）日程表示例

假设父母双方都很负责。表中的时间是指婴儿和一位家长在一起的时间，该家长不为婴儿提供主要居住场所。

注意：以下仅为举例，并不适用于所有家庭。

适用于与父母双方都建立了良好关系的婴幼儿	适用于尚未与不住在一起的家长形成依恋的婴幼儿
• 每周见2次，每次4~5小时。 • 如果婴儿与父母双方都建立了依恋关系，那么可以选择周末的一个白天（例如，上午10:00至下午5:00），或一个晚上（星期六中午至星期日中午）。 • 如果父母双方都同意，不与孩子住在一起的家长可以先到另一位家长家中，在指定的时间段（晚上7:30至8:30）喂养、照顾婴儿。 • 如果孩子适应良好，这位家长偶尔可以陪孩子过夜。	• 每周见2次，每次2小时。 • 用几周或几个月的时间让孩子产生安全感。 • 当孩子表现出依恋行为（和该家长在一起时表现出微笑、轻哼或其他放松安逸的表现）时，可以将时间延长至一整天（例如，星期六上午10:00至下午5:00）。 • 一旦孩子产生安全依恋并且适应良好，可以让该家长陪孩子过夜。

在分居期间，如果婴儿只依恋父母中的一方，或习惯于只由一位家长照顾，如果通过日程安排可以逐渐增加他们与参与度较低的那位家长

在一起的时间，孩子会从中受益。随着时间的推移，这能慢慢加强婴幼儿与该家长的关系。在这种情况下，开始的时候先在主要看护人或负责任的第三方（如祖父母或家庭朋友）家中，让该家长在他人陪同下和孩子进行接触，每周1～3次，这可能有助于培养孩子对该家长的依恋。每次接触时间可达2～3小时。如果婴儿反应良好，可以增加接触的时间和频率，根据具体情况和养育质量，最终可以陪孩子过夜。

即使在孩子很小的时候，他们也能感受到周围的情绪气氛，这对他们的睡眠、消化和成长——当然还有性格——有着深远的影响。离异父母面临的一个挑战是，在他们各自与孩子相处时以及在家庭间的轮转期间，要保持冷静。对于不仅要控制激动的情绪、适应抚养婴儿的挑战，而且要经历睡眠不足的父母来说，其中的难度不难理解！但是，父母双方努力创造一个慈爱、情感上有所回应的环境，让孩子的需求始终得到满足，并帮助他们与父母双方都建立联系，有益于孩子长期的心理健康。

学步儿：18个月—3岁

如果让学步儿与有责任心的父母双方保持频繁的联系，他们可以培养孩子良好的生活习惯、让孩子产生安全感，孩子就会因为这样的日程安排而受益。如果双方都提供持续的照料，始终满足孩子的需要，他们就能与孩子之间建立起强烈的依恋，并为孩子奠定安全稳固的基础。

如果父母保持一致的日程安排、生活习惯，学步儿成长得最好。如果孩子与父母双方都建立了依恋，父母可以就孩子的需要和反应进行沟通，并且愿意变通，他们可以试试让孩子在没有同住的那位家长的家中过夜，每周1～2晚。

如果父母的工作允许在白天探视孩子，可以安排每周3天，每次5或6小时的探视时间。如果学步儿在日托中心，我常建议父母创造性地安排日程，以增加孩子和父母在一起的时间，减少在日托中心的时间。

学步儿（18个月—3岁）日程表示例

假设父母都很负责任。表中的时间是学步儿和其中一位家长在一起的时间，该家长不与学步儿住在一处。

注意：以下仅为举例，并不适用于所有家庭。

适用于父母双方互相合作的学步儿	适用于与父母一方尚未建立依恋的学步儿
• 经常联系，每隔1天左右联系1次，分离时间不超过3~4天。 • 轮流和每位家长过周末，星期五或星期六晚上分别和一位家长在一起（例如，星期五下午5:00至星期六下午5:00），这样每位家长都有一个周末的晚上能和孩子在一起。 • 也可以在工作日和孩子住一个晚上；日托结束后把孩子接走，第二天早上9:00送回日托中心。 • 应该让父母都有时间参与正常的养育活动，包括喂食、洗澡、玩耍、上床睡觉。	• 该家长在支持性的环境中与孩子接触，每周2次，每次2~3小时（例如，从托儿所或幼儿园接走孩子，晚上7:00送回另一位家长身边）。 • 当孩子感到舒服，表现出对该家长的依恋时，可以延长至全天的陪伴，这可能需要几个星期的时间（例如，星期六中午到下午5:00）。 • 主要看护人提供有关幼儿照顾、日常活动、安抚方法、最喜欢的活动等信息。 • 如果孩子适应良好，可以逐渐让该家长陪孩子过夜。

学龄前儿童：3—5岁

这个年龄段的孩子需要与父母双方进行频繁的互动。他们很难与他们认识和爱的人分开超过4~5天的时间。这些小家伙常常对周围的一系列变化感到困惑、不知所措，他们努力想弄明白这一点。

研究表明，如果有一位家长不与孩子居住在一起，每周让这位家长与孩子共度一个或多个夜晚，对4—6岁的儿童大有裨益。通过父母报告可知，相对于没有与父母一方过夜的孩子，与父母一起过夜的孩子的注意力和社交问题更少[32]。保持一致的日程安排是产生这些积极结果的关键。要让孩子表现得最好，不仅需要日程安排保持稳定，而且需要在两个家庭中的生活习惯保持一致。睡前的习惯和时间安排、小睡的时间、饮食、心爱的毛绒玩具或者最喜欢的毯子都是让他们感到舒适和安全的元素。

如果这个年龄段的孩子知道分别什么时候能见到爸爸或妈妈，他们会感到很安心。通过非常清楚、频繁的沟通，告诉他们分别在什么时间能见到爸爸或妈妈，他们可以期待在某个时间点能见到哪位家长，来帮助他们建立安全感。例如，当你把孩子送到幼儿园或托儿所时，你可以提醒他们，当天会由哪位家长来接他们。对于学龄前儿童来说，一个非常有用的工具是日历，用不同颜色的字母或贴纸来标记，这样他们就能知道哪些日子、时刻会与妈妈在一起，哪些日子、时刻会与爸爸在一起。

因为这个年龄段的孩子非常敏感，他们不仅关注自己的日程安排信息，还能感受到周围的态度和情绪。尽管很难用积极的语气和前任谈话，但是如果你经常告诉孩子，你们永远都会爱他们，关心他们，你就帮了他们一个大忙。态度积极、面带微笑，让他们轻松地轮转到另一位家长的家里，这对于让孩子产生安全感非常有帮助。

学龄前儿童（3—5岁）日程表示例

假设父母都很负责任。

注意：以下仅为举例，并不适用于所有家庭。

适用于孩子在父母的住所间轮转的情况	不与孩子住在一起的家长的时间安排
• 每周的工作日联系3~4次：到托儿所或幼儿园接孩子。 • 每周住2~3个晚上。 • 周末轮流在父母双方家里过夜（如星期六至星期日下午）。 • 每个孩子与每位家长都有一对一的时间。	• 每隔一周在一起共度一个周末（例如星期五下午5:00至星期日下午2:00）。 • 每周一个工作日，从幼儿园或托儿所放学后至晚上7:00与孩子在一起。 • 每个星期六中午至星期日下午2:00与孩子在一起。

学龄早期儿童：6—8岁

从发展的角度来看，孩子在6—8岁时比在上一阶段更能控制自己的情绪，能更好地处理与父母的分离。然而这些孩子仍然需要经常见到父母双方。他们常常渴望见到离婚后搬走的那位家长，由于距离或旅行费用等原因使他们很难见到该家长，每周至少一次也很难实现。在这个年龄段，孩子产生了强烈的公平意识，能感受到紧密的联结，对父母双方都有强烈的忠诚感。因此，与父母双方相处的时间要相同，他们很看重这一点。由于他们觉得自己也要保护父母，所以他们经常隐藏自己的感情，尽量不让父母难过。因此，当你制订和调整日程安排时，通过鼓励孩子开诚布公地谈论他们的需求以及想要和父母双方待在一起的时间，来减轻他们的压力，让他们相信表达自己的愿望是一件好事，不会伤害你的感情。

学龄早期儿童（6—8 岁）日程表示例

假设父母都很负责任。

注意：以下仅为举例，并不适用于所有家庭。

适用于孩子在父母的住所间轮转的情况	不与孩子住在一起的家长的时间安排
• 父母平均分享与孩子在一起的时间（例如，星期一和星期二与父母中的一方共度，星期三和星期四与父母中的另一方共度，星期五至星期日与父母双方轮流过周末；或星期三放学后一直到星期六下午 4:00 与父母中的一方共度，从星期六下午 4:00 至星期三早晨与父母中的另一方共度）。 • 在制订日程安排时要考虑到每个孩子与父母一对一的时间。	• 每隔一周在一起共度一个周末（从星期五放学后一直到星期一早晨）。 • 每星期三放学后至晚上 7:00 与孩子在一起。 • 保证有一对一的时间。

8 岁的大卫在学校遇到了麻烦，因为胃痛，他开始经常去学校的医务室。6 个月前，在他父母离婚前，他和父母的关系很好。现在他每隔一个周末才能见到爸爸，每次只能和爸爸在一起待一个晚上。我很快发现，最近他爸爸经常出差，所以他们在一起的时间就更短了。

在我的办公室里，大卫表情严肃、无精打采，他不知道该玩什么游戏。我们谈话的时候，他提到他的胃很疼，他"有点"想见爸爸，他已经两个星期没见他了。当我对大卫说："你已经这么久没见到爸爸了呀。也许你想他了。"他的眼里充满了泪水。

"是的，我真的很想他。"他流着泪低声说。悲伤和巨大的失落感，是大卫胃痛的根源。像许多他这个年纪的孩子一样，他努力不因为自己的感受给父母增加负担。当大卫和我向他父母解释他的感受后，他们努力让他有更多时间和父亲在一起，尤其是一对一的时间。为了大卫和其他孩子的利益，我鼓励他们不断调整、修改日程表，因为孩子的生活在不断发展变化。

这个年龄段的孩子能够注意到父母之间所发生的一切，目睹冲突后他们会感到痛苦，虽然他们常常默默忍受。如果父母无法在对方面前控制自己的情绪，那么他们可以减少彼此面对面交流的频率，以此来帮助孩子。或者，父母可以在学校或托儿所接送孩子，而不是在他们彼此的家中，通过这种方式交接，父母之间几乎不会有任何接触。

青春期前儿童：9—12岁

随着认知能力的发展，青春期前的孩子能够与父母一方分离更长的时间。他们知道日程安排是怎样的，通常很自在、熟练地使用电话、电子邮件和短信与父母双方保持联系。

他们的是非观念也越来越强，对于强加在他们身上的变化，他们常常产生强烈的愤怒和不满。在这个年龄段，许多孩子非常勤奋，并且有动力在很多方面取得成就。所以针对这个年龄段孩子的养育计划需要考虑到他们的学校和其他相关情况的重要性。在一个动荡不安的时期，学校往往是稳定源之一，重要的是，孩子不要因为父母离婚而失去参与健康学校活动的机会。

只要有可能，父母都要通过积极参与孩子的生活来帮助他们。与学校和教师保持密切联系，始终对孩子的学业和所有课外活动表现出强烈的兴趣，家长这样做可以让青春期前的孩子在充满变化和不确定性的情况下产生安全感。在这个时期，同龄人在他们心中占据重要位置。青春期前的孩子非常在意别人的看法，他们常常担心父母离异会让朋友对他们产生负面看法。

这些都是制订日程安排时需要考虑的事项。与父母双方都有大块的接触时间，是很重要的。对于父母双方来说，在自己的日程安排中留出足够的时间积极参与孩子的校内外活动也很重要。通过这样做，他们可以最大限度地鼓励和支持其子女积极参与这些活动。

青春期前儿童（9—12 岁）时间表示例

假设父母都很负责任。

注意：以下仅为举例，并不适用于所有家庭。

适用于孩子在父母的住所间轮转的情况	不与孩子住在一起的家长的时间安排
• 星期一到星期三与一位家长在一起；星期三放学后到星期五与另外一位家长在一起。 • 与父母双方轮流过周末（例如，从星期五下午 5:00 至星期日下午 5:00）。 • 轮流与每位家长过一周，周末的时候轮转，在其中一位家长"不值班"的那周里，与之共度一个晚上。 • 与父母双方都要有一对一的时间。	• 每隔一周在一起共度一个周末（例如，星期五放学后接孩子，星期一早上送孩子上学）。 • 每星期三放学后到晚上 7:30 与孩子在一起。 • 每个孩子和父母双方都要有一对一的时间。

乔伊斯和汤姆都忙于工作，还要照顾他们的 2 个孩子，一个 9 岁，一个 11 岁。乔伊斯是一名外科医生，每个月要值 4 次班。起初她对离婚很生气，她从来没想过要离婚。汤姆多次提议，在她值夜班时让孩子和他在一起，乔伊斯都拒绝了。如果她被叫到医院处理紧急情况，她执意雇人在家陪孩子。她对离婚的情绪强烈到不想和他合作养育孩子，虽然合作能让日程安排更灵活。

随着我们努力让她克服了失落、伤害和愤怒，她逐渐开始将自己的情绪与孩子的需求、强烈偏好区分开，孩子想要让父母而不是保姆照顾他们。在乔伊斯值夜班或者汤姆出差时，他们采用了"优先取舍权"。他们尽可能提前安排好自己的日程，从而对变化有清楚的认识，防止因为最后一刻的变化和沟通不畅而发生冲突。他们的孩子也松了一口气，当父母一方不在的时候，另一方会陪着他们，几乎不会影响到他们的课内外活动。

青少年：13—18岁

　　青少年非常关心他们的物质生活保障，如果让他们对日程安排发表意见，他们会受益颇多。他们想知道哪些方面会改变，哪些方面不会改变，父母都会住在哪里，分别在什么时候能见到父母，什么时候能见到他们的朋友，对于日程安排他们是否有发言权，以及是否有足够的钱用于他们当前的活动和未来的计划，比如上大学。如果重要的活动不受影响，他们就会表现得很好；如果父母通过日程安排表、日常沟通以及他们的承诺清楚地表明，他们依旧属于父母生活中的一部分，父母仍然会对他们负责，他们就会放心。像青春期前的孩子一样，如果父母继续支持他们的学业和喜欢的活动，青少年就会从中受益。

　　在一项针对青少年的大型研究中，与父母轮流住的孩子少于仅与一位家长生活在一起的孩子[33]。然而，轮流在父母双方家中生活的青少年成绩更好，抑郁程度更低，在描述自己"最糟糕的问题"时，他们所用的词语没有单独监护权下的同龄人所用的词语那么令人不安。他们与父母的关系也更加亲密、积极[34]。然而，无论生活安排是什么样的，如果青少年的生活变化较少，生活安排和家庭结构稳定，父母养育过程中包括合理地限制、关注他们的日常生活、监督他们的活动，至少与父母一方关系密切，他们就会表现良好[35]。

　　针对青少年的养育计划也需要考虑到他们对独立自主的需求，同时在两个家庭中仍然要有明确的规矩、加强监督。青少年非常擅长操纵别人以得到他们想要的东西，如果父母是分开住的，这对他们来说就非常容易，他们会忍不住这么做。他们可能会告诉父母中的一方，他们在另一方家里，实际上只是以此来掩盖他们的冒险行为和活动。

由于即使在最好的条件下，养育青少年也是一项挑战，所以离异的父母需要特别努力地就青少年问题进行沟通。通过在规矩、宵禁、家庭作业以及使用汽车等方面达成一致，父母就可以为青少年提供他们所需的家庭结构，以度过这段情绪动荡期，将伤害降到最小，帮助他们长大成人。与此同时，如果父母能够维持一种灵活变通的关系，并且允许青少年发表意见——尤其是在他们的社会生活方面，那么青少年将会受益匪浅。正如一项研究所揭示的，相对于父母死板僵化地执行、不愿意改变日程表，如果父母能够灵活变通地制订日程表，高中生和大学生更少生气，报告了与父母更亲近的关系[36]。

如果青少年在家庭之间的轮转上犹豫不决，父母经常会很苦恼。很多时候，青少年情绪爆发并不是因为他们不想和父母在一起，而是因为厌烦父母对他们生活的干扰。许多人偏好固定的主要住所，以便朋友知道可以在哪里找到他们，或者他们更想与同性别的家长生活在一起。正如一位有两个十几岁的孩子的睿智父亲告诉我的："我必须退后一步，站在女儿们的角度思考。她们想和我在一起，但她们不想放弃自己已经确定的日程安排。我曾经总是觉得一起过夜很重要，因为这意味着我和她们的妈妈一样，是她们生活中的一部分。但是现在我意识到一起过夜并不是那么重要，毕竟，她们大部分时间都在睡觉！所以，和她们在一起——无论是分别与每个孩子在一起，还是同时与两个孩子在一起——的美好时光更有意义。"

青少年（13—18 岁）时间表示例

假设父母都很负责任。

注意：以下仅为举例，并不适用于所有家庭。

适用于孩子在父母的住所间轮转的情况	不与孩子住在一起的家长的时间安排
• 把一周分成几个部分，通常是星期日晚上到星期三早上和一位家长在一起；星期三放学后到星期五和另一位家长在一起。 • 与两位家长轮流过周末。 • 或者隔周与父母轮流过，中间有灵活的时间，可以与"不值班"的那位家长接触。 • 在晚上或白天，让每个孩子都与每位家长有一对一的时间。	• 每隔一周在一起共度一个周末（比如，从星期五放学后到下个星期一早晨）。 • 每周选一个工作日见面，这一天要和孩子的日程安排相适宜（与孩子共同决定是哪一天，听取孩子的意见）。 • 可以在孩子课内外活动时，或者开车时，与孩子见面。

日程表是一个重要的工具，但是不管如何制订日程表，研究反复表明，养育质量、父母对孩子发展需求的投入、他们控制冲突的能力，以及共同努力，最有助于孩子适应各种生活安排。

成功执行计划：尽量减轻孩子的压力

前文提及所有的计划范例都基于已知的儿童发展因素。但是这些只是举例，如果父母持续留意孩子的压力迹象，孩子会受益匪浅。通常，对日程安排做一些相对较小的改变，对于解决问题却大有裨益，这些问题对于成年人来说可能无关紧要，却会让孩子紧张不安。

多年来，通过与数千名儿童的交谈，我推断出一些主要因素，当孩子的生活发生变化时，这些因素会增加或减小他们的压力。

下面是一些可以减小压力的因素。

尽量让父母双方的住宅更近一些。这对孩子来说有很多好处——在路上往返的时间更少，和父母在一起的高质量时间更多，对学校和其他重要活动的影响最小，与朋友离得近，熟悉的社区会让他们感到舒适。

如果孩子在某个家长的家里落下一些东西，两家离得越近，就越容易取回。

相反，如果离婚会让孩子长途跋涉，对孩子来说就非常困难。独自乘坐飞机出行可能会让他们感到害怕，而且长途旅行——即使是开车——会让他们远离熟悉的日常生活和喜欢的活动。正如很多孩子告诉我的："不是我选择的离婚，却是我在奔波，应对各种变化。"如果孩子必须长途跋涉，家长协调好计划就显得尤为重要。至少在开始的时候陪孩子出行，提前做好充分的准备，互相交流旅途中的所有细节和孩子关心的事情，这样可以缓解孩子的压力。兄弟姐妹一起出行也可以相互提供重要支持。

了解日程表。如果孩子知道未来会发生什么，他们会觉得舒服很多。虽然他们的理解能力受发育年龄的影响，但所有的孩子都能感受到变化，当他们为变化做好准备时，他们会更有安全感。对于婴儿来说，这就是平静而充满爱的日常生活。令人惊讶的是，他们很早就理解了"去爸爸家"是什么意思。对于幼儿来说，有一个用不同颜色标记的日历，在上面数数还要"睡觉"多少次就要去妈妈家了，这可以帮助他们产生安全感。大一点儿的孩子和青少年有了时间和未来的概念，如果能够知晓在更长的时间内会发生什么事情，能够对学校和活动安排的变化发表意见，他们就会深感安慰。

积极地准备。父母也可以通过积极的方式让孩子做好去对方家的准备，从而使孩子对于去对方家的感受大不一样。我非常钦佩一些家长，他们不仅帮助孩子明白当他们与另一位家长在一起时会发生什么，而且还会激发孩子对另一位家长所计划事情的热情。帮助孩子对最喜欢的晚餐或活动充满期待，能让轮转更容易些。

特里和史蒂夫非常成功地帮助他们 3 岁的女儿在两个家庭之间平稳过渡。虽然他们自己仍然情绪激动，但通过我们的会谈，他们努力克制自己的伤痛，为珍妮提供最好的养育。一开始，当史蒂夫来接珍妮的时候，她总是犹豫不决，哭个不停。后来我们意识到，珍妮是因为不知道计划而心烦意乱，而且经常感到诧异，他们告诉她即将会发生什么，以此来解决这个问题。

为了给珍妮提供非常具体的信息，史蒂夫在每次拜访前，都会给特里发邮件或短信，让她知道他什么时候来接珍妮以及他对女儿有什么计划。每次史蒂夫来之前，特里都会告诉珍妮，爸爸正在来的路上。特里一边帮助女儿收拾最喜欢的毛绒玩具，准备带到史蒂夫家去，一边兴致勃勃地说，珍妮和爸爸在一起会有多开心，提到她最喜欢的烤奶酪午餐，还有去公园的旅行，或者史蒂夫为那次见面所计划的所有事情。随着时间的推移、持续积极的沟通，轮转变得越来越顺利，珍妮开始期待与父亲相处的时光。这对特里和史蒂夫来说并不容易，但是通过关注女儿的最大利益，他们设法帮助她逐渐适应。

在两个家里都有特别的东西。所有年龄段的孩子都需要在两个家里有归属感。在两个家里都有衣服、学校用品和个人财物，特别是在两个地方都要有孩子自己的卧室，这非常有助于他们产生归属感。对于小孩来说，毛绒玩具、毯子、他们和每位家长以及心爱宠物的合影，或者夜灯，通常都很重要。学龄儿童通常需要书籍、游戏、他们喜欢的活动设备、照片。青少年通常有自己喜欢的海报、艺术品以及对他们有重要意义的音乐。

一位有心的母亲特意复制了孩子最喜欢的东西，分别放在她家和前任家。虽然通常没有必要做到复制物品这种程度，但父母可以确保孩子在每个家里都有令他们感到安慰和意义重大的东西。

允许孩子把东西搬来搬去。在生活忙碌、日程紧张的情况下，大多数父母想让交接尽可能地快速简单，这是可以理解的。当孩子想带着一大堆东西来来回回时，会很费时，也会让家里变得乱七八糟。其中一些是孩子上学或活动所需要的物品，有些东西是他们认为可能需要的，还有一些只是让他们觉得有归属感的东西。无论出于什么原因，如果父母允许孩子带任何他们认为需要或特别想要的东西，对孩子来说都有好处。

允许孩子通过电话、电子邮件和短信与父母联系。允许孩子和他们的另一位家长交流可以强化这样一个信息，即父母双方依然是他们生活的一部分，不管现在是谁的"时间"。即便如此，父母可能也需要为这些交流设定界限，在什么时候可以进行交谈，可以交谈多久，并防止让孩子以操纵或破坏的方式来行使这些权利。随时可以与每位家长联系，这对青少年来说尤其重要。

在交接时控制冲突。研究结果显示，目睹父母的冲突，难免会给孩子带来的压力。因为分居或离婚的父母见面最频繁的时候就是接送孩子的时候，此时他们的情绪可能会过度激动。每次交接时彼此的敌意——无论是说出来的，还是用冰冷的沉默所表达的——都会增加儿童的压力。理解了这一点，谨慎负责的父母可以在交接时维持一种尊重、公事公办的态度，礼貌地问候对方，专注于孩子，而不是讨论可能会引起冲突的问题。当父母无法控制自己的情绪时，制订可以不见面或大大减少联系次数的日程安排，通常是一个很好的解决方案。

创造治愈的机会。让孩子无意中听到父母分享关于他们的正面信息，是很重要的。孩子常说这种情况不常出现。类似"麦克这个周末表现很好，把家庭作业都做完了"这样的评价，会让孩子感到愉快，受到鼓舞。这样的评论也能帮助孩子意识到，尽管父母离婚了，但是父母双方仍然关爱他们，珍惜他们，为他们感到骄傲，并且共同分担养育他们的责任。

持续与孩子保持开诚布公的交流。虽然沟通在维持紧密关系方面总是很重要的，但在充满变化的时期尤其重要。有时需要第三方来帮助孩子理清自己的感受，学会如何说出自己的难题。有些孩子想保护父母，担心会给他们带来更多问题时，就会出现这种情况。或者他们可能会感到不知所措，无法表达自己的感受。值得信赖的成年人，包括朋友、教师或家庭成员，可能会起到积极的作用。

当然，专门研究儿童和家庭问题的有执照的心理健康专家通常可以提供有价值的观点和技能。尽管慈爱的父母有时很难接受他们的孩子需要这样的干预，但是，在有需要的时候寻求帮助，我一直希望他们能够把这看成一种优势，并且希望他们认识到每个人都会有遇到困难的时刻，此时一点小小的帮助就能带来很多好处。

关于节假日的特别注意事项

节假日是加强关系、给孩子留下特殊回忆的绝佳机会。然而，这些时候也可能充满紧张、冲突和误解。

我希望你和前任提前几个月就对节假日的安排做好沟通，并就假期安排达成一致。这样做有助于避免出现最后一刻的矛盾、紧张和失望。一旦制订了计划，也告诉孩子了，为了避免让大家失望，遵守这些承诺是你能做的最重要的事情之一。

假期

在假期里，如果孩子与每位家长都能共度美好时光，他们就会受益。尽管假期可能是快乐的时光，但是去不熟悉的地方，改变日常生活习惯，可能会让孩子感到不安，并且会产生一定的压力。如果你在为他们安排日程的时候，在旅行之间留出一些他们非常需要的"休息时间"，对他们会有好处。因为在假期里，他们的生活模式会发生很多变化，而这样的时间能让他们感到舒适、安全。

有时候，对孩子来说，最好的假期根本不需要旅行。在暑假期间，在学年内接触孩子较少的那位家长可以与孩子在一起度过更有意义的时光。对于学龄前儿童，父母可以选择在家带孩子一两个星期——不在托儿所的一个短假期。对于学龄儿童，家长可以在暑假期间制订一个不同于学年内的日程表，从而有更大的灵活度，也让孩子有机会与每位家长一起做一些特别的事情。

节日

对于我们大多数人来说，过节的时候，情绪往往会更加强烈。离婚后的第一轮节日，大家会面临特别困难的情绪挑战。以前都是家人在一起庆祝的节日，会让人痛苦地想起不复存在的东西，往往会引发深深的失落感。过节既包括一起度过美妙时光的美好回忆，也可能让人想起过去伤痛和失望的痛苦回忆。在这些场合中，往往还夹杂着人们对幸福的希望和祝愿。

不幸的是，在我听到的评论里，节日是各个年龄段的孩子最伤心无望的时候。例如，4岁的玛利亚想知道圣诞老人还会不会来她家："因为大家都不爱彼此了，而且发生了很多糟糕的事情。"

虽然在发生变化的家庭中，过节难免会引发一定程度的悲伤，但不一定会导致持久的失落感。你可以做很多事情来掌握主动权，让自己和孩子更快乐地过节。

对孩子来说，母亲节、父亲节、父母和孩子自己的生日都很重要。就像你想和孩子共度你的特殊节日一样，他们非常重视和父亲或母亲一起庆祝这些日子。你可以帮助孩子为另一位家长做一张卡片、挑选一件礼物。这种做法相当于送给孩子一个绝妙的礼物——公开表达对父母双方的爱和尊重的权利。

在分居或离婚后的第一轮节日里，建立新的传统、创造新的庆祝方式是很有帮助的。然而，你最好能够预见到这些做法可能需要慢慢适应，而且如果你没有在这些新的活动上抱有太多的希望、期待，不把这当成永久性的计划，你在过节的时候可能会感觉好点。如果你能够敏锐地觉察到孩子的感受，能够灵活变通，能够做出改变，那么孩子在未来过节时就会更快乐，压力会更小。

如果你能预见并理解自己在过节时的情绪反应，你就可以事先筹划，并努力照顾好自己、寻求支持以熬过这些时刻。当你越能控制自己对节日的感受，你就越能由衷地给予孩子积极关注，他们的担心就越少。

如果你和前任都想和孩子一起庆祝节日，协商制订日程表可能很容易激化情绪，很有挑战性。特别是在这种时候，如果你们能用专业、尊重、委婉的方式进行交流，商讨彼此想要的东西和孩子的需要、愿望，那么每个人都会受益。这里有一些小贴士，可以让谈判变得简单一些。

愿意妥协。当然，所有的父母都希望孩子能和他们一起过节。但是对于孩子来说，最重要的是和父母一起度过美好时光，举行有意义的庆祝活动，具体是哪天并不重要。比庆祝活动本身更重要的是，孩子在节日期间以及日常生活中观察和体验到的父母之间友善、合作的态度。

在你们的协议中说明每个节日的具体安排。比如，感恩节是指这一天还是整个周末？光明节是指第一晚还是整整 8 晚？圣诞夜是不是要过夜？如果能提前商量好具体的时限，然后按照商量好的去执行，你们就可以避免这样的情况：在孩子特别兴奋和高兴的时候，让他们面对紧张、冲突。

能够根据节日的需要灵活调整一周的计划。这不仅在节日期间很重要，而且在节日前后都很重要。如果父母中的一方和孩子在一起的时间延长了，那么让孩子与另一方也相处相等的时间，这对他们有好处，并有助于减少父母间的摩擦。

创造性地考虑日程安排，制订满足家庭独特需要的计划。许多家庭已经找到了富有创造力的方式，举行两个圣诞节、逾越节，或者感恩节的庆祝活动，比如在当天的早晨和晚上、前一晚和当天分别进行庆祝，甚至不按照日历过节，在非正式的日子里举行庆祝活动。有些家庭选择轮流过节，这样有一年，孩子和爸爸一起过节，第二年和妈妈一起庆祝这个节日。还有些人则计划留出更长的时间段，但仍然要确保孩子与父母双方分别度过一些特殊的节日。例如，孩子可以和爸爸一起度过 12 月假期的前半段，直到圣诞节的中午，从圣诞节的下午直到假期的后半段假期结束都与妈妈待在一起。

如果可能，共享特殊时刻。许多父母一想到要错过孩子的生日聚会或是圣诞节早晨孩子打开礼物那一刻，就会感到痛苦。如果父母双方都同意，并且能够保持理性的友好关系，都关注他们的孩子，他们就有可能一起与孩子度过这些时刻。在某些情况下，明智的做法是，限制父母在这些场合里待在一起的时间。再强调一下，事先约定具体的时限，按照约定好的安排行事，有助于避免压力。

父母应该全心全意关注孩子的生日，尤其是在离婚的初期。大多数孩子都想和父母双方一起庆祝生日。如果考虑周全，这些场合就会告诉孩子，父母是多么爱他们。学龄前儿童和学龄儿童通常希望父母双方都参加他们生日派对。青少年可能想要和朋友们一起庆祝，但是，如果他们知道父母能放下分歧，一起给他们庆祝生日，他们会感到很欣慰。

如果可能，保持大家庭一起过节的特殊传统。在某些特殊的时刻，孩子和大家庭在一起会很开心，如果可能，维持这些传统。孩子不仅受益于传统的延续，更受益于一种归属感，即被一群有爱心的家人关心照顾。再次强调，这可能需要灵活的安排，以及其他家庭成员的宽厚仁慈。

管理情绪，控制冲突。如你所见，这是本书中反复出现的主题。特别是在节假日以及孩子生活中的所有特殊时刻，管理好情绪是父母能给孩子的最重要的礼物。通过这种方式，父母让孩子对节日产生积极的感受和回忆，不会给未来的岁月留下痛苦的回忆。

关注真正重要的事情。如果你和前任在给孩子准备礼物时相互配合，确保他们收到最想要的礼物——在合理的范围内，但要避免过度——你们就帮了他们一个大忙。恰当、体贴、充满爱心的礼物，能让孩子感到快乐和安全。相比之下，为了赢得孩子的感激而送给他们过多的礼物，可能会让他们感到焦虑，或者导致不良的价值观和行为，比如让他们觉得这是理所应当的，或者借此操纵父母。

你也可以通过帮助孩子为另一位家长制作卡片或礼物来安抚他们。虽然这对你来说可能很困难，但是这样的姿态可以帮助孩子明白，如果我们关心在意他人，我们就要重视这段关系，并且以某种特殊的方式记住他们。这些经历能够帮助孩子认识到感激的价值，重视培养与所爱之人的关系。这些经历还能帮助孩子产生安全感，知道父母双方都爱他们，并消除两种生活方式所带来的压力。

保持健康的生活习惯。特别是在节假日期间，孩子的日程安排和饮食习惯经常发生巨大变化。如果他们的生活规律和习惯没有严重失控，他们会更健康、更快乐、更安全。有规律的就寝时间，亲子共读的时光，相互依偎的时光，用健康食品代替甜食，保持家庭规则和生活习惯，所有这些都能让假期变得更快乐、更和睦。

离婚后的节假日仍然可以是非常特殊的时刻。这些时刻为父母提供了天然契机，让他们通过言语、礼物和行动告诉孩子，孩子的存在给他们的生活带来了快乐。最重要的是，这是每一个有爱心的父母，每天都想要实现的目标。

在本章中，我已经介绍了几个重要的主题，后续的章节将更深入地探讨这些主题：控制冲突与照顾自己（第5章）以及有效的养育（第7章）。当你在学习处理这些问题时，我希望你能意识到有一件事是高于一切的，那就是孩子只有得到有效的养育，才能茁壮成长。通过研究，我们现在知道了很多，有效的养育意味着什么，以及如何应用它。尽管离婚可能会让你有很多担忧，但是当你的孩子得到良好的养育，远离冲突，有父母和其他成年人关心关爱他们，他们就会茁壮成长。

注释

1. Andrew Schepard and Peter Salem, "Special Issue: The Family Law Education Reform

Project," *Family Court Review* 44, Issue 4 (2006): 513–521.

2. Robert E. Emery, L. Laumann-Billings, M. C. Waldron, D. A. Sbarra, and P. Dillon, "Child Custody Mediation and Litigation: Custody, Contact, and Coparenting 12 Years after Initial Dispute Resolution," *Journal of Consulting and Clinical Psychology* 69, 2 (2001): 323–332; Robert E. Emery and Melissa M. Wyer, "Child Custody Mediation and Litigation: An Experimental Evaluation of the Experience of Parents," *Journal of Consulting and Clinical Psychology*, 55 (1987): 179–186; Robert E. Emery, *The Truth About Children and Divorce: Dealing with the Emotions So You and Your Children Can Thrive* (New York: Viking, 2004).

3. Robert E. Emery, *The Truth About Children and Divorce: Dealing with the Emotions So You and Your Children Can Thrive* (New York: Viking, 2004).

4. Patrician's 1984 work is discussed in M. K. Pruett and R. Barker, "Joint Custody: A Judicious Choice for Families—But How, When, and Why?" In R. M. Galatzer-Levy and L. Kraus, eds., *The Scientific Basis of Custody Decisions,* 2nd ed. (New York: Wiley, 2009).

5. A. I. Schepard, *Children, Courts and Custody: Interdisciplinary Models for Divorcing Families* (New York: Cambridge University Press, 2004).

6. Honorable Sondra Miller, *NYS Matrimonial Commission Report*, February 2006.

7. American Academy of Child and Adolescent Psychiatry, "Practice Parameters for Child Custody Evaluations," *Journal of the American Academy of Child and Adolescent Psychiatry* 36 (1997); 57S-68S; American Psychological Association, "Guidelines for Child Custody Evaluations in Divorce Proceedings," *American Psychologist* 49 (1994): 677–680; Association of Family and Conciliation Courts, *Model Standards for Child Custody Evaluation* (Madison, WI: Association of Family and Conciliation Courts, 1995).

8. Robert E. Emery and Melissa Wyer, "Child Custody Mediation and Litigation: An Experimental Evaluation of the Experience of Parents," *Journal of Consulting and Clinical Psychology* 55 (1987): 179–186.

9. Joan B. Kelly, "Children's Living Arrangements Following Separation and Divorce: Insights from Clinical and Empirical Research," *Family Process* 46 (2007): 35–52.

10. C. W. Nord and N. Zill, *Noncustodial Parents' Participation in Their Children's Lives: Evidence from the Survey of Income and Program Participation* (Washington, DC: U.S. Department of Health and Human Services, 1996).

11. Robert E. Emery, *The Truth About Children and Divorce: Dealing with the Emotions*

So You and Your Children Can Thrive (New York: Viking, 2004).

12. A. I. Schepard, *Children, Courts and Custody: Interdisciplinary Models for Divorcing Families* (New York, Cambridge University Press, 2004).
13. Nord and Zill, 1996; Marjorie L. Gunnoe and Sanford L. Braver, "The Effects of Joint Legal Custody on Mothers, Fathers, and Children: Controlling for Factors that Predispose a Sole Maternal versus Joint Legal Award," *Law and Human Behavior* 25, no. 1 (February 2001).
14. E. E. Maccoby and R. H. Mnookin, *Dividing the Child: Social and Legal Dilemmas of Custody* (Cambridge, MA: Harvard University Press, 1992); S. L. Braver and D. O'Connell, *Divorced Dads: Shattering the Myths* (New York: Tarcher, 1998); Schepard, 2004.
15. R. Bauserman, "Child Adjustment in Sole Custody Versus Joint Custody Arrangements: A Meta-Analytic Review," *Journal of Family Psychology 16* (2002): 91–102.
16. J. R. Johnston, M. Kline, and J. Tschann, "Ongoing Post Divorce Conflict in Families Contesting Custody: Effects on Children of Joint Custody and Frequent Access," *American Journal of Orthopsychiatry* 59 (1989): 576–592; J. R. Johnston, "Research Update: Children's Adjustment in Sole Custody Compared to Joint Custody Families and Principles for Custody Decision Making," *Family and Conciliation Courts Review* 3 (1995): 415–425.
17. Joan B. Kelly, 2007.
18. Schepard, 2004.
19. M. K. Pruett, 2009; S. B. Steinman, S. E. Zemmelman, and T. M. Knoblauch, "A Study of Parents Who Sought Joint Custody Following Divorce: Who Reaches Agreement and Sustains Joint Custody and Who Returns to Court," *Journal of the American Academy of Child Psychiatry* 24 (1985): 554–562.
20. M. K. Pruett, 2009.
21. Joan B. Kelly, 2007; Pruett and Barker, 2009.
22. Paul R. Amato and J. M. Sobolewski, "The Effects of Divorce and Marital Discord on Adult Children's Psychological Well-Being," *American Sociological Review* 66 (2001): 900–921
23. M. K. Pruett, 2009.
24. Joan Kelly, 2007.
25. W. V. Fabricius and J. Hall, "Young Adults' Perspectives on Divorce: Living Arrangements," *Family and Conciliation Courts Review* 38, no. 4 (2000): 446–461.

26. W. V. Fabricius, "Listening to the Children of Divorce: New Findings That Diverge from Wallerstein, Lewis and Blakeslee," *Family Relations* 52 (2000): 385−396.
27. Kelly, 2007.
28. Paul R. Amato, C. E. Meyers, and Robert E. Emery, "Changes in Nonresident Father-Child Contact from 1976 to 2002," *Family Process* 58, no. 1 (2009): 41−53.
29. Joan B. Kelly and Michael E. Lamb, "Using Child Development Research to Make Appropriate Custody and Access Decisions for Young Children," *Family and Conciliation Courts Review* 39 (2000): 297−311; M. K. Pruett, "Applications of Attachment Theory and Child Development Research to Young Children's Overnights in Separated and Divorced Families," *Overnights and Young Children: Essays from the Family Court Review* (2005): 5−12; R. Warshak, "Who Will Be There When I Cry in the Night?" *Family Court Review* 40 (2002): 208−219.
30. Kelly and Lamb, 2000.
31. Joan B. Kelly and Michael E. Lamb, "Using Child Development Research to Make Appropriate Custody and Access Decisions for Young Children," *Family and Conciliation Courts Review* 39 (2000): 297−311.
32. M. K. Pruett, R. Ebling, and G. Insabella, "Critical Aspects of Parenting Plans for Young Children: Interjecting Data into Debate about Overnights," *Family Court Review* 42 (2004): 39−59.
33. C. M. Buchanan, E. E. Maccoby, and S. Dornbusch, *Adolescents after Divorce* (Cambridge, MA: Harvard University Press, 1996).
34. Buchanan et al., 1996.
35. Buchanan et al., 1996.
36. Fabricius, 2003.

第 5 章

控制冲突与照顾自己

　　任何亲密关系都有可能出现分歧,在离婚期间更是难以避免。虽然夫妻为他们曾经的婚姻梦想破灭而悲伤,但是不仅仅是悲伤,还有愤怒、恐惧、背叛、内疚,以及其他强烈情感经常会爆发或隐藏在表面之下。这些混乱的情绪使得人们很难冷静地解决分歧,因此经常导致冲突,包括愤怒、对抗,有时甚至是肢体攻击。如果父母处理好他们的分歧,就可能找到有效的解决方案,即使会对孩子造成负面影响,影响也很小。然而,当孩子处于持续的对抗和未解决的矛盾中时,他们很容易受到不良社交、情绪的影响,甚至会出现身体问题。

　　10岁的托尼的话代表了很多孩子的看法,这些孩子挣扎在父母持续不断的冲突之中:"不要把我们当武器和子弹,或者让我们说他们彼此的坏话。我们需要爱爸爸妈妈。"他的话反映出,未解决的冲突严重破坏了孩子与父母双方之间至关重要的关系。

　　某种困境将会导致什么样的结果,往往不取决于是否存在痛苦的情绪、强烈的冲动,而是取决于我们如何处理它们。美国记者德洛西·汤普森（Dorothy Thompson）关于全球问题的说法，也可以应用到个人行为上："和平不是没有冲突，而是用创造性的替代方案来应对冲突……"

在离婚的过程中，很少能很快或轻松地实现和解，但本章提供了一些行之有效的方法，你可以用来控制愤怒和冲突，也提供了一些帮助你照顾自己的方法。这些问题是息息相关的。研究一再表明，保持身心健康对于控制愤怒及其他强烈情绪的能力有很大的影响，并且能够将高度紧张的情绪转化为高效率的问题解决。如果离异父母能采取这种方法，不仅他们会受益，还会为孩子提供积极的榜样，即借助合理的方式来处理分歧。

一如既往，我想强调，安全是第一位的。如果父母之间出现暴力行为，或者虐待对方或他们的孩子，当务之急一定是确保孩子和他们自己的安全和健康。在这种情况下，任何联系都不是明智之举，而是应该准备安全计划。

未解决冲突的风险

通常情况下，在刚开始离婚的时候，冲突最为严重。在那些离婚的人中，大约80%的人在离婚后的两三年内，愤怒和冲突会逐渐减少。但是对于另外8%～20%的人来说，冲突程度仍然很高，主要表现为指责、肢体和言语上的敌意、关系高度紧张、很少解决问题。

持续的冲突会破坏父母的生活，也不利于父母为孩子提供细心、有效的养育。结果，大多数有责任心的父母所渴望的亲子关系不断恶化，他们本来渴望温暖、充满爱心、细心周到的亲子关系。冲突还会削弱你的能力，你就不能以轻松愉快的方式和孩子共度时光——仅仅是在一起享受快乐时光。此外，未解决、持久的冲突不利于你内心的平静，阻碍你复原并继续生活。

译注：他该和我在一起了！

不！该和我在一起！

正如前几章所述，孩子也因为父母的冲突而遭受痛苦。首先，父母间的冲突是导致孩子压力的主要原因，这会使孩子的身心都面临风险。其次，冲突中的父母在行为上给孩子做了示范，但几乎没有父母想让孩子模仿这些行为。孩子在生活中学习。如果他们观察到父母对彼此有粗鲁、讽刺、言语或身体上的虐待，他们可能就觉得这些是可以接受的行为，并且更有可能表现出这些行为。再次，当他们听到一名家长被批评时，他们可能会担心自己也是"有缺点的"，因为在他们理解遗传学之前，他们就意识到自己是由父母的特质"构成"的。最后，冲突也不利于他们获得真正有效的养育——将在第 7 章中描述的那种高情商型养育方式。他们未能获得父母的关爱，缺乏一致的行为引导。

高水平的持续冲突几乎总是给孩子带来困难，而且这些问题可能会持续一辈子。正如大量研究所揭示的那样，父母离婚后如何处理冲突会影响到孩子的生活及其与父母的关系——可能变好也可能变坏。

研究已经证明，冲突的哪些方面会对孩子的适应产生最消极的影响。在这些因素中，让孩子感觉最难的是：

- 目睹或无意中听到父母强烈或暴力的冲突，不论是言语上还是身体上的；
- 与孩子有关的冲突，会让孩子对父母的问题感到内疚，觉得要为此负责；
- 听到父母中的一方讽刺或批评另一方的性格或错误；
- 陷于忠诚冲突，强迫他们直接或间接地支持父母一方，反对另一方，
- 被强迫传递不友好的信息或者传达父母一方的愤怒；
- 禁止在父母一方面前提及另一方，无论是明里还是暗里。

父母争吵不断，谁都不是赢家，即使他们能暂时享受到对另一方的"控制"感。幸运的是，大多数父母能够学会如何控制自己的愤怒情绪，以及如何解决彼此之间的分歧，从而使自己和孩子渡过难关，茁壮成长。

从冲突到合作：丽莎和马克的故事

和许多不久前刚分居的父母一样，丽莎和马克经常吵架，这让他们感到沮丧、愤怒、精疲力竭，无法细心照顾3个孩子。在他们的婚姻生活的最后几年里，他们陷入了一种消极、反复出现的行为模式——脾气暴躁，接着是争吵和责备，然后是冰冷的沉默。他们分开后，这种模式并没有改变。

养育安排一直是他们烦恼的源头，但是孩子的任何问题都能变成他们争吵和互相指责的新把柄。5岁的克莉斯特尔所在的幼儿园因为突发流行病而关闭了3天，他们为了谁能在家照顾她而争吵。7岁的蒂米在马克家过夜后把作业落在家里了，他们争论马克是应该把作业送到学校，还是要让蒂米"用惨痛的方式吸取教训"。10岁的玛茜在她最好的

朋友搬走后，一直哭个不停，这也成了冲突的来源：能否让玛茜去看她？如果让她去，单程上百千米的路程，谁开车去送她？

许多长期存在的潜在因素导致了高水平的伤害和愤怒，这些都是马克和丽莎所经历的。他们继续上演着愤怒、争吵、责备和冷战的恶性循环，这些都是他们婚姻的特征，最终也导致了他们的分离。现在，是愤怒和冲突把他们彼此联系在一起。单靠他们自己，无法结束这些伤害行为，也无法专心成为有效的父母。

当他们的3个孩子都表现出压力的迹象时，他们开始寻求帮助。马克和丽莎都特别担心5岁的克莉斯特尔，她现在经常做噩梦，醒来后哭泣、颤抖。每一次做噩梦，接连几个小时她都无法被安抚、无法入睡。如果夜里做了噩梦，清晨醒来时，她已经筋疲力尽，不愿意去幼儿园。

游戏治疗帮助他们找到了克莉斯特尔夜间做噩梦的根源，让他们发现她承受着巨大的情感负担。最后，游戏治疗还提供了一种治疗手段帮助她适应。我们是从许愿池游戏开始的。当我们往许愿池里扔彩虹石的时候，她喊出了她的愿望："爸爸妈妈不会离婚""爸爸妈妈会善待彼此，不会吵架""爸爸妈妈会好好相处，好好谈谈"。当克莉斯特尔把最后一块石头扔进许愿池时，她平静地说："我希望世上不再有离婚。对于孩子来说，离婚让他们感到很悲伤、很可怕，因为孩子有时可能需要他们的父母，但是父母却不知道，因为他们彼此不说话。"

在后面的环节里，克莉斯特尔选择了一些木偶，开始表演一个故事。她一声不吭，但是很专注，一开始她让小女孩木偶独自玩耍。然后她让两只熊偷偷跟在小女孩后面抓住她。当我说那个小女孩一定很害怕，克莉斯特尔回答说，"是的，就像在我的梦里一样。"她描述了在反复出现的噩梦中，她是如何被巨大的、愤怒的熊追赶的。她尖叫着想要让父母帮助她，但是由于他们互相不说话，他们无法互相帮助找到她。父母不能来救她，克莉斯特尔很害怕，害怕自己会被熊吃掉。她的梦代表了她深深的恐惧，害怕父母陷于争吵，却置她于不顾。她感到非常孤单——透过克莉斯特尔的眼睛可以看到，她的安全、保障，甚至她的生命都处于危险之中。

她迫切需要言语和行为上的安慰，需要她所爱和依靠的两个人共同努力保证她的安全。当我向她的父母描述克莉斯特尔在游戏治疗中表现出的恐惧时，马克和丽莎显然很不安——被他们心爱的小女儿的恐惧感和不安全感所震惊。直到现在他们才开始明白，愤怒的争吵和孩子的健康之间的关系。

并不是只有马克和丽莎是这样的。研究表明，父母往往低估了他们的行为对孩子的影响[1]。对于离婚父母来说尤其如此，他们一直被痛苦的情绪和对孩子的负罪感所困扰。

马克和丽莎在了解到这个新情况之后，认识到他们光想着"争取自己的权利"，而忽视了对孩子的养育，他们因此而感到悲痛、内疚。他们需要勇气来面对、检讨自己的行为，为其后果承担责任，并努力改变长期以来的愤怒和冲突的习惯。因为他们都深爱着自己的孩子，他们决心成为更体贴、更亲切、更有效的父母。

他们所需要的是设定边界、重新界定他们的关系，是作为共同抚养人，而不是配偶或情人，并坚守与彼此沟通的原则。我们一起制订了基本规则，让他们的关系更专业，不那么情绪化。这要求他们首先完全关注孩子及其需求，然后以尊重的态度就这些问题进行交流。他们达成一致，除非有紧急情况，如生病或临时出差，否则所有日程安排的变动都要提前敲定。我们制订了一份日程表，让他们每人和每个孩子都有一对一相处的时间。日程表还包括丽莎和马克个人活动的时间，这些活动可以帮助他们补充身体能量和情感资源，用于为孩子提供富有同情心、高质量的养育。

改变由来已久的冲突习惯，建立新的行为模式和新的养育伙伴关系，远非一夜之间能完成的，但马克和丽莎都努力做出改变，因为他们明白这对孩子有多重要。

理解愤怒和控制愤怒

愤怒是对不公现象的正常、合理的反应，是对情感或身体伤害或损失的自然反应。有时候，它是悲伤、恐惧或其他痛苦情绪的另一面，当我们害怕失去我们非常珍视的某样东西或某个人时，就会爆发愤怒。了解愤怒的来源及其与其他情绪的关系有助于我们学习如何控制它。

在分居和离婚的过程中，愤怒常常因为各种原因而长期存在。它可能是悲伤、孤独等痛苦情绪的替代品。愤怒也可能是推卸责任的一种手段，当一段关系出现问题时，愤怒可以让人回避自己的责任。当人们感到无能为力时，愤怒也能赋予他们一种力量感。有时候，相对于保持良好的情绪，甚至相对于悲伤，愤怒只是以一种更容易的方式来放下前任。对于结束一段关系的夫妻来说，愤怒、矛盾的互动有时提供了一种方式让彼此保持联系；这种强烈的感情意味着他们对前任的情感依恋。

人们很容易这么想：离婚这个结局，再加上时间和距离，会让日益恶化的愤怒和怨恨慢慢消散。但对于许多婚姻破裂的人来说，这种乐观纯属无稽之谈。一项关于离婚的长期研究发现，即使几十年后，许多离婚的伴侣仍然深陷于愤怒、痛苦和怨恨之中[2]。10年或更长的时间之后，一半的女性和三分之一的男性仍然对前任极度愤怒。不幸的是，愤怒也已经在"他们孩子的生活中长期占主导地位"。

尽管人们愤怒可能有正常的，甚至合理的理由，因为愤怒而离婚也是可以理解的，但是，无法控制的愤怒可能是一种非常危险甚至是破坏性的力量。通常，发脾气不仅会让怒火所针对的人感到害怕，而且会让周围的人感到害怕。情绪爆发对孩子来说特别可怕，他们被父母的愤怒吓坏了，即使愤怒不是针对他们的。最可怕的情况是，无法控制的愤怒会导致暴力。无论愤怒多么强烈，也不管愤怒的理由有多正当，暴力都是不合理的。

愤怒可以通过富有成效的方式产生积极的改变。但是，要想改变愤怒的导向，就需要明白该做什么（和不该做什么）。

一个普遍存在的误解是，强烈、频繁地宣泄愤怒是健康的"发泄"。虽然表达强烈情感使肾上腺素激增，会让个人感觉一时强大，但如果潜在问题仍未解决，愤怒不会消失，而是会升级。卡罗尔·塔佛瑞斯（Carol Tavris）在《愤怒：被误解的情绪》（Anger: The Misunderstood Emotion）这本书中阐述了人们关于愤怒的错误认识。她告诫大家，把发泄情绪当成处理愤怒和怨恨的唯一方法是很危险的。无所顾忌地表达愤怒不仅会导致更多的愤怒，而且强烈的发泄还会将毁灭性的愤怒强加于他人。

就像习惯性地发泄强烈的愤怒是危险的，抑制或压抑愤怒也是不健康的。关键是要找到平衡点，用健康的方式表达愤怒，但不要陷入其中。

如果你被曾经爱过的人背叛、伤害，除了沉浸在愤怒之中，你还能做什么呢？对于许多婚姻走到尽头的人来说，下面几种控制愤怒的方法被证明有所助益。

找到愤怒的来源。当你不生气的时候，第一步是反思你的愤怒。亲自审视它的源头，并设法弄明白愤怒源头的情绪和问题是什么。试着在你的脑海里把这些界定清楚。是因为受伤、受辱，还是自我价值感的丧失？是由特定的记忆、情境、话语触发的吗？人们很难做到客观地独自审视非常痛苦的情绪。在这种情况下，有执照的心理健康专家可以帮助你更清楚地理解你的情绪。

解决问题。一旦发现了潜在的问题，下一步就是找到解决问题的办法。试着弄明白自己的动机。你是否通过把注意力放在前任的行为或错误上，以此来避免关注更痛苦的问题，比如你在这些问题上起到了什么样的作用？无论是什么原因，痛苦的情绪和失落感都需要很长时间才能愈合，这个过程不能操之过急。失去任何重要的人或事都让我们感到悲伤，这种悲伤经常一阵一阵地侵袭我们。经过一段相对平静的时期之后，可能会冒出一段记忆，突然引发一波悲伤，然后很快演变成愤怒。在这种情况下，退一步，深呼吸，或者流几滴眼泪，和信任的朋友或心理医生谈谈，或者写下感受，都是有帮助的。通过将愤怒与其来源区分开，并解决导致愤怒的问题，你或许能够在愤怒"站住脚"之前控制住它。对于婚姻结束的各种原因，审视自己在其中起到了什么样的作用，这对于你自己的情感健康和未来的关系都很重要。

考虑后果。正如我向我所接触过的孩子强调的那样，情绪是暂时的，而且总是在变化，是好是坏取决于我们如何处理它们。虽然情绪会过去，而行为的后果却会持续。所以我总是建议情绪激动的父母，在做决定或采取行动之前，退后一步，重新考虑。"我需要一些时间再想想这个问题"是最有价值的话语，离婚父母和其他正在经历重大生活变化的人可以经常使用这句话。

谈谈你的感受。能够开诚布公地谈论你的愤怒情绪很重要，但是当孩子在场时，不贬低你的前任也很重要。家人和朋友可能愿意倾听，提供支持和关心。在与他们交谈时，如果他们为你感到愤怒，争取他们的帮助和合作尤为重要，就像许多有同情心的亲人所做的那样。告诉他们，为了孩子，你正在努力控制自己的愤怒，减少冲突，并特别要求他们在孩子在场的时候帮助你冷静下来。也请他们帮助你处理诱发这些情绪的导火索。例如，当孩子在场时，你可能会要求他们避免谈论某些话题：前任的错误，你是如何被冤枉的，你的前任是如何虐待朋友和家人的。如果你所亲近的某些人不能或不愿意遵循你的意愿，那么就只向那些愿意的人倾诉，避免出现动摇你控制愤怒的决心的情况，这是很重要的。

考虑寻求专业帮助。心理健康专家也是很好的资源，我相信大多数人在离婚过程中会从有经验的治疗师那里获益。治疗师不仅能让你表达自己的感受，还可以提出客观的观点和建议，告诉你如何处理具体的导火索。他们还可以帮助你解决深层的个人问题，这些问题通常伴随离婚的痛苦出现，还能帮助你制订策略，让你走上治愈之路，展望幸福的未来。

加大运动量。体育锻炼是一个释放愤怒、缓解压力的好方法。许多人发现，拳击、壁球或其他剧烈运动可以让他们发泄愤怒和不满。其他人发现他们可以通过散步、跑步、跳舞、游泳、瑜伽，或者参加其他能够消耗一些能量、产生快乐体验的体育活动来释放大量的强烈情绪。我个人最喜欢的减压方法，就是和朋友一起把好好锻炼的好处和共同交流、建立友谊的快乐结合起来。

大声笑出来。缓解愤怒和压力的另一个好方法是幽默。比尔·考斯比（Bill Cosby）的家庭遭受了重大损失，正如他所说的："通过幽默，你可以减轻生活中最严重的打击。只要你还能大笑，无论你的处境多么痛苦，你都能挺过去。"有一项研究测量了在工作场所进行有目的的有氧大笑的效果，参与者报告说，他们自我效能的几个不同方面都显著提升，包括自我调节、乐观、积极情绪和社会认同，这表明即使是"人造"的大笑也能带来很大的好处[3]。

稍微转变视角，从另一个角度来看待你的处境，你也许能从中发现幽默。即使不能，有时候想办法让自己捧腹大笑，也有助于化解怒气。和孩子一起大笑是与他们建立联系的一种很好的方式——只要这个笑话不是贬低他们或他们的另一位家长。现在是时候去找那些能让你开怀大笑的电影、动画片、书籍和朋友了。

注意了解前任愤怒背后的原因。虽然控制自己的愤怒情绪是很有挑战的，但当前任表现出敌意时，就更难控制自己的愤怒情绪了。前任知道如何按下激怒对方的按钮。毕竟，有些按钮是他们亲自安装的！他们通常了解对方的弱点，有时会用刻薄的话语报复对方。虽然很难避免负面的交流，但避免犯错的最好办法是不上当。

相反，在这种情况下，在心理上退后一步，了解一下前任强烈情绪背后的东西，往往会有所帮助。即使你不认可前任愤怒的理由，你也可以运用积极的倾听技巧，把注意力重新集中到你们作为父母的角色上，以及你们需要解决的具体育儿问题上。

第一步是复述他刚才所说的话——但是不要带着怒气，让他知道你已经听到了他所说的话。真诚地道歉、表达共情也有助于平息愤怒。比如"我知道你因为咱们的婚姻问题而感到受伤，生我的气。我们都有错。我很抱歉给你带来伤害，那不是我的本意。"

接下来就是把重点明确地放回育儿问题上。"但我希望为了孩子，咱们先把过去的伤害放一边，看看咱们如何一起努力制订计划，让珍妮和我们每个人都能共度美好时光，而不是陷入咱们的矛盾之中。"这种不带评判的倾听、情感反应，有助于缓和情绪化的谈话。

如果你无法让前任冷静下来，或者你觉得自己的愤怒情绪可能要爆发，那就暂停一下，稍后再继续谈话。如果面对面是安全的，选择在不利于公开表达愤怒的公共场所见面，比如图书馆、商场或者咖啡店。最重要的是，运用你的每一丝意志，采取一切预防措施，避免让孩子在场，也避免让其无意中听到你对他们的另一位家长发泄愤怒。

平行式和合作式的育儿法：多种选择

婚姻结束后，未来你要与前任共同抚养孩子，你可以有很多有效的选择。平行式和合作式育儿法代表了两种不同的方法，在抚养孩子时分担的责任有所不同。但是，你当然可以——而且往往是值得的——采用两种方法，并且随着时间的推移，随着你们关系的不断变化，你要不断调整育儿策略。

下面的表格描述了分别与平行式和合作式育儿相关的行为[4]。许多我曾经接触过的父母发现，在他们开始为孩子和自己的下一阶段生活制订计划时，了解这些方法是很有帮助的。

平行式育儿	合作式育儿
父母不常联系或遇到紧急情况时才联系。	父母经常联系。
父母通过电子邮件、短信、第三方或者育儿笔记本来交流。	父母面对面或者通过电话沟通。
重大决定是通过第三方或法律协议达成的。	关于孩子的重大决定是经共同讨论并达成一致的。
家事是完全分开的。每位家长分别为孩子在他/她家里的这段时间做决策。	父母根据需要一起解决与孩子有关的问题，并策划活动。
为了孩子的最大利益，父母分开工作。	为了孩子的最大利益，父母一起工作。
孩子从一个家庭到另一个家庭的交接可能是在一个中立的地方，父母之间的交流有限但相互尊重。	从一个家庭到另一个家庭的轮转很顺利，父母面对面交流。
严格遵守书面的养育计划或者法院法令。当父母无法达成一致时，他们需要一个外部权威来解决争端。	父母之间可以灵活、开放地调整孩子的日程安排，并可以进行协商。
每位家长分别对其与子女的关系负责。	父母可以讨论涉及他们双方和孩子的各种养育问题。

平行式育儿

平行式育儿的概念源于"平行游戏"，一个用来描述学龄前儿童独立但同时进行游戏的术语[5]。平行式育儿意味着每个家庭独立进行养育，父母之间几乎没有沟通及情感参与。在这种方式下，父母之间的直接互动最少，每一位家长在照顾孩子时要负全部责任。这些非常明确的界限往往有助于减少或避免冲突。

成功的平行式育儿技巧

1. 努力从前任和过去的伤痛中解脱出来。把你对前任的感受与孩子的需要和感受区分开。把注意力集中在你能控制的事情上——为了孩子尽最大努力。

2. 与前任交流时,控制你的情绪;保持尊重的态度。这包括互相问候,尤其是有孩子在场的时候。

3. 行为举止要专业;采用礼貌客气的做法,类似更正式的商务往来。不要讨论私人问题,专注于孩子。

4. 用尊重的、解决问题的方法来处理与孩子有关的问题。陈述问题,提出解决方案,避免责备,随着时间的推移,努力创造有效的解决方案。

5. 如果面对面谈话很困难,可以采用书面交流的方式。对于幼儿的父母来说,一个非常有用的方法是共用一个笔记本,父母双方都可以在上面记下所有需要沟通的重要事情——从发烧、哭闹到吃饭、午睡和活动的时间安排表。

6. 电子邮件、短信、笔记和信件能让父母间的沟通专注在孩子身上,而且让沟通更专业。养成尊重、清晰、简短沟通的习惯。如果情绪激动,先保存草稿,在发送之前试着从另一位家长的角度重读一遍。

7. 如果解决争议需要面对面沟通和/或谈判,可考虑利用中立的第三方协助解决分歧。

8. 以书面形式跟进所有关于孩子的协议和讨论,并总结所做出的任何决定。

9. 尊重另一位家长和孩子在一起的时间。在前任和孩子在一起的时候,你不要为孩子安排活动。如果有重要的事情发生,提前写下要求。保持这种态度:不干涉孩子的另一位家长,除非涉及安全问题。
10. 按时支付孩子的抚养费。研究表明,定期支付抚养费与孩子的良好表现——包括更好的学习成绩和更少的行为问题——密切相关。
11. 不要把孩子当成信使、间谍或送货人。邮寄支票或直接存款。通过电话、短信或者电子邮件来分享信息。
12. 如果沟通变得过于激烈、情绪化,请求留出时间让双方冷静下来,考虑一些替代方案,并同意以后再讨论这个问题,以此来缓和沟通。

合作式育儿

积极的养育关系包括父母之间的高度合作,保持互相尊重的态度,以及有效处理冲突的方法。与平行式育儿相比,合作式育儿中的父母在日程安排上直接交流、共同决策以及灵活变通的程度更高。

成功的合作式育儿技巧

1. 继续努力与前任建立积极的关系,尽量减少冲突。最重要的是,不要让你们之间的矛盾影响到你们和孩子在一起的时间。
2. 要像与你尊敬的同事交流一样来对待你和前任的互动。基于合作、礼貌和相互尊重建立关系。

3. 计划每周定期进行简短的电话交流，最好是在孩子不在家的时候，或者在工作的时候，这样孩子就不会无意中听到。提前制订计划，然后坚持执行。通话时间要短（10~15分钟），重点关注孩子的需求、信息共享、日程变化或者未来活动计划。避免讨论个人问题和过去的事情，注意个人界限。
4. 如果有更多关于孩子的问题需要讨论，而且你相信你们都能控制自己的情绪，并且会很专业、有成效，那就见面谈。把见面安排在一个中性的地方，在彼此压力都相对不大且孩子不在身边的时候。事先约定日程，然后坚持执行。
5. 与前任沟通时，要明确计划、日程表和要求。为了防止误解，写下你们对所讨论内容和任何商定的计划的理解。
6. 不要期望从另一位家长那里得到感激、表扬或情感上的支持。这种期望可能是不现实的，可能会重新揭开旧伤疤，让你感到失望、受伤、被拒绝、被抛弃，以及愤怒。
7. 如果对前任的动机可能有多种解释，那么你应该相信他/她是没有恶意的。
8. 按时支付孩子的抚养费。研究表明，定期支付抚养费与孩子的良好表现——包括更好的学习成绩和更高的情绪调节能力——密切相关。
9. 不要把你的孩子当成信使、间谍或送货人。邮寄支票或直接存款。通过电话、短信或者电子邮件来分享信息，不要让孩子来传话。
10. 试着理解和孩子分开的痛苦是双向的。他们和你在一起的时候，你的前任会想念他们，就像他们在另一个家的时候，你也想念他们一样。
11. 控制成人的情绪，这样孩子的感受和需要才能被了解。

> **12. 培养孩子与另一位家长之间的良好关系。** 当他们之间出现问题时，帮助孩子以尊重的态度讨论问题，帮助他们找到缓解痛苦的方法，并学会解决问题。

如果孩子与父母双方都建立起健康的关系，他们就能从中受益，所以只要是安全的、只要有可能，就让孩子与父母双方都维持健康的关系。父母之间的合作程度越高，孩子与父亲相处的时间就越多，与父亲的关系也越好[6]。相反，父母之间的敌意越大，孩子和父亲之间的接触就越少，关系也越差。

如果合作式养育是安全可行的，并且能被顺利地执行，它通常会给孩子带来更大的好处。然而，研究表明，无论父母是采取合作式或平行式的养育方式，还是二者某种程度的混合，只要尽量减少冲突，两个家庭都采取负责任的养育方式，法律协议明确规定监护权、日程表和决策安排，那么孩子都能适应得很好[7]。

家庭关系就像手机一样——当某方面出现变化或失衡时，整个系统就会受到某种程度的影响。父母之间的关系不仅直接影响他们自己，而且会影响他们与子女相处的方式以及他们有效养育子女的能力。

父母之间的关系质量可能会在很多方面影响孩子。如果孩子经历了相对合作式的养育，经历的冲突很少，那么他们与父母双方的关系可能会更加放松、安全和积极。他们有安全感，相信与父母双方都保持良好的关系不仅是可以被接受的，而且很重要。因此，父母之间的合作关系提供了一座支持的桥梁，使孩子能够在父母及其家庭之间自由往返。

然而，对于一些父母来说，由于各种原因，要做到这一点，即使不是完全不可能，也是极其困难的。对于一些人来说，频繁的冲突或者潜在的暴力使得这个目标变得不切实际。对另一些人来说，情绪起了重要作用。由于离婚很少是双方共同决定的，那么对于被遗弃的那一方来说，适应随之而来的变化这个过程，通常要比选择结束婚姻的那一方困难得多。不想离婚的那个人可能会觉得与前任频繁沟通或合作太痛苦，至少在最开始的时候是这样。随着法律程序的逐渐深入，冲突可能会加剧，这会使合作式养育看起来不切实际、难以实现——至少在离婚的早期阶段是这样。

在这段时间里，没有哪本手册能指导你该如何与前任联系，以及如何重新协商关系——从前任恋人到重要的育儿事务上的伙伴关系。因此，全美国有许多家长教育项目提供了一系列选择，从合作式养育到平行式养育。如果父母间一直冲突不断，那么他们一般会受益于平行式的育儿策略。在涉及家庭暴力或强烈冲突的情况下，合作式养育并不可取。平行式育儿通过尽量减少父母之间的接触，在某种程度上保证了这些人的安全[8]。

即使在争吵较少的情况下，许多父母在分居和离婚的早期阶段很容易激动，也很容易发怒，因此很难合作。在此期间，他们可能会发现，在情感上彼此疏离，采取界限清晰的平行式育儿，会很有帮助。这样双方就不会对灵活变通、谈判协商抱有期待，平行式育儿不但能减小持续冲突的机会，还能让父母双方都能积极参与孩子的生活。

随着时间的推移，一些父母的情绪变得不那么强烈，而且掌握了一些控制愤怒情绪的技能，他们就会从平行式育儿转变为合作式育儿。有些父母可能会在很多问题上合作，但在某些"热点"问题上仍然使用平行式育儿法。其他人可能会在不同的时间点采取不同的策略，因为他们的生活还在不断变化。最终，许多父母能够转向完全合作的育儿方式。25%～50%的父母最终采取了合作式育儿，包括灵活的日程安排，父母之间持续沟通，家庭之间进行支持性交流。然而，并非所有父母都会做出这种转变，平行式育儿仍然是一种切实可行的方法。通过理解和使用这些选择，父母可以继续关注哪些做法最有利于孩子。

解决冲突：对父母是巨大的挑战，对孩子有巨大的回报

因为父母间的冲突已经被证明会对孩子产生深远的负面影响，几乎所有的家长教育项目都包含冲突管理的内容[9]。其中一个是针对孩子的"帮助孩子度过过渡期"（Assisting Children through Transition，A.C.T.），这是我和同事在美国纽约州开发的一个项目。该项目基于关于风险和保护因素的重要研究，父母可以用其中的方法减少离婚给孩子带来的压力，促进孩子的良好适应。父母学习各种各样的技巧，让孩子远离他们的冲突，其中包括有效地与前任交流，以尊重、专业的方式行事，控制冲突，以及管理愤怒。关于该项目的初期研究表明，父母能够了解冲突管理的核心概念，并意识到让孩子远离其冲突的重要性[10]。

有一项追踪研究发现，父母在参与该项目一年后仍在使用学到的技能，父母间持续的冲突明显减少[11]。父母更加意识到，孩子非常容易陷入他们的冲突之中。现在，他们使用解决问题的方法来解决、控制冲突，避免在孩子面前批评前任，同意遵守法律协议，或以一种务实高效的方式提出改变。

父母持续的行为改变明显减轻了他们自己的压力——最重要的是——减轻了他们孩子的压力。具体来说，父母之间的冲突减少后，孩子的愤怒、不良行为、悲伤和抑郁等都有所减少，孩子对离婚后家庭生活的积极适应显著加强了。

父母的努力在其他方面也得到了回报。父母保护孩子远离冲突、避免通过孩子传递信息与孩子的很多表现密切相关：改善了孩子在学校的适应能力，提高了学习成绩，发怒、头痛和胃痛等与压力有关的身体症状等都有所减少。家长采用有效沟通（即"我"信息），以务实高效的态度处理彼此之间的互动，能够使子女更好地适应学校环境，并改善与子女之间的沟通。本章所介绍的概念正是这些父母所习得的，他们和孩

子都从中受益。

为改变做好准备。离婚后，父母经常会采用以前的行为模式，正是那些行为模式导致了他们婚姻的结束。毫不奇怪，这不仅使父母问题长期存在，对孩子来说更是如此。

改变个人行为，无论是长期保持的习惯还是最近形成的模式——特别是那些涉及强烈情绪的模式——都不是一件容易的事。从一开始，你就应该意识到，虽然你可以学会控制自己的行为，但是一个人不可能控制另一个人的行为。虽然你可能会努力控制自己的愤怒，减少冲突，但有时如果只有单方面的努力，可能会无济于事。如果另一位家长不情愿或者无法控制情绪，往往意味着许多平行式育儿技巧可能最有效，至少在开始的时候是这样。

此外，改变感受和行为模式需要长时间持续不断的努力。专注于让孩子获得积极结果这个目标可能会帮助你度过困难时期，在这段时期，改变的速度似乎非常缓慢，或者根本没有发生改变，这很容易让人感到沮丧。

重建关系

每个组织的目标——无论是营利组织还是非营利组织、全球企业巨头还是慈善食品救济中心——都是成功地实现基本的共同使命和目标。在养育这项"事业"中，使命就是让孩子身心健康、适应良好，最终能够管理好自己的生活。成功实现这一目标就需要采用充满爱和权威型的养育过程。

> **专业的态度和行为**
>
> - 以礼貌和尊重的态度对待他人。
> - 问候的时候要称呼对方的名字。
> - 履行承诺。
> - 信任他人所做的工作。
> - 提前预约。
> - 准时。
> - 沟通的过程中,坚持已达成共识的话题,礼貌对待他人的意见。
> - 及时回应信息。

这种类似商业伙伴的关系有助于你们思考,你和前任在以伙伴这个新角色养育孩子的过程中,采取什么样的态度和行为。职业关系通常需要尊重、礼貌,需要相当多的信任,在行事过程中要遵守一定的礼节。由于商业伙伴都致力于共同的基本目标,他们需要寻求共识、相互信任、诚实守信、兑现承诺、进行专业交流、及时回应,并找到克服或绕过分歧的方法,以取得成功。商业合作者之间保持一定程度的距离和礼节;他们不会猜测对方的时间、日程、信仰或其他个人关系。

他们也不会窥探对方的私生活。对于正在离婚的夫妇来说,设定明确的界限,不对约会、私人关系以及其他具体的私人问题质疑或评论,这一点尤为重要。

当然,所有这些期望和行为都是理想化的。并不是每个组织文化都包含这些行为态度。但是他们形成了一种专业的行为规范,被广泛认为是组织成功的基础。你可以采用下面的一些方法帮助你与前任建立一种务实高效的育儿关系。

使面谈务实高效。有些父母觉得见面很安全,也能够采用合作式育儿,有时需要当面讨论孩子的问题。提前预约,说明面谈的原因,是一种尊重他人的商业做法。最好把约会安排在压力相对较小、孩子不在身边的时候。不打招呼就去前任家里是不合适的，特别是在离婚前后关系紧张的时候。

如果你们需要打电话沟通，通话一定要简明扼要、务实高效。关起门来打电话，确保不让孩子听到你们的通话，通话不被打扰。如果通话是在孩子就寝之后，那么要确保他们睡着了，即使他们万一醒来了也听不到你们的谈话，这尤为重要。

制订专门的议程并按照这个议程行事，这有助于你们的谈话一直是聚焦在孩子身上的，也能防止父母的谈话偏离到可能会引发冲突的话题上。和大多数专业会议一样，双方都可以在议程上增加事项。特别是在关系很微妙时，将议程写在纸上，给每个主题安排一个时间段，然后监控整场会议的时间，以确保议程上的每个主题都得到处理，这是很有帮助的。这些做法对电话会议和面对面会议同样有用。

关注情绪——你自己的以及前任的。在经典书籍《谈判力：无须让步的说服艺术》(*Getting to Yes: Negotiating Agreement Without Giving In*)[12]中，作者讨论了谈判的4个原则，以及可能干扰谈判协议的问题。其中最常见的就是情绪。与大多数职场情况不同，正在离婚或已经离婚的父母通常都会有强烈的情绪，尤其是对方在场的时候。预测和理解这些情况是有帮助的，这样当前任突然出现时也不会情绪崩溃，情绪崩溃不利于大家对议程上的主题进行清晰的思考和沟通。

除了预料前任在场时自己大概会有什么感受外，事先准备好要说什么，然后考虑这些话语和表达会对对方产生什么样的影响，这非常有用。大多数冲突都与理解差异有关。如果我们想达成一致，就要设身处地为对方着想，试着去理解对方的观点和感受，这是至关重要的。

一想到离开孩子，前任和你的感受很可能是一样的，记住这一点特别有用。虽然他/她可能表现出愤怒和怨恨，但背后的情绪可能是害怕和不确定。当人们的利益受到威胁时，恐惧和愤怒是常见反应。与其认为对方的情绪不可理喻而不予理会，不如认可其情绪，不回应对方的愤怒情绪。我们的目标不是指责，而是在相互尊重的基础上，以和平解决、达成一致的方式进行沟通。从长远来看，这种决策方式对孩子有好处。

如果你和前任之间的沟通可能会导致更深的伤害或更严重的冲突，那么最好考虑与一个训练有素的调解人、合作的法律团队或者心理健康专家一起工作，以一种有助于双方解决问题的方式进行谈判。

在这个自我觉察的过程中，父母有时会发现，他们以为是与孩子有关的问题，其实更多是他们自己的感受和旧伤。特别是在这种情况下，事先计划和反思的做法是值得的，通常有助于父母不去谈论与孩子无关的话题。

如果你能预料到在与前任见面时自己的情绪可能会很激动，你也可以提前做好心理准备。时刻记住"自我对话脚本"是很有帮助的。例如，我经常建议家长告诉自己，"我能做到。我要保持冷静，专注于孩子的需求和未来。我要保持尊重的态度，控制自己的情绪。我会努力配合解决问题。我能做到的。"这种积极的自我对话，加上几次深呼吸，可以帮助你保持冷静，富有成效，尤其是那些早期艰难的见面。

细心倾听并回应。说话是沟通的一半，倾听是另一半，二者同样重要。心理学家长期以来使用的一些"积极倾听"技巧，在沟通情感问题时非常有用，特别是在父母没有达成一致的问题上。第一步是仔细倾听，并且关注对方的感受和信息，不要急于回应。以一种中立的态度重述对方说过的话就能做到这一点。这样做可以帮助听者保持冷静，并可以争取到一点时间来思考自己的观点。有时候，以冷静和尊重的态度请对方澄清或向对方询问更多的信息，是有帮助的。

因为"为什么"这个问题有时会让人感觉被指责，产生戒备心，所以最好避免这样问。相反，用"可否请您帮我了解一下……"这样的措辞请对方澄清，意味着自己真诚地尝试着理解。这样有助于深刻理解别人的行为，从而提高认识和共情。如果说话的人感受到自己被倾听、被理解，有助于消除潜在的冲突，并且通常会使他/她也愿意这样做。这种做法是有效对话和解决问题的基础。

基于事实、有礼有节地沟通。伴随离婚而来的愤怒和伤害常常会让人们想要历数不公、推卸责任。人们很容易就会说出"你总是迟到。为什么你就不能让孩子准时来呢？"虽然这些言论背后的情绪是可以理解的，而且是合理的，但是攻击和指责往往会导致被指控的那一方呈防御状态，不得不予以回击。这种交流不仅不能解决问题，而且往往会火上浇油，导致本已不友好的关系进一步恶化。

礼貌地用事实描述情况要有效得多。其中一个技巧就是使用"我"信息。这些语句直接表达了说话者的观点，甚至可以解释激动的情绪，但不攻击听者。如果"我"的陈述是事实性的，这些陈述就会为进一步的对话和理解打开大门，也很容易使对方以类似的方式，礼貌地做出事实性回应。相反，"你"信息是典型的愤怒、指责性的陈述，会导致冲突、防御、反攻。在下面的例子中，想象一下，如果比尔和珍妮特7岁的女儿杰米，偷听到她父母的如下谈话时会产生什么感受，这也许会有所帮助。

"我"信息举例	"你"信息举例
珍妮特：比尔，现在是7:45，她应该7:00回来的。杰米晚归的时候我很担心。我希望你能打个电话告诉我。	珍妮特：你又迟到了。你总是迟到。你从来没有考虑过准时出现，或者至少打个电话。你想给我的女儿树立什么样的榜样？
比尔：对不起，珍妮特。杰米的足球赛拖得很晚，她又饿了，所以我们先吃了点东西。我给你打过电话，但一直占线。	比尔：如果你不是一直打电话，你就能接到我的电话。我本想打电话告诉你，我们要回来晚了，但你还是像往常一样说个没完。
珍妮特：杰米，你爸爸和我有些私事要谈。我想你进屋之前想跟爸爸说晚安，还想给他个大大的拥抱吧。我一会儿就进来陪你。（杰米拥抱爸爸，然后走进屋）。	杰米的父母还在继续争吵，好像完全没有意识到孩子也在。杰米就这么看着听着……杰米开始胃疼。

续表

"我"信息举例	"你"信息举例
珍妮特（杰米离开后）：我上星期没拿到支票，比尔。咱们女儿的食物、衣服和学习用品都指望这个。	珍妮特：你又迟交支票了。你应该上周就寄出来的。你不给我钱，我怎么给杰米买吃的、穿的还有学习用品？她也是你的女儿。法官说你每个月都要支付孩子的抚养费。
比尔：我知道，对不起。我工作上遇到了点麻烦。我明天早上就给你寄支票。然后我会把这件事记在日历上，每个月底前三天把它寄出去——或者我们可以直接存入银行。这样你就能按时拿到钱，杰米也不用担心支票的事了。我觉得让她置身事外对她更好。	比尔：你满脑子想的都是钱，不是吗！如果你不花那么多钱给自己买衣服，在朋友面前炫耀，你就不会担心支票什么时候到了。我已经给了你很多钱。你要好好分配，把钱花在杰米身上——而不是你自己身上！
珍妮特：我非常同意你能把这件事写在你的日历上，也很感激。我会给你寄一份她的足球赛日程表。	珍妮特：你真是一个小气鬼——连自己女儿需要的东西都不能满足。

　　珍妮特和比尔在这些对话中使用的语言，对最终的结果有着强烈而直接的影响，并且对各方都有影响。在右侧场景中，杰米的妈妈用"你从来没有"和"你总是"开头的愤怒语言来痛斥对方。她称杰米为"我的女儿"，而不是"我们的女儿"，这让杰米的父亲更加愤怒和疏远。这种语言具有煽动性，不出所料，会引发更多的愤怒。

　　愤怒的人有时会落入的一个陷阱，就是把侮辱伪装成"我"陈述。"我觉得你太自恋了——总是为自己着想。"尽管表述的结构似乎是在表达一个人的观点（"我认为……"），实际上却攻击了听者。这样的表述通常会让听者产生自我防卫，并倾向于回应攻击——也许是同样带有伪装的侮辱："你又来了，你应该审视自己的错误，而不是损我。"双方如此不断地埋怨下去，矛盾很容易升级。

　　除了有效的"我"表述，"我们"信息也非常积极有效。使用"我们能不能……"和"让我们"这样的陈述句，父母中的一方可以让另一方参与解决共同的问题。"我们怎样才能达成一致呢？""让我们制订一个既适合我们自己，也适合我们孩子的计划吧。"

电子邮件和短信是简单、方便和及时的沟通方式，便于沟通日程安排和活动，要求见面，并在发生不可预见且不可避免的变化时提醒对方。电子通信有两大优势："发送"和"删除"键，这是其他沟通方式所不具备的。在我们感到生气或受伤时，在情绪激动的情况下，一个很容易犯的错误是冲动交流。电子邮件和短信为我们提供了一种理想的沟通方式，在信息发出之前可以对其进行审查，以确保信息清晰、礼貌和尊重他人。删除信息或者把信息存在"草稿箱"中，在相对冷静的时候进行审查，这些做法可以大大减少冲突。离婚的父母遵守电子邮件和短信礼仪的标准规则，对他们自己和孩子都有好处。

- 确保信息清晰。
- 遵守礼貌、尊重的规则：问候语中要提及对方的名字，结束语中要感谢对方对这件事的考虑。
- 长话短说。较长的信息更容易被误解或忽略。
- 避免使用加粗的文字来"吼叫"。
- 在发送邮件之前，从收件人的角度来阅读，或者让你信任的朋友读一遍。
- 想想如果你收到这条信息，你会是什么感受。
- 如有疑问，重写。

合作解决问题。你可能会发现，采用专业的做法来重建你们的关系是有帮助的，你也可能会因为使用规范的问题解决模型（就像许多组织所使用的）而受惠。

解决问题的过程依赖于双方以双赢的态度参与讨论，寻求一个能够让父母双方都满意的解决方案，最重要的是，这个方案能保护孩子的最大利益。这就要求父母双方都有自己的想法，但心中没有预先决定。如果双方都仔细倾听,并愿意妥协,那么结果往往比任何一方单独提出的解决方案都要好。如果每个人都认可、感激对方能够倾听或妥协,这会大有裨益。即使婚姻关系已经破裂,这样的表达也有助于建立牢固的养育关系。

在解决问题的过程中,无论何时,如果情绪失控,无法重新集中精力解决问题,那么最好将谈话推迟到另一个时间。在下一次见面之前,双方都要反思是什么导致讨论偏离了正轨,假如出现"热点"话题或行为,找到控制反应的方法,并制订策略让下一次谈判成功进行。

问题解决的过程

- 确定问题。
- 列出任何解决方案的商定标准——"必须要做的事"。
- 单独列出"希望做的事"或"想要做的事",但要认识到这些是比"必须要做的事"次要的事情。
- 对各种解决方案进行开放、创造性的头脑风暴,不加评论或批评。
- 根据商定标准,讨论每种方案的优缺点。考虑"想要做的事",但不要让这些掩盖了"必须要做的事"。创造性地思考,合并或修改选择。
- 就解决方案达成一致。
- 就如何运作方案完善细节。
- 把方案写在纸上,你们双方每人一份。
- 在一段合理的时间内试行该解决方案。
- 审查该方案并根据需要进行修改。

下面举一个例子,关于一对夫妇如何使用规范的问题解决过程,来处理涉及孩子的重要问题。布兰登是当地一位知名的工会领袖——性格急躁,其强硬的发言经常登上报纸头条。当他开始和一个漂亮的年轻女子(但不是他的妻子)一起出现在活动现场时,丑闻随之而来。他们在一起的照片登上了新闻媒体,在那个相对较小的社区里,流言四起,似乎没完没了。

他的妻子玛茜,曾经在他的政治斗争中一直支持他,此刻她感到丢脸、受伤和愤怒。她立刻提出离婚,自己和他们14岁的女儿艾琳一起搬到约130千米外的一个社区,她姐姐住在那里,在那里没有人知道或关注这个丑闻。

尽管有婚外情,但布兰登深爱着他的女儿,迫切想要继续参与她的生活。玛茜拒绝了他所有的探访请求,也不让艾琳和他一起住。就艾琳而言,她正为突然离开学校和朋友,以及失去滑稽、爱开玩笑的父亲而困扰,父亲总能让她开怀大笑,让她有被关爱的感觉。她看起来无精打采、沉默寡言,没有兴趣在新学校交朋友或参加学校乐队,而在以前的学校,她最热衷于此。

玛茜和她谈了又谈,解释为什么留在这里更好,并试图激发她的热情。她没有任何反应。最后,玛茜带艾琳去看心理医生,医生很快找到了艾琳行为改变的根源。医生帮助艾琳学会如何与母亲谈论她的失落感,以及她有多么想念她的父亲,也帮助她认识到,自己可以做些什么来更好地控制自己的生活,让自己更快乐。

然后心理医生告诉玛茜,她想和玛茜及布兰登一起坐下来谈谈,帮助他们找出并解决艾琳不快乐的根源。虽然这是一个非常痛苦的设想,但是玛茜和布兰登同意了,因为他们都非常关心艾琳。

在他们见面时,心理医生简要介绍了规范的问题解决过程所包含的各个步骤,然后指导他们按照这些步骤行事。第一步是确定问题,虽然此时他们很容易把问题归咎于对方,但医生坚持,他们只需就问题是什么达成一致即可。问题很简单:没有父亲的陪伴,艾琳就无法健康成长。所以他们一致同意的"必须要做的事"是，无论哪种方案，都要让父亲经常参与艾琳的生活。稍微高一级的"希望做的事"是，尽可能地面对面联系，而不仅仅是通过电话或电子邮件联系。他们一起头脑风暴，提出了很多想法：

- 艾琳可以每周来回，和父母各待一周；
- 她每个月可以和父亲共度两个周末；
- 布兰登和玛茜每周周中的时候在半路见面，这样艾琳就可以和她父亲共进晚餐；
- 艾琳可以与父母轮流度过假期；
- 艾琳可以整个暑假都和父亲在一起；
- 如果艾琳能被说服加入她新学校的乐队，布兰登不工作的时候就参加她所有的周末乐队活动；
- 父女俩每天晚上都可以通电话。

他们总共提出了大约20个想法。当布兰登提出第一个想法时，玛茜就准备反驳了。他怎么能想出让女儿每周和他们轮流过，她还在上学啊，天啊！她怎么能让艾琳和那个女人一起住在她父亲家里！为什么要让她开车，这都是他的错！但是每次玛茜发怒的时候，心理医生都会制止她，提醒她头脑风暴的规则：不要评判。只需激发更多的想法。

最后，带着一长串想法，他们开始制订日程表，作为养育计划的开始。布兰登每隔一个周末就会去看艾琳。当她所在乐队有演出时，他会去看她的表演，然后带她回家过周末。他会在周日开车送她回玛茜家，在半路的图书馆和她妈妈见面。当他们谈到日程安排的复杂性时，布兰登建议使用视频会议，这样他就可以在工作日见到艾琳。因为他们的家里都有电脑，所以这很容易，而且由于能看到对方的表情，父女俩能产生额外的亲密感。布兰登和玛茜写下了他们的计划，同意和艾琳讨论，并试用3个月。到时候，他们会问她觉得这个计划如何，同时从他们的角度来评估，看看他们还能做些什么让情况变得更好。

在这 3 个月结束之前，艾琳明显比以前快乐多了。她加入了乐队，交了一些新朋友。3 个月后进行检查时，他们讨论了哪些行之有效，哪些没什么用。艾琳说，有时候为了和父亲在一起，自己的周末生活被打乱了，她会不开心，但她太想念父亲了，所以决定坚持原来的计划。这种视频会议的效果很好，他们一致认为，如果艾琳真的有什么重大事情想在她的新家完成，而这周本应该去父亲家的话，父亲也可以灵活变通，他们可以通过电脑的长时间视频通话来代替见面。

在未来，当他们的生活发生变化时——尤其是艾琳的生活发生变化时，即使没有心理医生的帮助，他们也能运用这种问题解决过程。最后，布兰登发现，差点失去女儿的痛苦经历，以及解决这些问题的过程，让他变成了一个更敏感的父亲。他学会了专注于共有利益，避免不惜一切代价去保住一个职位。最后布兰登向艾琳和玛茜道歉，为他的婚外情给她们造成的痛苦而道歉。

照顾好自己

处理伴随离婚而来的情绪波动和不稳定感，重新协商养育孩子过程中的关系，为孩子提供优质的养育，这些都对父母提出了非同寻常的情感和精神要求。幸运的是，许多资源——财务、情感、身体和精神方面的——可以帮助你获得力量应对所有这些挑战。如果你的身心更健康，你就能更好地管理激动的情绪，减少矛盾。

让动荡的生活尽在掌握之中，对你的孩子也有重大好处。从他们的角度来看，健康、适应良好的父母，会让他们对生活产生安全感。正如航班服务员经常建议的那样，在帮助小孩或其他需要你帮助的人之前，请自己先戴上氧气面罩。如果你不这么做，你就不可能提供他人所需要的关键帮助。

财务方面的资源。几乎对于每一对离婚夫妇来说，分割财产、分别安家，以及支付离婚费用，都会涉及很多财务问题。此外，孩子的日常看护或者孩子在父母两个家庭之间的往返也可能会产生一些费用。

就像离婚的其他方面一样，人们本能的冲动可能是，用金钱来惩罚过错或是抚平创伤。在保护儿童的最大利益和最大限度地减少冲突方面，这两种心态都不太有效。

一些律师、调解人和合作性法律专业人士擅长帮助夫妻制订一个合理的财务计划。在其他情况下，聘请有经验的专业理财规划师可能会有帮助。在许多社区，可以通过非营利组织或政府机构低价购买甚至免费获得一些金融服务。除此以外，私立机构和金融服务公司中的专业人士可以提供相关的服务。由于这一领域在很大程度上是不受监管的，因此建议大家找一个经过大量培训和认证程序的注册金融理财师（Certified Financial Planner，CFP）或者在预算、税收和其他财务事项上有扎实基础的注册会计师（Certified Public Accountant，CPA）。一些银行和信用合作社有这样的员工，但是在把你未来的重要部分委托给他们之前，最好询问一下财务顾问的资历和经验。另外，在和你的律师打交道时，确保你的财务顾问能够理解并帮助你实现目标，最大限度地减少冲突，找到双方都能接受的解决方案，这一点很重要。

情感和社交方面的资源。对于许多人来说，大家庭成员是"最先做出反应的人"。父母、兄弟姐妹、祖父母、姨妈、叔叔、堂（表）兄弟姐妹——所有这些人都可能是最了解我们的人，他们的爱是不变的，而且不带任何偏见。对有些人来说，亲密的朋友扮演了这个角色。

然而，有时候，这些人可能太了解我们或者不够了解我们，可能会批评、评判我们，或者对我们盲目忠诚，以致无法提供客观的帮助。人们在言行谨慎、保持自信的能力和意愿上也存在很大差异。在选择谁来分享你最痛苦的感受时，重要的是判断出谁最能提供你所需要的帮助，以及谁可能会破坏这个过程。

许多祖父母和大家庭成员也可以为孩子提供重要的支持。每个孩子都需要有人珍惜他。祖父母通常能满足这种需要，只要他们能够控制自己对孩子另一位家长的愤怒和敌意。他们需要理解、遵循你的目标，保护孩子不受冲突的影响。

孩子所在的学校也是很重要的资源。除了作为孩子的"第二个家"，学校还可以为正在经历离婚的父母提供信息和资源。在很多情况下，这些方法有助于人们处理很多与你孩子的发展水平相似的儿童的问题。

互助小组和预防性干预项目也是人们处理情绪问题和学习新技能的优质资源。特别是当这些团体由心理健康专家领导时，他们可以为离婚的父母提供一种方式，让他们感觉不那么孤独，并学习其他人是如何处理类似的感受和问题的。这些小组通常与大学、心理健康诊所、教堂，有时也与学校和社区中心有关联。家长教育项目通常由社区机构和法院赞助，并能提供一些有价值的信息以减轻离婚对父母和孩子的压力。研究表明，互助小组对儿童和成年人都有多重好处，特别是有实证依据，还提供技能支持的小组。

在应对各种变化时，对我们所有人来说，心理治疗都是一种宝贵资源。如果你从来没有考虑过心理治疗，你现在可以把它当作一种途径，用来照顾自己，帮助你处理离婚过程中产生的强烈情感，应对不可避免的变化。有一点很重要，要小心谨慎地选择心理医生。除了许可证和专业证书，你可能会发现，与一个在处理离婚等问题方面有经验的心理医生一起工作是有帮助的，他愿意帮助你实现你的目标：感觉更好，照顾好自己，这样你才可能成为孩子最好的家长。

接下来举一个例子，来说明心理治疗是如何起作用的。克丽丝刚开始进行心理治疗的时候非常震惊，不敢相信自己20年的婚姻即将结束。她的丈夫沃伦刚刚告诉她，他不爱她了——而且已经有一段时间了。克丽丝一想到要完全靠自己，就非常恐惧，一想到她的世界即将崩塌，她就极度不安。此外，由于此前，所有家庭重大决定都是沃伦做的，包括财务、房屋维修维护，甚至旅行，一想到将来自己要处理这些事情，克丽丝就感到不知所措。

她在我们第一次见面时说："我都不知道该怎么熬过去。我该如何继续生活？我的整个成年生活完全以沃伦和孩子为中心。"她自己一个人过的第一轮假期马上就要到了，由于害怕和沮丧，她决定寻求帮助。她不知道自己该从何开始，每一次尝试都让她感到痛苦和恐惧。

"所有那些快乐的回忆，那些和家人在一起的美好时光——现在我开始怀疑它们是否真的存在过。也许我只是生活在某种快乐的幻想中。"她的第一个目标是重新找到自己的立足之地，想办法处理她所感受到的深深的伤害和失落。

通过几个月的治疗，我引导克丽丝审视她自己、她的生活、她的婚姻——以及在婚姻出问题的过程中，她起了什么作用。这是一项艰苦的工作，但令她惊讶的是，我们的共同努力也勾起了她的一些回忆和发现，这些回忆和发现带来了欢笑，最重要的是，让她产生了自我意识，能够自我欣赏。通过这个过程，克丽丝发现了自己所具有的力量和韧性，这是她以前从未意识到的。她的第一个重大的自我发现是，她有相当大的勇气——足以直面自己痛苦的情绪。当她以一种新的方式看待她自己和她的婚姻时，她也发现自己很聪明、善于分析、有洞察力，她还有一种不同寻常的能力，即使她曾被深深地伤害过，她仍然能保持客观公正。随着她开始理解、尊重自己的才华、技能，她的自信心也增强了，她开始愿意——有时甚至是渴望——去处理财务等问题，她以前觉得这都是令人生畏的事情。

在努力增强她的理解力的同时，我们也努力制订一些策略来处理一些实际问题，这些问题最初对她来说都是困扰。首先是如何处理她和沃伦的谈话，谈话内容涉及他们的两个十几岁的女儿。作为慈爱的父母，他们知道，特别是在青春期的这个关键时期，他们需要保持高质量的家庭教育，要针对女儿们的日程表、情绪、学业、活动、朋友和大学计划进行沟通。沃伦参与了几次我们的会谈，我们一起制订了一个计划，关于如何经常进行高效的沟通，还有一些可以让他们把关注点集中在孩子身上的技巧。

没有沃伦的假期让克丽丝很悲伤、焦虑，我们也很快处理好了。我们探讨了很多选择，当她接受了几个不错的选择时，她决定和女儿们开个家庭会议。沃伦计划假期去看望他的父母，并建议女儿们今年和母亲一起过圣诞节。克丽丝很感激地接受了他的提议。但与其在没有沃伦的情况下庆祝这个传统节日，她向女儿们建议，不如与过去彻底决裂，做一些完全不同的事情。她提供了几个选择，女儿们也想出了一些点子。最终，她们三个决定，去南部地区的一个志愿者安居项目帮忙。在那里她们不认识其他人，在圣诞节期间，她们会帮忙准备食物，在救济站为有需要的人提供食物。期待这样一个完全不同的假期，感觉有点奇怪，但随着她们深入了解更多细节，她们很渴望给这个有价值的项目帮忙，感受一些温暖和阳光，同时也学习一些东西。

刚开始的时候，我几乎全权主导克丽丝的治疗。但随着时间的推移，她开始自己应用一些治疗方法。我记得有一天她兴高采烈地来到我的办公室，告诉我她刚刚报名参加了一门课程。她一直在想，要做些什么才能让自己准备好进入职场，她已经53岁了，这是她第一次找工作。她选择这门课程，是为了重温很久以前在大学里学到的东西。

没有魔杖可以把克丽丝的烦恼带走，也没有办法抹去过去。但是治疗确实给了她结构化的方法和经验丰富的指导，帮助她解开情感和现实情况的症结，一次找到一种解决方案。心理治疗不是克丽丝唯一的资源。虔诚的信仰、一群给予她安慰和支持的可靠朋友使她更坚强。通过努力、勇气和坚韧，她得以治愈和成长，一步一个脚印地发觉自己的韧性。

现在有很多资源可以提供给像克丽丝这样的人，及其他处于过渡期的家庭。

身体方面的资源。身体健康的重要性是有据可查的，但当我们被与离婚有关的情感和物质问题——以及生活的日常需求——压得喘不过气来时，健康的习惯很容易付诸东流！锻炼已经被证明可以有效减少抑郁情绪，对整体的身心健康有多种益处。由于运动能释放内啡肽，从而改善情绪，因此将每日体育锻炼纳入你的日常生活并将其作为优先事项尤为重要。理想状态下，它应该是一项你喜欢的活动。有些人可能会独自在房间里练习瑜伽，以此来平复心情，而另一些人则会通过打篮球或者和朋友散步让自己放松下来。你可以参加严格意义上的"成年人"活动，你也可以和孩子一起参加活动——或者二者兼而有之。无论是哪种情况，保持身体健康，对你和孩子都有好处。它有助于改善你的自我感受，同时也为你的孩子树立了一个健康的榜样。

营养也是保持健康的重要组成部分。当情绪低落的时候，人们很容易沉溺于垃圾食品，但是适量地食用有助于身体健康。同样，通过酒精或药物来自我治疗、舒缓焦虑或麻木痛苦时，要小心。它可能会成为一种行为模式，严重损坏身心健康。与锻炼一样，在营养方面保持健康的习惯也会为你的孩子树立榜样。现在有很多免费资源，包括网站和当地图书馆提供的烹饪书籍，展示了烹饪健康美食的简单方法。如果说，因为时间限制而使得购物和烹饪成为一种负担，那么现在有许多健康的替代品可以代替比萨和快餐——熟食店提供的即食餐，甚至冷冻餐也可以提供营养均衡且美味的食物。孩子通常喜欢和父母一起计划、准备一顿饭或者做一份特别的食物这个过程。当你和孩子一起度过快乐的烹饪时光，然后享用你们一起做的令人满意的健康食物时，好处就变成双倍的了。

精神方面的资源。最近一项关于精神和心理健康的研究，对一些关于手术或重大疾病后身心恢复状况的已有研究进行了补充。这些研究表明，一个人的精神健康对他们的身体康复有积极影响。还有研究表明，精神因素本身——特别是祈祷和冥想——对男性和女性的身心康复都有积极影响。

对于有信仰的来访者，我鼓励他们去探索所有有意义的精神资源。如果他们积极参与精神实践，我鼓励他们继续下去，特别是在这个过渡时期。对于那些曾经有过精神方向，但近年来没有再积极追求的人来说，我鼓励他们重新探索让他们觉得有意义的机会。修行可以提供内在力量、希望及平静的源泉。一个精神团体也可以提供一个强大的同情、关怀、友谊和支持的网络。

宽恕是一种选择

我们很少听到宽恕对于治疗伤痛的作用，尤其是在涉及离婚的时候。然而，宽恕与更健康的身心状态有关，甚至还与离婚后更好的养育有关。在著作《宽恕是一种选择》（*Forgiveness Is a Choice*）中[13]，罗伯特·恩莱特（Robert Enright）医生向我们展示了，宽恕如何帮助那些深受伤害，深陷愤怒、沮丧和怨恨旋涡的人。他所描述的基于研究的项目发现，宽恕与减少焦虑和抑郁、增强自尊以及对未来充满希望有关。对离婚男女的研究发现，那些宽恕前任的人比那些选择不宽恕的人有更强的幸福感，更少的焦虑和抑郁。

另一项针对10—13岁儿童家长的研究显示，宽恕的好处还能延伸到对孩子的养育上[14]。值得注意的是，母亲越是宽恕她的前任，她就越不可能对孩子采用粗暴的管教方式。那些不能宽恕前任的母亲，似乎通过负面举动和粗暴管教把愤怒转移到了孩子身上。

在考虑要不要宽恕时，重要的是要明白，宽恕并不意味着忘记或容忍伤人的行为，也不是为痛苦辩护或否认痛苦，甚至和解。宽恕的过程实际上是开始于承认愤怒、伤害和怨恨，并认识到这些情绪如何影响你的健康和幸福。如果人们能认识到执着于怨恨、愤怒对自己是最有害的，人们就会做出宽恕的决定。佛陀在这个问题上有一句至理名言：

"执着于愤怒就像攥紧火炭意图扔向他人,自己却是那个最先被烧伤的人。"

宽恕的过程需要勇气去面对那些艰难而痛苦的努力,这是逃离怨恨、愤怒的情感牢笼所必需的。但是一旦实现了,宽恕就会带来快乐,让你带着一种全新的自由、毅力继续生活。

正如我的一个来访者简在痛苦的离婚后所说的:"我很难忘记所受到的伤害和曾经的义愤填膺。但是这让我很沮丧,也夺走了生活中的很多乐趣。宽恕与我的前夫无关,而是对我自己而言的,能让我再次掌控自己的生活。虽然他的所作所为是错误的,但我现在变得更坚强了。放下痛苦和怨恨让我得到解脱,这是我从未想过的。一直对过去耿耿于怀,只会让我一直停留在过去。放手能让我向前。"她的话语表明,宽恕是一种力量,而不是软弱,它具有怜悯和治愈的能力。

关于丽莎和马克的后记

我希望我能告诉你,如果你遵循本章的所有指导原则,你和前任的谈判就会顺利、没有痛苦,你们的合作式育儿关系将会成为教科书般的典范。但这是一种误导。当你深陷悲伤、愤怒、焦虑和内疚时,和前任谈判是离婚过程中最难的部分之一,这需要极大的自控力和情商。没有比马克和丽莎的故事更发人深省的了。

这对夫妇选择用合作法来达成离婚协议,因为他们都认识到诉诸法庭是有风险的,并且清楚地认识到共同为孩子的未来做计划是有好处的。但是这个过程并不是那么容易。一起谈判意味着见面,容易情绪激动。像许多不想离婚的配偶一样,马克的失落感很明显,他总是反对各种提议,抵制协议中的各项条款。丽莎对于结束婚姻感到内疚,但是像许多早就想从婚姻中解脱的伴侣一样,她希望尽快达成协议,然后继续生活。马克的抗拒愈演愈烈,脾气越来越暴躁。在一次极具争议的会谈中，丽莎举起双手说："也许我们只有在法庭上才能把这件事搞定——然后我们就再也不用和彼此说话了。"

我告诉他们，他们每个人都承受着巨大的悲痛，这是谈判、确认婚姻结束的过程中最艰难的部分。他们的婚姻结束了，但是他们还有3个年幼的孩子，未来还有很多年要一起养育孩子。即使他们想要解决问题，但是他们一起合作的能力会让他们产生矛盾的心情，有时候怀疑自己做的事情是否正确。

在和我单独会谈的时候，马克和丽莎都承认，对对方保持愤怒要容易得多。然而，他们也都认识到，用愤怒武装自己只是保护自己免受不良情绪影响的短期解决方案。虽然说起"法庭上见"很容易，但他们都知道对抗只会带来短暂的满足感，从长远来看有很多风险。值得赞扬的是，为了孩子的利益，马克和丽莎都没有放弃合作谈判的承诺。

现在他们每天按照合作式协议生活。遵守这个协议、共同分担养育子女的责任有时仍然是一种挑战，有时会让人感到筋疲力尽，但由于他们都做出了妥协，并最终达成了一个计划，他们就努力使之行之有效。随着生活的转变，他们不断克服自己的感受，不断协商、完善原来的养育计划。虽然他们还在适应过程中，但非常重要的是，他们的孩子得到了父母所能给予的最好养育，而没有陷于父母持续的冲突中。

对于马克和丽莎来说，长远的回报无疑会实现在3个健康的孩子身上，他们得益于父母对其生活的全面投入。他们的案例，即使过程很艰辛，仍然是一个令人鼓舞的例子，充满了希望和治愈。

注释

1. "What Grown-Ups Understand about Child Development: A National Benchmark Study," *Zero to Three* 21, no. 2 (2000): 56–60.
2. Judith S. Wallerstein and Sandra Blakeslee, *Second Chances: Men, Women and Children a Decade After Divorce* (New York: Ticknor & Fields, 1989); Judith S. Wallerstein, Julia M. Lewis, and Sandra Blakeslee, *The Unexpected Legacy of Divorce:*

The 25 Year Landmark Study (New York: Hyperion, 2000).

3. Heidi Beckman, Nathan Regier, and Judy Young, "Effect of Workplace Laughter Groups on Personal Efficacy Beliefs," *The Journal of Primary Prevention* 28, no. 2 (2007): 167–182.

4. 这张图表改编自 E. Wilson 和 J. McBride 最初研制的图表。经他们允许，我进行了修改，以反映当前的研究和实践。最初的版本见 E. Wilson and J. McBride, "Programs for High Conflict Separated/Divorced Parents: Lessons from the Front," presented at Pre-Institute, Addressing Needs of High Conflict Families, 4th International Congress on Parent Education, AFCC Kiawah, SC, November 2002.

5. Philip Michael Stahl, *Parenting After Divorce: A Guide to Resolving Conflicts and Meeting Your Children's Needs* (Atascadero, CA: Impact Publishers, 2000).

6. M. F. Whiteside and B. J. Becker, "Parental Factors and Young Children's Post Divorce Adjustment: A Meta-Analysis with Implications for Parenting Arrangements," *Journal of Family Psychology* 14 (2000): 5–26.

7. E. Mavis Hetherington and John Kelly, *For Better or for Worse: Divorce Reconsidered* (New York: W. W. Norton, 2002); E. E. Maccoby and R. H. Mnookin, *Dividing the Child: Social and Legal Dilemmas of Custody* (Cambridge, MA: Harvard University Press, 1992); Joan B. Kelly, "Children's Living Arrangements Following Separation and Divorce: Insights from Clinical and Empirical Research," *Family Process* 46 (2007): 35–52.

8. Evelyn Frazee, "Sensitizing Parent Education Programs to Domestic Violence Concerns: The Perspective of the New York State Parent Education Advisory Board," *Family Court Review* 43, no. 1 (2005): 124–135.

9. Susan L. Pollet and Melissa Lombreglia, "A nationwide survey of mandatory parent education," *Family Court Review* 46, no. 2 (2008): 375–394; Joan B. Kelly, "Children's Living Arrangements Following Separation and Divorce: Insights from Clinical and Empirical Research," *Family Process* 46 (2007): 35–52.

10. A.C.T.（帮助孩子度过过渡期）是一个针对儿童的家长教育项目。这个项目是由我、纽约州最高法院法官伊芙琳·弗雷齐（Evelyn Frazee）以及我在纽约州罗切斯特的同事们一起开发的。JoAnne Pedro-Carroll, Ellen Nakhnikian, and Guillermo Montes, "A.C.T. for the Children: Helping Parents Protect Their Children from the Toxic Effects of On-going Conflict in the Aftermath of Divorce," *Family Court Review* 39, no. 4 (2001): 377–392.

11. Pedro-Carroll and Frazee, 2001.

12. Bruce M. Patton, William L. Ury, and Roger Fisher, *Getting to Yes: Negotiating Agreement Without Giving In*, 2nd ed. (New York: Houghton Mifflin Harcourt, 1992).
13. Robert D. Enright, *Forgiveness Is a Choice: A Step-By-Step Process for Resolving Anger and Restoring Hope* (Washington, DC: American Psychological Association, 2001).
14. K. Ashelman, "Forgiveness as a Resiliency Factor in Divorced or Permanently Separated Families," Unpublished master's thesis, University of Wisconsin-Madison (1996).

第 6 章

❉

培养孩子的韧性

弗雷德里克·道格拉斯（Frederick Douglass）曾经说过："培养坚强的孩子比治愈心碎的成人要容易。"虽然，通常来说，这句话适用于大多数情况，但是培养坚强的孩子需要家长的关爱、权威型的关注，家长还要具备教导和养育技能，这是孩子情感健康的基础。

很多因素会影响儿童的韧性，也有很多因素关系到孩子是否终生都要与父母离婚带来的压力进行抗争，第 2 章概述了对这些因素进行的研究。尽管离婚带来的风险令人警醒，但我希望你们能够发现，我们现在拥有大量可靠、基于研究的知识，可以指导父母和其他人提高孩子的社交技能和情感健康，这才是最令人振奋、充满力量的。

这些知识是本章的重点。关于如何提高孩子的情商——以及韧性，本章给出了具体指导。一些外部资源能让儿童更坚强，我将会进行简要介绍。然而，影响儿童韧性发展的主要因素，是来自生活中关爱他们的成年人的支持，以及他们需要习得的重要情感技能，这些是本章重点关注的部分。

培养孩子韧性的外部资源

当父母分开后,孩子经历了物质生活和情感生活的变化,他们需要可信赖的人来帮助他们渡过难关。你可以帮助他们培养重要的生活技能,鼓励他们在需要的时候寻求帮助和支持。你可以通过多种方式让他们了解这一观念——通过以身作则,表达自己寻求帮助的意愿,鼓励孩子在需要帮助、鼓舞、合理的建议,或者只是倾听时,向可信赖的成年人求助。

在这些情况下,可信赖的成年人通常是祖父母和其他家庭成员、可信赖的家庭朋友和教师。他们可以成为善良、稳定和智慧的源泉。增进孩子与这些人的关系,可以帮助他们感到被爱,得到安慰,在他们感到困难的时候不那么孤独。那么在他们需要寻求帮助或支持时,他们早已经和这些所爱和信任的人建立了良好的关系。

然而,有时候,需要特殊的技能和知识才能有效解决孩子的困难。这时候,找到适当的专业资源来帮助孩子是很重要的。专门研究儿童和家庭问题的有执照的心理健康专业人员,通常可以帮助儿童把问题搞明白、纠正误解、培养技能——包括本章所述的一些技能,使他们能够应对生活中的重大变化,变得更有韧性。

除了个体治疗师,学校或社区的互助小组项目,如"离异家庭儿童干预项目",以及其他全国性的项目,对于帮助孩子培养技能、树立自信具有重大意义。这些项目通常由训练有素的心理健康专家指导,而且经常免费提供,可以在相对较短的时间内对孩子产生很大的影响。事实证明,在这些项目中习得的技能对儿童的幸福既有即时效用,也能产生持久的影响,而且当儿童发现其他人也在经历类似的家庭变化时,往往感到如释重负[1]。以前他们会试图隐藏自己的情绪,因为父母已经很痛苦了,现在,有时候他们能自在地表达自己的情绪。

培养儿童韧性的其他重要途径，包括学业和有益健康的活动。因为学校是孩子生活的重要组成部分，当家庭正在经历巨大的变化时，学校可能是他们感觉最正常的地方。这时候，学校可以成为孩子的重要依靠，但前提是他们必须积极参与其中。

你能做的最重要的事情之一，就是建立和保持这样一种期望，即学业是孩子最重要的工作，他们应该尽最大的努力，认真对待学业。这并不是让你给孩子施加压力，让他们出人头地，而是要确保他们把教育和学业放在首位。重要的日常事务包括确保他们按时完成家庭作业，帮助他们理解让他们感到困难的概念，或者找到其他可以帮助他们的人。如果可能，你可以和前任一起支持孩子参与学校活动——参加家长会和学校的活动——你们表现出一致的兴趣，强调学业的重要性，并使他们确信你们俩都会继续为他们的幸福而努力。

在离婚前后，经常和孩子的教师以及其他有能力支持孩子的人交流，比如学校的护士、辅导员、班主任，或者现在还和孩子很亲近的前任教师，这是很有帮助的。如果教师能了解孩子在家里所经历的变化，他们就能更好地观察孩子在学校行为的变化，这些变化可能预示着某些问题。

除了强调学业的重要性，你也可以鼓励孩子参与其他能够增进友谊、培养技能、提供支持的活动，从而提高他们的韧性。有些可能是课外活动——运动队、乐队或合唱团、童子军，或培养特殊才能的课程，让孩子与有共同兴趣的同龄人一起参加，或让他们接触到可以作为良师和正面榜样的成年领袖。培养他们自己的特长和社交网络有助于提高孩子的自信，并找到让孩子感到舒适、获得支持的资源。

积极的活动是儿童健康发展和韧性的基石。如果没有积极的关注点、不参与活动，那么孩子可能会更容易进行不健康或破坏性的活动。正如一个不被父母监管的十几岁的青少年对我说的："有些孩子在参加体育运动。而我在吸毒。"没有一个有责任心的父母希望孩子不参与健康的活动，而去干别的事。

你也可以找一些能让孩子和爸爸（或妈妈）一起参与的活动。有一些夏令营和其他团体活动专门为变化期的家庭而设计，将他们聚在一个充满社交和支持性的环境中。其他组织机构可能每周或每月为类似活动提供赞助。对于父母离婚前后的孩子来说，参与这些活动具有诸多益处。这些活动有助于孩子形成积极的自我概念，增强孩子对自己和家庭的认识。这样的经历也有助于减少他们的孤独感，不让他们觉得自己"怪异、与众不同"，特别是当他们能够自在地表达自己感受的时候。

如何帮助孩子发展有助培养韧性的关键情感技能

本章接下来的大部分内容都基于我 25 年以上的工作经验，包括开发、实施儿童预防性干预措施，以及对这些措施结果的研究。"离异家庭儿童干预项目"——或者有的学校称为"变化家庭小组（Changing Families Groups）"，旨在通过小组支持、与孩子健康适应相关的技能培训，减轻离婚对孩子的压力[2]。这个获奖项目已经从 4 所学校扩展到 500 多所学校，为美国、加拿大、德国、澳大利亚、新西兰、荷兰、塞浦路斯和南非的数千名儿童服务。"离异家庭儿童干预项目"的研究结果显示，通过提供支持和有效的技能，提高儿童应付家庭变化的能力，可以减少或预防儿童的适应问题，并培养他们的韧性。

在"离异家庭儿童干预项目"中，我们教会孩子一些掌握技能的策略，这些技能是情商的基础，也有助于提高他们的韧性[3]。自 1982 年启动以来，这个项目已经服务了两万多名儿童，我和同事进行了大量的对照研究，来评估它的影响。证据清楚地表明，这个项目所教授的技能和概念，在孩子健康适应家庭变化方面，在他们生活的所有重要部分——家庭、学校、家人和同伴关系，在他们对自己和家庭的感受方面，甚至在他们对自己的未来期待方面，都有着重要影响。

和许多儿童项目一样,"离异家庭儿童干预项目"采用小组支持的模式来满足儿童的需求。在实践过程中,我教过很多父母,让他们在离婚前后,对他们的孩子使用同样的概念和策略。

这里有一些技巧和策略,你可以用来提高孩子应对挑战的能力。这些技能将有助于他们有效地处理其他问题。

提升韧性和情商的技能 [4]

- 自我意识(以健康的方式识别、表达自己情绪的能力)
- 同理心(觉察他人的感受,对他人的感受敏感)
- 自我调节(能够预见到某种选择会产生什么样的结果、管理强烈的情绪和控制冲动的能力)
- 解决人际关系问题的能力
- 乐观(看到积极可能性的能力和思维习惯)
- 自我激励
- 热情和坚持
- 对未来充满希望

培养孩子对自己情绪的意识

正如第 1 章所述,培养识别、标注情绪的能力对于理解和管理情绪至关重要,你可以帮助孩子从很小的时候就学会这些,甚至在他们会说话之前就把话语转化成情绪。随着孩子的词汇、技能和游戏能力的发展,你可以利用绘画,故事,与木偶、玩偶或动物玩想象游戏,疗愈性叙事,以及其他类型的游戏来帮助孩子了解各种情绪以及健康表达情绪的方式。这里有一些方法,可以让孩子感受到学习情绪的乐趣,乐于参与其中。

摸情绪彩袋。许多孩子喜欢摸情绪彩袋的游戏，这种游戏能让他们识别各种情绪，通过意识到别人的非言语信号、对他人非言语信号保持敏感，来培养同理心。他们会学习到，并不是只有他们有这种感受——每个人都可能产生这种感受——而且人们对同一件事情的反应可能有所不同。他们会了解到，有些情绪让人感到舒服，有些则不然，而且他们所有的感受都是可以被接受的。此外，这个游戏还为父母提供了一个机会，帮助孩子了解情绪是可以改变的，当他们与困难的情绪做斗争时，有一些方法可以让他们平静下来。

- 在每张卡片或纸上写上一个单词的名字（对于年幼的孩子，你可以用图片）。这些单词是孩子能够理解的各种感受——包括让人感觉舒服的和不舒服的情绪——包括自你们分居或离婚以来，家庭中出现的各种感受：生气、愤怒、受伤、失望、痛苦、悲伤、沮丧、害怕、担心、羞愧、尴尬、内疚、失落、孤独、羞怯、不舒服、嫉妒、紧张、歉疚、关心、害羞、好、快乐、希望、惊讶、骄傲、兴奋、困惑、爱、安全、舒适、可笑、平静、发狂、放松、喜悦、被爱、解脱、满足、自信、安全、可爱，以及其他可能与孩子特别相关的感受。一定要包括像"可笑"这样的概念，这样你和孩子可以表演出来，一起大笑，表现"复杂的感觉"，以帮助他们了解，对于同一件事，可能会产生两种感受，这是正常的，也是可以接受的。例如，在两个家庭之间轮转的过程中，他们可能会同时感到悲伤和快乐——离开父母中的一方很悲伤，但见到另一方却很高兴。把这些感觉放到碗里或袋子里，然后混合一下。

- 每个孩子和家长轮流从碗里抽一张情绪卡，确保每个人都有机会抽取卡片。

- 抽取卡片的人默默地表演出卡片上写的感受，"观众"——可能只是你和你的一个或多个孩子——通过观察非言语线索来猜测卡片上表达的是什么感受。和年幼的孩子一起玩这个游戏时，成年人要先抽取，教他们如何夸张地表达感受。

- 然后每个人说说他们产生这种感受时的情况，或者描述别人可能有这种感受时的情况。从相对中性的例子开始，比如"即将到来的露营让我很兴奋"或者"我把钥匙锁在车里了，感到很沮丧"。随着游戏的进行，你可以处理更复杂的情况，但也可以通过有趣、夸张的感受表演，来平衡处理沉重情绪的过程。允许孩子选择谈论他们自己的情绪体验，也可以选择从别人的视角表述。例如，如果一个孩子画了"愤怒"卡片，但不想分享他感到愤怒的经历，你可以问，"是什么让你这个年纪的男孩产生这种感受的？"让他以一种不那么私人的方式谈论这种情绪。
- 对于年幼的孩子，你可以利用玩偶扮演一个富有同情心的角色，有时还有点滑稽可笑，带着共情、理解去回应，有时候也可以借助玩偶把痛苦的情感用语言表达出来，一般情况下可能很难从一个"真实"的人那里听到这些话。
- 对于痛苦的情绪，你可以让所有参与者谈论人们——或者玩偶角色——在这种情况下可以做些什么来让自己感觉好点儿。当孩子感到痛苦的时候，通常很难想出让自己感觉好点儿的方法，所以写下这些自我安慰技巧的清单，以备不时之需是很有帮助的。
- 这个游戏能玩多久取决于孩子投入其中的时间。谈论每种情绪的时间取决于孩子的年龄和他们的反应。让孩子掌握节奏是很有帮助的，并且对他们的暗示保持敏感，随时观察他们能够说多少话，特别是关于痛苦的情绪。理想的情况是，这个游戏会引导他们就各种话题——不仅仅是离婚——的感受展开充分讨论。

情感电报。如果孩子能通过艺术和文字向他们生命中最重要的人——他们的父母——表达自己的感情，这对他们大有裨益。你可以使用情感电报技巧，我们在儿童治疗小组中使用过这种方法。我们经常采用一种简单的形式来帮助孩子把一种感觉和一个特殊的事件或行为联系起来，但是他们也可以自己制作电报，只要表达他们的感受就行。你也可以为孩子制作你自己的电报，对他们的善良、合作行为表达你的爱意、骄傲和喜悦，或者感激之情。有些家长告诉我，他们开始收集电报信息，并且已经保存了很多年。

我的情感电报

收件人：<u>爸爸</u>
寄件人：<u>克里斯汀</u>

我的感受很重要。我可以告诉你我的感受。我也可以用一幅图片向你展示我的感受。我想跟你分享我的两点感受。

1. 当 <u>你给我盖被子</u> 的时候，我 <u>有被爱</u> 的感觉。

2. 当 <u>你和我一起玩游戏</u> 的时候，我感觉 <u>很特别</u>。

我的情感电报

收件人：<u>爸爸和妈妈</u>
寄件人：<u>杰西卡</u>

我的感受很重要。我可以告诉你我的感受。我也可以用一幅图片向你展示我的感受。我想跟你分享我的两点感受。

1. 当 <u>你们为了支票而争吵</u> 的时候，我 <u>有伤心</u> 的感觉。

2. 当 <u>你们给我盖被子</u> 的时候，我感觉 <u>很高兴</u>。

大一点儿的孩子和青少年可能不想公开谈论痛苦的感受。有时候他们更倾向于把这些情绪搁置一旁，把它们藏在"心灵抽屉"里，这样他们就可以专注于学业和活动。对他们来说，这是一个处理不愉快情绪的有效方法，并且可以让他们重新关注生活中其他重要的方面。如果你能察觉到他们的努力应对，就要调整一下策略，找到合适的时机来处理痛苦的话题。与大一点儿的孩子和青少年交谈，时机至关重要。相对于通过正式的面谈来解决问题，在长时间开车的过程中进行交谈会让青少年感觉更自然。注意自然的时机，避免说教，这样很容易让孩子谈论他们

的感受。

对于大一点儿的孩子，你可以通过很多方式帮助他们识别、表达感受。除了悠闲、轻描淡写地谈论书籍、电影和音乐中的情感外，你还可以鼓励他们通过艺术、文学创作、音乐、形意舞和其他创造性的方式来表达感受。这些方法具有治愈性，而且如果你们能够进行分享，还能加深你和孩子之间的理解。

文学创作。文学创作对于年轻人来说是一种赋能的方式，也可以作为理解、处理复杂情绪的治疗工具。10岁的克莉丝汀，在她父母因为离婚协议而争吵不休的几个月里，变得特别易怒、忧郁、孤僻。她写了一首关于离婚的诗，然后告诉互助小组的成员，她"不小心"把它落在了妈妈的梳妆台上！

离婚，
有时会从生气、恐惧、担心演变成愤怒之火，
这时候，爸爸妈妈千万
不要让自己烧为灰烬
带着生气、恐惧、担心。

幸运的是，克莉丝汀的母亲敏感地觉察到了女儿要传达的信息——不要让这些愤怒毁了我们的关系，把我们烧为灰烬。这首诗成为克莉丝汀和家人的一个重要转折点。她的父母都对她的诗表示了共鸣和理解。最重要的是，因为她帮助他们通过她的视角看到自己的行为，他们下定决心解决冲突，让他们的宝贝女儿免受其害。

写作也可以是一项家庭活动。在共同写作活动中，一个人描述一次经历——比如第一天上学——并表达其对这次经历的感受。然后下一个人写下对同一事件的经历和感受。一个类似的活动是，简单地在一张纸或家庭白板的顶部写下一个表达情绪的词，然后让家庭成员围绕这个词写一些内容，描述他们体验到这种情绪的时刻。比如"兴奋"这个词，

孩子可能会写或者画一幅万圣节或者他们生日的图画。这些活动可以帮助各个年龄段的儿童提高识别、表达各种情绪的能力，尤其是在家庭发生重大变化的时候。

家庭冰箱报纸：变化的时期。 由于离婚前后的生活发生了很多变化，家庭"报纸"可以成为一种有用的方式，鼓励孩子分享他们对生活中发生的事情的兴趣和感受。你可以把冰箱或者处于中心位置的公告牌作为家庭报纸的指定地点，用于张贴故事、诗歌和卡通，这份家庭报纸可以是日刊也可以是周刊。这些作品是你监测变化和感受的好方式，并且为你和作者谈论它们提供了机会。分享你和孩子都喜欢的卡通和有趣的故事，可以为你们的每日生活增添笑声。

日记。 如果有些感受不方便讨论，日记——既可以是个人的，也可以是父母与孩子之间的——可以成为识别、描述感受的另外一种方式。使用日记的方式有很多种。日记可以为表达各种感受和经历提供一种富有创造性的出口。

例如，一些家长发现和孩子共用一本日记或笔记本很有帮助，这样可以开辟一条途径，就各种各样的话题进行持续的交流，这些话题通常可能不会出现在日常谈话中。关于父母的新伴侣、对未来的担忧、朋友、性、忠诚信念，以及希望、梦想、愿望和成就感等，这些问题都可以通过书面交流加深沟通。

培养儿童感悟他人情绪的能力——共情的根源

共情是良好人际关系的情感基石。感同身受的反应是认可他人的感受，包括痛苦或愤怒，并表现出对他们的关心。共情的艺术是，我们要持续把关注点放在对方的感受上，不是忽视或者弱化他们的情绪，或者不再关注他们，而是思考我们该做出何种反应。在离婚前后，情绪在每个人的生活中都发挥着重要作用，理解和接受这些情绪，感受到他人的关心和关爱，可以促进疗愈的过程。

你可以培养孩子的共情能力，各个年龄段的孩子都需要。你可以在孩子小时候就开始教育他们，让他们通过观察、倾听、表达关心、询问他人感觉如何，从而了解别人的感受。

孩子可以通过观察别人的面部表情、手势和身体姿势，并通过用心倾听他们的语音、语调来学会分辨他人的感受。你可以教他们使用本章前面描述的一些识别情感的技巧，从而鼓励他们成为一个善于观察的人。它甚至可以变成一种游戏——无论何时何地，观察别人，在不被人听到的情况下谈论他们，让孩子尝试去理解别人的想法和感受，说说让你们得出那种推测的根据。

你可以鼓励孩子设身处地为他人着想，来帮助孩子提升共情能力。比如"如果你现在处于哥哥的境况，你会是什么感受？""如果发生在珍妮身上的事也发生在你身上，你会有什么感受？"通过这些问题帮助他们细心体会别人的感受。

你也可以鼓励孩子直接询问别人的感受，说出他们的观察。你可能经常这样说："你今天看起来有点伤心，伙计。你还好吗？"或者"多么灿烂的笑容！你看起来很高兴！"孩子可能需要指导和鼓励，才能开始这样细心地观察、询问他人。注意到他们的努力，并赞扬他们的善良，这能进一步促进类似的共情行为。

如果孩子体验过共情，或者观察到他们生活中重要的人，尤其是他们的父母，表达过共情，孩子就会慢慢学会共情。如果他们回到家，大声说："我讨厌这个愚蠢的背包！"一位善于观察的家长会说："听起来你有点不好受。跟我说说发生了什么……"这样的反应立即认可了孩子当时的感受，而且表明了你对这种感受的理解。这可能更容易让孩子把背包问题暂放一边，讨论更复杂的问题。"我厌倦了来回奔波，每次都要带着这些东西。我就是希望我们能像你们离婚前一样，住在同一所房子里。"

相反，如果你对背包问题做出的反应是"不行，你不能这样！""我们星期六才买的,这是你挑的。你说你喜欢这款!""我不喜欢听到你使用'讨厌'这个词",以及其他类似的反应都很容易脱口而出,却没有理解孩子此时此刻的感受。这样的批评并不能树立共情的榜样,也不能引起更深刻的对话,只会打消孩子的积极性,不愿多说。

通过注意父母和其他人表达他们对朋友或家庭成员的观察结果和支持——无论在顺境还是在逆境——孩子也能学会共情。"当你说起你和孩子在一起的时候,我从你的声音中听到了快乐。""听到你这么苦恼,我很难过。""你刚辛辛苦苦完成工作,电脑就死机了,这真是太让人沮丧了。"其他类似的表达方式也都表明了对他人情绪的理解和接受,以及对他们本人的关心。

孩子的感受可能与父母的感受有所不同,特别是在离婚及家庭变化的问题上。通常,需要和他们一起交谈,才能明白他们的感受与你的不同。虽然他们可能与你有不同的感受和观点,但是你理解并尊重他们的感受,而且你希望听到他们的感受,这些对他们来说是非常有帮助的。

教孩子以健康的方式管理强烈的情绪

心理学家使用"情绪调节"这个术语来描述控制冲动和有效管理强烈情绪的能力。掌握这一基本技能对于社交和情感健康以及人生中很多健康关系都至关重要。在极端的情况下,有些人不具备这项基本技能,会在强大的情感冲动下行动,这可能会导致灾难性和破坏性的行为,如人身攻击和其他因愤怒而导致的犯罪。

在父母离婚前后,孩子面临很多不想要、不可控的经历,而且很多是意想不到的会改变生活的经历。他们经常与强烈的情绪做斗争,而应对这些情绪可能是巨大的挑战——甚至会压垮他们,这一点也不奇怪。对于那些经历了无法控制的重大生活变化的孩子来说,学习调节自己的情绪尤为重要。通过学习一些策略应对令人心烦意乱的新现实,他们就更可能以健康的方式处理自己的强烈情绪。

管理强烈情绪最有效的方法之一是，花时间退一步，深呼吸，停下来，思考一下再做出反应。可以让孩子通过想象红绿灯来学习这种技巧。红灯表示强烈的情绪，以及在行动前"停下来想一想"的时间。

一旦能"停下来想一想"，孩子就可以学会用"我"信息来表达自己的感受，而不是去抨击别人。"我现在很生气"显然表达了强烈的感情，也没有人因此而受到伤害。相比之下，谩骂或者人身攻击只会使问题升级。在情绪激动的情况下，无论是成年人还是孩子，很难如此客观地处理，但是使用"停下来想一想"的技巧就有可能做到。当我们冒着以伤害或破坏性的方式表达愤怒的风险时，"直抒己见，不要含沙射影"这句话可以帮助我们记住使用"我"的信息。如果你们两人都做出榜样，并且教会孩子这些技能，孩子会受益匪浅的。

有一个例子，说明了一对父母如何帮助他们的女儿学会控制自己的强烈情绪。珍对妹妹大发雷霆，因为妹妹进她的房间拿走了她的东西。她还对父母的离婚感到愤怒，不管是有意还是无意，她已经开始把自己的失望和愤怒发泄到妹妹身上，她妹妹是一个"安全"的目标。对于她的父母来说，离婚让他们感到内疚，他们很容易忽视珍对妹妹粗暴无礼的言行。但是他们意识到，如果他们容忍珍形成这样的行为模式，即用敌意和伤人的方式来转移她的愤怒和沮丧，那么他们就是在害她。这种行为对各种关系都是有害的，如果继续下去，这种模式不仅会伤害珍和她妹妹的关系，还会危及她的友谊以及未来的亲密关系。

所以，虽然珍的父母理解她的失望，但对她的表达方式进行了约束。他们鼓励两个女儿用"我"起头的表述，比如说："我真的很生气，你没问我就拿走我的东西。如果你在'借'东西之前先问我，我会很感激的。"

在我们的儿童互助小组和其他有实证基础的儿童项目中[5]，我们对"热点"问题进行头脑风暴，并教会孩子一些技能，即想象当他们特别生气时该如何应对，然后用熟悉的表情符号对每个反应进行评分。

☺ 让情况好转。

☹ 让情况更糟糕。

😐 不确定该反应是否会产生影响，或者还需要更多的时间才能验证、解决问题。

在家里很方便玩这个游戏。在安静、愉快、心平气和的时候，你可以和孩子谈谈如何评估他们的反应，并做出一些选择，使情况变得更好。

教会孩子在做出反应之前先停下来，慢一点，思考一下，这个过程对大脑有积极的生理影响。这种行为模式能够让杏仁核冷静下来，并有助于激活前额叶皮层，这是大脑中控制推理和判断的区域。因此，这个过程强化了重要的神经通路，以便进行更理性的思考、解决问题、做出更合理的判断——这些关键技能将持续一生。

帮助孩子理解他们实际上能控制的问题：可以解决的问题和无法解决的问题[6]

尽管我们尽了最大的努力，但还是有些问题无法解决，因为有些情况已经超出我们的控制范围。匿名戒酒会（Alcoholics Anonymous）所采纳的宁静祷文的理念，也为孩子提供了有益指导。祷告者祈求，请让我们接受我们无法改变的事情，给我们勇气去改变我们能改变的事情，赐予我们智慧让我们分辨两者的区别。

特别是在离婚后，很重要的一点是，帮助孩子学会区分哪些问题是他们能控制的，哪些问题是他们控制不了的。对控制产生实事求是的认识能够帮助儿童在心理上不被父母冲突所扰，并将精力放在符合其年龄的活动上。这种理解也有助于孩子认识到，每个人都会遇到他们无法控制的问题——不仅仅是孩子，也不仅仅是父母正在离婚或已经离婚的孩子。即使他们的生活正在发生巨大的变化，这种认识也能让他们感觉不那么孤独，让他们专注于自己能掌控的生活方面。孩子就要过孩子的生活，而不是"小大人"，去解决不是他们造成的复杂问题。

无法解决的问题	可以解决的问题
• 爸爸妈妈离婚	• 告诉我的朋友发生了什么
• 他们婚姻中的问题	• 完成家庭作业
	• 交新朋友
	• 在学校表现良好

大量的研究证明能够放下无法控制的问题或情况有多么重要。关于习得性无助的研究表明，如果我们持续尝试去控制、改变完全超出我们控制范围的负面事件，到底会发生什么。无能、无效、挫败的感觉接踵而至，面临各种冲击可能会导致抑郁[7]。如果孩子觉得自己应该为父母的问题负责，并努力解决这些问题——这偏离了他们作为孩子的健康的发展需求，他们就会有产生这些感受的风险。

当孩子意识到他们无法控制生活中的某些重要方面时，他们可能会因为无法改变这种状况而感到沮丧、愤怒或悲伤。他们需要帮助，学习如何从无法解决的问题中解脱出来，重新分配精力，专注于自己能够控制的事情。

例如，6岁的杰克对父母的离婚感到非常不开心，并热切地希望他们能够复合。每当父母中的一方去另一方家里接他时，他总是磨磨蹭蹭地打包行李，希望这样能给父母一些时间来交谈。这种方式似乎不起作用，他尝试了另一个策略：他准时出现，带着灿烂的笑容，邀请他的父母坐下来和他聊聊。有一次他还请妈妈做了布朗尼，那是他爸爸的最爱，当爸爸来接他的时候，他隆重地把一盘布朗尼放在爸爸面前，说："看妈妈给你做了什么！"这些想法确实很有创意，但杰克认为他能解决父母之间的问题，他为此付出了相当大的代价。他在学校遇到了麻烦。他发现自己很难集中注意力，经常被送到校医室和辅导员办公室。杰克迫切需要帮助，让他意识到，他希望父母和解这个愿望，虽然可以理解，但是他所希望的结果远远超出了他的控制范围。一旦他认清这个现实，他就需要一些帮助学习如何从那些无法解决的问题中脱离出来，并重新将精力集中在他作为一个孩子所能控制的事情上。

在互助小组中，我们有一个活动，让孩子学会区分什么是他们可以控制的，什么是他们无法控制的，这个活动就是红灯-绿灯游戏，你可以和孩子在家里一起玩这个游戏。交通灯的比喻教导儿童和青少年停下来思考一个问题，然后判断这个问题是否在他们的控制范围内，能否解决。绿灯意味着可以继续前进并试图解决这个问题；黄灯意味着需要谨慎行事；红灯意味着停止，不要再继续了——这不是他们能解决的问题。

在这个游戏中，我们给互助小组的孩子呈现一个问题。如果觉得能解决问题就举起绿灯卡，解释为什么以及如何解决问题。如果觉得问题无法解决就举起红灯卡，列出他们的理由。这个过程通常会引发一场热烈的讨论，对于生活的各个方面，孩子会争论自己到底有多大的控制权。他们经常意识到，除了父母离婚或再婚的决定，他们可以控制生活的很多方面。他们可以决定如何回应父母的决策，他们可以在生活的其他方面做出选择。就像一个聪明的12岁孩子说的："当我父母离婚时，我无法控制他们的选择……但是我知道我现在可以选择快乐。"

教孩子如何安慰自己

处理情绪困扰的另一个重要技能是自我安慰的能力。父母也可以教孩子这套技能，就像他们教孩子"我"信息一样。

首先要积极倾听孩子的感受。听到他们说自己受伤了、生气了、担心了，或者想念另一位家长了，其实并不容易。但是，要帮助他们找到更有效的方法让他们感觉好点儿，倾听是第一步。下一步就是用共情来回应。做完这些，你可以教孩子一些基本技能来安抚自己。

帮助他们学会以积极的方式重塑自己的观点。认知行为疗法，已被证明在治疗焦虑的相关问题上非常有效，该疗法部分基于这样一个事实，即我们的感受很大程度上取决于我们对事物的看法。如果我们考虑最坏的可能结果，或者持续反复思考我们的担忧，焦虑就会增加。相反，如果我们能设法找到更积极的方式来思考这个情况，我们通常会感觉好点儿，就能更有效地应对，焦虑就会减少。孩子担心自己的生活会因为父母的离婚而发生改变，你可以帮助他们学习如何改变这些担忧和恐惧。

举个例子，下面介绍了马尔西如何帮助她 7 岁的儿子在困难时期重构观点。有一天晚上，德里克在睡觉前来找她，眼泪汪汪地说："我睡不着。我真的很想爸爸。我在想，如果我再也见不到他了怎么办？"他很悲伤，他把对爸爸的思念变成了极度的忧虑。

马尔西用理解和共情回应他。"哦，多么可怕的想法！"她说，"你很久没见到他了，你真的很想他。如果内心非常恐惧、心里不舒服，就像现在这样，你就会很难入睡。"

"但是你要记得，"她继续说，"你下周就要去爸爸家，我相信你们在一起会玩得很开心的。他要带你去钓鱼，我打赌你们还会顺便去和奶奶一起吃饼干。"在这个例子中，她帮助德里克专注于现实，即他很快就会见到他的爸爸，让他想象他和爸爸要一起做的事情，从而使其脑海中的这个现实情况更加生动真实。

专注于他们能控制的事情。你要告诉孩子，他们不能改变离婚的现实，这对他们有很大的帮助。但他们可以改变自己的思维方式，以及处理方式。一旦孩子学会识别不可控制的境况，他们就可以学会如何从那些无法解决的问题中解脱出来，并将精力转移到他们能够控制的方面，例如积极参与学业、活动，这些能促进他们成长、发展和健康。

帮助他们想办法缓解痛苦的感受。有时候，让孩子感到焦虑、困惑的情境在他们的头脑中会被放大。这时候，如果他们能够找到一些积极的方面，形势就不那么不利了。有时候，可以引导孩子从脑海中难以解决的问题中解脱出来，把它分解成易于处理的小问题，并制订一个计划，帮助他们减少焦虑、减轻痛苦。

继续上面的例子，在讨论完德里克和他爸爸可能会做什么快乐的事情后，马尔西又开始引导德里克如何在当下感觉好点儿。她说："不过现在，让我们想想，我们能做些什么来让你感觉好点儿，这样你就能睡个好觉。你认为什么会起作用呢？"她鼓励德里克提出自己的想法，并加入了她自己的一些想法。她建议他打电话给爸爸说晚安。他喜欢这个提议，打完电话之后，他说他想抱着他最喜欢的毛绒兔子，听一些他喜欢的歌。马尔西建议他们依偎在一起，一起读一本他最喜欢的书。

第二天，马尔西鼓励并帮助德里克列了一张清单，上面写着他觉得快乐、舒心、有趣的事情。他们把清单贴在他的桌子上，这样他需要提醒时，就可以随时查看，随时提醒他感受是可以改变的，他能够改变这些感受。她还鼓励德里克想想，他和爸爸一起做过的一些特别的事情。当她引导这个谈话过程时，马尔西也在帮助德里克，让他在面对重大困扰时扭转情绪，同时也教他将来如何安抚自己。

有很多资源可以帮助孩子，安抚他们的消极情绪。有些书是关于离婚的，包括一些儿童写给儿童的书。绘画、素描、与心爱的宠物玩耍、听音乐、做瑜伽、深呼吸、体育锻炼，这些都是帮助孩子扭转情绪、减轻压力的好方法。当孩子习得了这些技能，他们就能重新获得对生活的控制感，自信心也会提高。

用准确的理解取代有害的误解

正如贯穿本书的一点，帮助孩子对家庭变化产生符合其年龄的理解，这对于他们的良好适应是必不可少的。作为父母，这意味着你要帮助孩子，将其对离婚最坏的担忧与现实情况区分开。

例如，5岁的娜塔莉为她父母不幸的婚姻和激烈争吵后的离婚而感到自责，因为她经常尿床。当她晚上躺在床上的时候，她无意中听到了父母激烈的争吵。他们因为钱，因为房子，因为她在幼儿园的进步，因为她的磨蹭而吵架。娜塔莉在学校表现出退行，变得沮丧，昏昏欲睡，不想和朋友们玩耍。她甚至拒绝吃饭，说如果她不吃饭，家里就会省下更多的钱。她的误解变得如此根深蒂固，以致她希望自己从来没有出生过，认为没有她，她的家庭会更快乐，生活会更好。

对娜塔莉这样的孩子来说，在父母激烈的争吵中一遍又一遍地听到自己的名字，会让他们感觉自己应该对父母婚姻的终结负有责任，这也加剧了他们对被抛弃的恐惧。孩子迫切需要父母和其他成年看护人介入，向他们解释家庭矛盾的原因，这些解释要符合他们的理解能力。像娜塔莉这样5岁的孩子，需要一个简单明了的解释，让她能够理解。"这些都是爸爸妈妈之间的成人问题，不是你造成的。有时候你会听到自己的名字，你可能觉得争吵是针对你的。但是，我们的问题不是因为你。作为父母，解决问题是我们的职责，我们保证会用更好的方式来解决问题。你的工作是做一个小女孩，在幼儿园过得快乐，和朋友玩得开心，还有享受所有你喜欢做的事情。爸爸和妈妈意见最一致的一件事，就是我们都非常爱你。无论发生什么事，我们都会好好照顾你。"

这里的重点是，你可以教会孩子更有效地看待家庭问题。他们需要尽早并经常听到这样的信息：父母的婚姻问题不是他们导致的，他们也不能改变离婚的现状，但是他们可以通过思维方式、所做选择来改变自己的感受以及生活的方方面面。因为习得有效的应对技能而获得的满足感可以帮助他们培养乐观积极的思维——这是韧性的实质。

采用疗愈性故事来处理困难话题

疗愈性故事是一个没有威胁的参与性过程,你可以通过这种方法缓解孩子的担忧。你可以通过虚拟角色向正在苦恼的孩子展示有效的方法,想象一个场景,澄清误解,从无法解决的问题中解脱出来,学习如何解决问题,传授有效的应对方式,提供安慰。由于孩子在故事中扮演重要的角色,这个过程能够帮助他培养识别情绪、解决问题、安抚自己的能力,让他充满希望、乐观向上。

对于那些正在与难题做斗争的儿童,心理健康专家常使用疗愈性故事的方法。这种方法适用于3岁至小学初期的儿童。这项技术可以只用于一名成年人和一个孩子——加上虚拟人物——或者用于更大的群体。对于小孩来说,用木偶、他/她最喜欢的毛绒玩具或者洋娃娃作为道具来"扮演"主要角色,会很有帮助。

你需要虚构一个与孩子情况有关的故事的基本框架,然后和孩子一起完成这个故事。你在故事中要扮演两个角色——主要的虚拟人物和解说员。你的孩子通常扮演解释者或者帮助者的角色。这个故事是结构化的,主要虚拟人物谈论的问题与孩子正在经历的问题非常相似,故事表达了一些恐惧和担忧,这正是孩子可能隐藏起来的。

下面是一个使用疗愈性故事的例子。

海龟家庭的故事

家长(扮演旁白):有一天,一个叫特里的小海龟沿着泥滩缓慢地爬行——确切地说,比平时慢得多。她的朋友们注意到特里今天看起来很伤心。你觉得她为什么这么伤心?(给孩子一些时间,让他/她谈谈特里伤心的原因。)让我们问问特里为什么这么伤心。

家长（扮演特里），对孩子说：我刚刚发现我的乌龟爸爸和妈妈要离婚了。你知道那是什么意思吗？（这个问题提供了一个机会，让孩子明白离婚——或者——不离婚的含义，也让父母有机会澄清误解。）

家长（扮演旁白），对特里说：特里，我们知道你听到爸爸和妈妈离婚的消息很难过。你说得对，离婚意味着父母会分开，住在两个不同的家里。

家长（扮演特里）：是啊，他们要住在两所不同的房子里，我恐怕再也见不到他们了。

家长（扮演旁白），对特里说：多么可怕的想法！你怎么会这么想，特里？

家长（扮演特里）：因为他们不想再在一起了，恐怕他们也不想和我在一起了。因为……因为我从来不打扫房间，那本是我应该做到的，这让他们生对方的气，然后他们就开始吵架，现在他们要离婚了，这都是我的错。

家长（扮演旁白），对孩子说：哇！特里认为离婚是她的错！因为她听到她父母吵架，而且她没有打扫房间，所以她就觉得问题是她造成的。你觉得呢？你觉得是特里导致了她父母的离婚，还是只是在她看来似乎是这样？（给孩子一些时间，让他/她谈论可能出现的各种情况，以及特里在这种情况下可能产生的感受。）

家长（扮演旁白），对孩子说：有时候，事情看起来是这样的，但事实并非如此。特里很伤心，也很担心，因为她已经为不收拾房间感到内疚了，随后又听到父母争吵，她就以为他们是因为她而生对方的气。但离婚是成年人的问题，是父母之间的问题。这不是孩子造成的，也不是特里的错。

家长（扮演旁白），对特里说：特里，我知道，在你看来，你爸妈是因为你而吵架，但他们真正争吵的是别的事情——成年人的事情。离婚的时候经常是这样的。父母有他们无法解决的成人问题，但他们之间的问题不是你的错。把你的感受告诉他们，这是一个不错的主意。我百分之百确定，他们会告诉你我刚才跟你说的话。

家长（扮演特里）：好吧，我想我可以做到。

家长（扮演旁白），对孩子说：而且，我觉得特里需要好起来。你觉得呢？你能想办法让她现在好受点儿吗？（给孩子一些时间，让他/她想出一些点子，然后和特里分享。）

家长（扮演旁白），对特里说：这些主意听起来不错。你觉得呢，特里？有没有其他你特别喜欢做的事情，能让你好受点儿？

家长（扮演特里）：嗯，我真的很喜欢坐在池塘边的木头上晒太阳，那是专属于我的木头。有时候那里真是太美了。

家长（扮演旁白），对特里说：这听起来是一件很棒的事情——在一个阳光明媚的日子里，在户外一个安静的地方待着。我很高兴你有个特别的地方可以去。我知道这段时间对你来说很艰难，特里，但我也相信你会熬过去的，你一定能找到在两个家里分别和爸爸妈妈一起快乐生活的方式。

家长（扮演旁白），对孩子说：你能帮特里真是太好了。你给了她一些好主意，让她感觉好多了。你真是一个不错的朋友！我希望你能经常和你妈妈还有我聊天——特别是当你像特里一样感到悲伤、担心或者害怕的时候。你妈妈和我都很爱你，我们会一直照顾你。所以即使我们之间有解决不了的成人问题，我们将要离婚，就像特里的父母一样，你也不用担心会失去你在我们心中的特殊位置。

学习问题解决的过程

在我们的生活发生重大变化，让我们深感不安时，有时我们的第一本能是回避问题，以及与之相关的痛苦感受。我们可能希望，不去想它们就能让痛苦的感受消失。当然，有时把情绪暂时放一放是有帮助的，因为有时候孩子只能控制一小部分痛苦的情绪。但是研究已经证明，通过学习如何积极地解决他们的问题，培养有效的应对技能，包括解决问题和积极思考，能让孩子在社交、情感和学业方面都受益匪浅 [8]。

许多与情商相关的研究表明，有效的问题解决与儿童的社会、情感和心理健康以及他们的学业成绩直接相关。教会孩子如何思考问题，想出各种可能的解决方案，考虑每个选择的后果，并采用最佳方案来解决问题，这是重要的生活技能。解决问题的技巧可以应用于孩子生活中的各种情况，无论父母是否离婚。随着孩子越来越能够处理更广泛的情况和挑战，这些关键技能能帮助孩子树立自信心、提高自我效能感。使用这些技能可以激活、加强与前额叶皮层的神经连接，从而进行理性的思考和判断。

把问题解决的过程分解成以下5个步骤，有助于孩子学习这个过程。当你在自己的生活中示范这些步骤，解释说明你是如何做决定的，这时候，即使是幼儿也可以掌握这些概念。

问题解决的步骤

1. 对问题进行界定。
2. 形成备选方案。
3. 对每种方案进行评估。
4. 选择使用最优解。
5. 评估最优解的效果。

1. 对问题进行界定。很明显，第一步是识别、澄清和理解问题。但有时很难区分问题和与之相关的感受。比如，10岁的约翰抱怨说："住在两栋房子里真是太麻烦了。"这句话可以有不同的解释。有些家长可能会认为，这和另一名家长的负面情绪有关。但这句话也可能意味着很多其他的事情。这可能意味着孩子需要经常离开一位家长，感到情绪上的混乱。这可能意味着他在两个家庭往返时，会因为丢落东西而感到压力重重。这可能意味着他认为往返耗费了很多时间和精力，剥夺了他和朋友在一起的时间，或者他喜欢的活动。最有效的解决办法就是，确定约翰脑子里的问题到底是什么。

2. 形成多种备选方案。在这个过程中，开始时要让孩子尽可能多地想出各种办法，而不是一开始就去评估它们。把这些办法写下来，就不会被遗忘了。你可以在这个过程中指导孩子，帮助他们思考各种各样的潜在解决方案。有时候，孩子会冲动地提出一些解决方案，而父母马上就能意识到这些方案会产生负面后果。为了帮助孩子学习下一步，把这些方案都添加到列表中，不要做任何负面评论，这是很重要的。

在上面的例子中，如果约翰认为他的问题是担心可能会丢落东西，他的父母问他有多少种方法可以解决这个问题。他列举了很多，包括每天列一个清单，让他哥哥帮他管理物品，甚至包括在他父母家的每个后门都设计、安装一个机器人，为他提供所需的一切物品！

3. 考虑每个方案的后果。对潜在解决方案的评估包括对其结果进行预测。让孩子反复听到"停下来想一想"这句话，这可以帮助他们记得，先把他们可能感受到的情绪放在一边，想想如果他们选择这个方案会发生什么。你可以问他们一些问题来帮助他们，比如"如果你这么做会发生什么？这样会让事情变得更好，还是让事情变得更糟？"孩子可以使用 ☺ 或 ☹ 给每个选项打分。如果他们认为结果没什么用，就可以排除这个方案，继续评估其他选择。在这个步骤中，如果解决方案不像他们所期望的那样产生效果，要教会孩子对于即将要发生的事情做好预期和准备，这也是很有用的。

4. 采用最佳方案。当孩子考虑了每个方案可能产生的后果后，你可以鼓励、指导他们选择一个他们认为会有好结果的方案——☺最大的那个。这时候，思考如何进行接下来的步骤，才能让方案产生好的结果，往往是有帮助的。举个例子，如果你的孩子正在为去朋友的生日派对而发愁，因为那天她本来应该和爸爸在一起的，她决定最好的选择就是打电话给爸爸，如果她想好了和他说些什么，可能会对她有帮助。

5. 评估结果。如果解决方案行之有效，请指出孩子的成功，并祝贺他们！如果效果不是很好，帮他们找出原因。是否需要换一个解决方案，还是需要进一步澄清问题？有时需要多次尝试才能意识到，对问题最初的界定可能掩盖了真正的潜在问题。如果准确地界定了问题，那么孩子可以马上就想出另一个解决办法并尝试，或者想想将来出现类似情况时，该用哪种不同的办法。这两个合理的结果——"哇！成功了！"或者"看起来我需要尝试另一种解决方案"——都与失败感明显不同。

儿童通过教学和日常实践，学习解决问题的技巧。虽然有时候你自己解决问题比教孩子解决问题更快、更容易，但是，让孩子解决符合他们发展年龄的问题对他们有好处。通过体验解决问题的过程，他们获得了自信，也对自己的能力产生掌控感。

下面举两个例子，你可以通过鼓励孩子思考几个可能的解决方案，评估它们，并让他们判断哪种方案最有效，从而帮助他们学会解决问题。

第一个例子：你7岁的儿子从学校打电话回家，他因为忘了带午饭而心烦意乱。

你： "嗯。忘了带午饭，真是令人沮丧。我们有什么办法可以解决这个问题？"

杰夫： "你可以给我送午饭来。"

你： "有一个解决办法了。是一个好的开始。还有其他的办法吗？"

杰夫："也许我可以找人分我一些午饭。或者我可以问问校长，我能不能在餐厅吃午饭，明天付钱。"

你："很好！你有3个主意了。你觉得每个方案的效果如何？"

杰夫："如果我让你给我带午饭，你可能就太忙了。"

你："说得对。如果能有别的解决办法，我今天的生活会稍微轻松些。"

杰夫："大卫通常会带多余的食物，有时他会扔掉很多午餐。我打赌他会和我分享。"

你："听起来很可行。你和大卫相处得还好吗？"

杰夫："是的！课间我们总是一起玩。"

你："好的。如果你问他，他应该不会有意见。那么你的第三个选择呢？"

杰夫："我可以问问马歇尔女士，我是否可以买一份午餐，但我有点害怕。"

你："为什么呢，小伙子？"

杰夫："上周詹姆斯问她是否可以买一份午餐，她给他上了一堂关于责任心的课。"

你："詹姆斯经常在责任心方面出现问题吗？"

杰夫："是的。他总是丢三落四，所以总是惹麻烦。"

你："那么，也许马歇尔女士会生你的气，也许不会。这很难预测，是吗？"

杰夫："我想是这样。我觉得她不会生我的气，但我也不确定。"

你："你认为最好的解决办法是什么？"

杰夫："我想我会请大卫把他的三明治和水果分给我一半——他总是把水果扔掉。我可以去饮水机那儿弄点水。"

你："这听起来像是A计划。如果这个计划行不通，你觉得向马歇尔女士买午餐，会是 B 计划吗？"

杰夫："我想是的。"

你："我为你骄傲，儿子。你很好地解决了问题。今晚你可以告诉我事情进展得如何。"

第二个例子：你 13 岁的女儿本来周日要和她爸爸一起过，但一个朋友邀请她去看大联盟棒球赛。她是个投手，她很想去看球赛，但她不想伤害爸爸的感情。

你："我为你感到骄傲，因为你能敏感地体会到爸爸的感受——你真是太体贴了。现在……让我们想想，该如何解决这个难题。"

布里安娜："我想我可以不和特丽一起去看比赛，然后和爸爸一起在电视上看，如果电视上有这场比赛的直播。或者我可以跟爸爸解释，问他我们能不能在周六而不是周日见面。你不会介意的，对吧？"

你："我不介意。我知道比赛和见爸爸对你来说都很重要，我在周日比赛前后都可以见到你。你还能想到其他解决办法吗？"

布里安娜："也许如果我们给爸爸买票，特丽的爸爸妈妈会同意让我爸爸一起去。"

你："很好。还有别的办法吗？"

布里安娜："我想不出别的了。"

你："好吧，那么你觉得每种方案的结果会是什么样？"

布里安娜："如果我错过了现场比赛，而且电视上也没播出，那我就完全看不到了。我肯定会很郁闷，而且我可能不会跟爸爸好好相处——即使我尝试过。我觉得如果他没有安排，周六而不是周日见面也没问题。但如果特丽的父母能让爸爸也来，那就太好了。他和我一样热爱棒球——他们也是。而且，我觉得他们会喜欢对方的。我爸爸和特丽爸爸一样非常幽默。"

你： "听起来你很想让爸爸被邀请去看比赛。你要怎么做才能实现这个目标呢？"

布里安娜： "我这就打电话给特丽的爸爸妈妈……不，我最好先给爸爸打个电话，看他是否同意，然后再打给他们。如果他喜欢这个主意，我再打电话给他们。如果他说不行，我就问他是否愿意换个日子见面。我想我最好也问问他那个假设的问题——如果特丽的家人不同意，他还愿意把见面时间改到星期六吗？"

你： "你真的太擅长解决问题了！考虑得非常周全！去给爸爸打电话吧，然后你就知道下一步该怎么做了。"

但是有时候，问题产生于激烈的争论，这不是一个让孩子学习解决问题的时机。帮助他们学习这个过程的理想时机是在没有冲突的时候，大家都不着急的时候，也最好不要在情绪激动的情况下，那时候没有人能够理智地思考。这并不是说他们不需要策略来处理这些激动的时刻——他们需要。但是对他们来说，最好是先学会预料到各种情况，并准备好可以使用的各种解决方案。

让孩子知道，他们的父母本身也不是完美的人或者完美的问题解决者，他们就会减轻一些压力。坦诚这一点是有益的，尤其是当孩子把父母坚持不懈地解决问题作为好榜样时，即使结果并不总是如他们所愿。如果孩子看到我们没有放弃，看到我们吃一堑长一智，不断尝试，他们就会习得一个健康的模式，来应对生活中的挑战。

养成积极乐观的态度

培养各种韧性技巧，尤其是增强自信，就会产生希望，能够积极地展望未来，这种想法是合乎逻辑的。尽管培养这些能力确实有助于我们养成积极的态度，我们也可以不断练习发现积极面，从而影响我们的其他能力。

这并不是说，总是用快乐的想法或幻想来掩盖问题或痛苦情绪就是健康或有益的。更重要的是，要发现真正积极的方面，正如我们也要承认痛苦或困难的方面。掌握一项新技能，解决一个难题，朝着一个目标前进——所有这些成就都是值得注意和庆祝的。通过注意到并赞扬孩子的成就和努力，即使在非常困难的情况下也能找到亮点，在生活中为孩子树立这种行为榜样，当然还有，直接教导、鼓励孩子去发现真正的积极品质，通过这些帮助孩子形成积极的思维模式。

告诉孩子目前的状况，以及所有痛苦的感受都是一时的，这也能帮助孩子渡过父母离婚这道难关。你可以帮助他们想象一个更加积极的未来，鼓励他们充满希望，鼓励他们一定能渡过难关，期待更美好的明天。

下面的例子，是关于道格如何帮助 8 岁的女儿度过她妈妈离开后的那段艰难时期的。他知道莎莉非常悲伤，她每天都很想念妈妈。但他还是让她想想新的现实，让她想想希望 6 个月后的生活是怎样的。她能想象得到在新时期里和妈妈在一起的生活吗，每个周末花一点时间去不同的自然环境散步，采集树叶和野花——这些是她和她的生态学家妈妈都喜欢做的事情。她能想象得到自己和她的小猫，睡在她的天蓝色的卧室里吗，那是她和她妈妈专门为她刷的颜色？她能想象得到培养新的习惯，然后分别和爸爸妈妈都过上她喜欢的生活吗？"因为这一切都会发生，"他告诉她，"而且已经开始发生了。虽然生活和以前肯定会不一样，但美好时光总会到来的。"

有一天，道格叫莎莉打扮一下，他们准备去做一件不同寻常的事情。音乐剧《安妮》（Annie）正在镇上巡回演出，所以道格买了票，他先带莎莉去吃晚餐，然后去剧院。在回家的路上，他们说了很多话。安妮和她朋友们的生活确实很艰苦，但在沃巴克斯老爹进入她的生活之前，她就已经在充满希望地让自己的生活越来越好了。他们一遍又一遍地唱"明天太阳就会升起……"。他们后来还买了专辑。反复听、反复唱。

每当道格看出莎莉情绪低落的时候，他总是乐于倾听。"你想跟我说说吗？"他会问。如果她愿意，他就会放下手头的事，坐下来听。如果她拒绝了，他就会笑着说："没关系，孩子。就当帮我一个忙。想想你脑海里有什么，然后改变它，看看你能不能找到太阳出来的地方，把那个地方擦亮一点。"

在莎莉感到艰难时，道格也在度过自己的艰难时光。但他把自己的建议付诸实践。当他情绪低落的时候，会走进浴室，关上门，给自己一点时间去悲伤，有时还会洗个热水澡。然后他会看着镜子里的自己，提醒自己他要感恩的事情——尤其是莎莉出现在他的生命中。然后他就可以再次微笑。他把让自己心情好转的办法告诉莎莉了，现在他时不时地发现自己被锁在浴室外面，而莎莉则在浴室里练习让她心情好转的一套办法，最后走出来的时候面带微笑。

正如道格所期望的，在 6 个月的时间里，新的习惯开始形成。莎莉期待着与妈妈一起在大自然里散步，他们养成了一些新的生活习惯，这些习惯让她和她的父母，在满怀希望、疗愈伤痛的过程中更加亲密。

培养孩子的自信心

帮助孩子培养自信的方法之一，就是帮助他们发现自己的特殊才能，培养自己真正喜欢的兴趣。知道自己有一些独特的能力和成就，能让孩子有更多的理由自我感觉良好。这些技能可以为压力提供一个健康的出口，也提供了一种方式能让孩子练习控制自己的部分生活，这两方面都可以进一步帮助孩子了解自己的能力。

但是自信是多种因素的结果。总的来说，本章所介绍的所有技能，都有助于孩子培养真正的自我效能感——与他人产生共鸣、理解和管理自己的情绪、处理困难、了解他们能控制和不能控制的事情，以及有效地解决问题。

亚当的故事

几年前，我创建了一个互助小组，由10—12岁的孩子组成，他们对于父母的离婚产生了不同程度的适应问题。其中最具挑战性的成员之一是11岁的亚当。像许多同龄的孩子一样，亚当也面临着相似的处境，他非常生气、沮丧。他的头发像窗帘一样垂在眼前，他对此置之不理，只是砰的一声关上门，或者把椅子往墙上撞，对着我坏笑。他典型的表达方式就是大喊大叫。

在几周的时间里，这个小组里的成员不断培养解决问题的技巧，有效地管理愤怒情绪，用"我"信息进行沟通，我们还讨论了如何使用这些策略来改善他们的一些个人情况。大部分组员都很投入，对整个过程充满热情。每个人都有机会分享一个问题，然后小组成员一起提供帮助，如通过头脑风暴解决问题，通过角色扮演锻炼沟通技巧，制订行动计划来解决问题。然后，大家各自与真正的参与者"现场"检验他们的计划，并向小组报告计划的进展情况。每个人都急切地想要听到结果，热切期望充满了整个房间。

所有人都是这样，但是除了亚当。他装出一副虚张声势的样子，把冷漠、蔑视当作挡箭牌来保护自己的脆弱。他还爱捣乱，乱扔纸团，竭尽全力扰乱小组的节奏，让我的工作变得更加困难。亚当不太容易变成一个努力解决问题的人，他也不是一个乐观主义者，不太相信事情会变得更好。恰恰相反。

但是，我是个乐观主义者，特别是在接触像亚当这样的孩子的时候。我竭尽所能让他参与进来，而不是与他对抗。我看得出来，他真的很想加入我们。他从不缺席小组活动，而且总是早到。我和小组成员一起努力让亚当参与进来，而不是像其中一个孩子建议的那样"让他离开"。我的感觉是，亚当已经遭受了很多拒绝和失落，所以重要的是要找到一个方法，给他希望，让他与大家建立联系。

在小组里，有两个孩了很早就和亚当成了朋友，他们鼓励亚当分享一个他们可以帮助他解决的问题。亚当很固执："不可能！在我妈妈面前，什么都不管用。她是最高指挥官。我不想再浪费口舌。"通过进一步鼓励，我们让他确定了一件"有点困扰"他的事情，他坚称这"真的没什么大不了"。

那是5月下旬，快到父亲节的时候。亚当的爸爸住在美国另一个州，亚当很想在父亲节见到他。"我有点想在父亲节那天去看我爸爸，但是我妈妈说这不是我的周末——无论如何都不行。女王大人已经发话了！"那是亚当第一次向大家敞开心扉。

我们听着他描述他与妈妈的频繁争吵，以及他与爸爸时断时续的联系。当时太愤怒了，以致亚当怀疑他的父母是否知道他爱他们。在亚当愤怒的背后隐藏着悲伤和失落，这个孩子成长得太快，经历了太多的变化和失落。尽管他试图掩饰自己的感情，但很明显，他想要的也是所有孩子都想要的——他爱父母，父母也都爱他。

我们开始集思广益，帮亚当想解决问题的办法。我们和他都不知道，这是一个可以解决的问题，还是一个他无法控制的问题。在同龄人的支持下，他明白，除非自己去尝试，否则永远不知道问题能否解决。有了这个勇敢的决定，互助小组重新振作起来，帮助亚当掌握所有的技能，使他能够以一种新的方式对待他的妈妈。首先，亚当要控制自己的冲动、大喊大叫或者摔门，找到一种更有效的沟通方式。然后我们鼓励他承认，在过去，他说了一些他不想说的话，并且为此道歉。然后我们帮助亚当练习，如何以平静、尊重的方式，提出他的需求。他没有攻击、责备或者提要求，而是学会了使用"我"信息。

我们轮流扮演不同角色来练习这些技能，有时候我扮演亚当，他扮演他妈妈。所以他有机会向我展示他妈妈有多"刻薄"，而我的任务，作为亚当的角色，就是保持冷静，记得深呼吸，坚持使用新的解决问题的方法。他体验了说出这句话是什么感觉："妈妈，我想和你谈谈重要的事情，现在方便吗？"

互助小组对各种解决方案都给予了鼓励和诚实的反馈。他们都在努力寻找各种解决方案。亚当甚至在口袋里放了一张小纸条，提醒自己使用新技能。几次训练之后，亚当准备周末在家里尝试他的计划。

当下一个周一他回到小组的时候，有了明显的变化。他像往常一样很早就到了，但是他把衬衫塞进了裤子里，头发不再遮挡眼睛，甚至还露出了笑容，取代了那种熟悉的坏笑。他看上去更快乐、更自信——更像一个孩子，而不是他一直试图表现出来的那种假装成强硬的成年人的样子。

我们迫不及待地问他进展如何，他竖起了大拇指。我们所有人都急切地想知道所有细节，亚当很自豪地告诉了我们。他使用了很多我们角色扮演时所练习的沟通和解决问题的步骤，并且在整个过程中始终保持尊重。当他问他妈妈是否有时间聊聊时，她措手不及，问他："怎么了？"亚当回答说："我承认，有时候我真的很生你的气，说了一些很糟糕的话，但我并不是真的那么想的。我想让你知道我爱你。在母亲节那天，能和你在一起对我来说很重要。但我也爱爸爸，和他一起过父亲节对我来说也很重要。我希望我们能一起努力，我希望你能帮我找到解决这个问题的办法。这对我意义重大，妈妈。"亚当的妈妈一开始的时候对于儿子的态度变化感到震惊——然后非常高兴，深深感动，很想帮助他和父亲在一起。

当亚当描述事情的经过时，这个互助小组产生了明显的变化。我们全神贯注地听着，当亚当宣布妈妈同意联系爸爸，解决了问题的时候，学生们欢呼起来。

亚当在父亲节那天见到了爸爸——也正因为如此，在父亲节之后，他和爸爸的联系更频繁了。他甚至向他的妈妈以及我们所有人表达了感激之情："感谢你们一直支持着我。"亚当的成功让孩子们共享了一种胜利的感觉，他们也通过共同努力，收获了能力和信心。

即使这些孩子无法改变离婚的现实，但是他们现在知道如何做出更好的选择，并控制他们生活的某些方面。新技能有助于他们对生活和未来产生更加积极乐观的态度。当然，亚当和所有孩子都会面临其他的挑战和挫折，但有了这些技能，他们会更加自信，更有能力，更能随机应变，韧性更强。

虽然亚当是在治疗小组的帮助下解决了问题、习得了新的技能，但是他所学到的技能以及学习方式，都可以为你和你的孩子所用。给孩子一些空间和鼓励，即使孩子叛逆，帮助他学会发现并清晰地界定问题，培养策略和技能，并支持他勇于使用这些策略和技能，最终称赞他的成功，这些都是你可以采取的做法。正如亚当的故事所揭示的那样，让一个情感负担过重的孩子愿意敞开心扉并学习新方法，往往需要时间和耐心。但结果往往也是值得的。孩子不但可以解决眼前的问题，还可以学习到一系列技能，增强韧性，让他拥有受益终身的重要工具。

我讲述亚当的故事，写下这一章时，坚信教会孩子这些技能，会对他们产生很大的影响。这些原则是基于多年来对不同年龄和背景的儿童进行的大量研究。多年来，我在互助小组和临床实践中看到的数千个例子已经充分证明，这些原则能对儿童的生活产生直接且持久的影响。我相信，这些原则也可以对你的孩子产生同样的影响。

注释

1. JoAnne L. Pedro-Carroll, "Fostering resilience in the aftermath of divorce: The role

of evidence-based programs for children," *Family Court Review* 43 (2005), 52–64; JoAnne L. Pedro-Carroll, Sara E. Sutton, and Peter A. Wyman, "A two year follow-up evaluation of a preventive intervention program for young children of divorce," *School Psychology Review* 28 (1999), 467–476; JoAnne Pedro-Carroll and Sheryl. H. Jones, "A Preventive Play Intervention to Foster Children's Resilience in the Aftermath of Divorce," in L. A. Reddy, C. E. Schaeffer, and T. M. Hall, eds., *Empirically Based Play Interventions for Children* (Washington, DC: American Psychological Association, 2005); Stolberg and Garrison, 1985; Arnold Stolberg and J. Mahler, "Enhancing Treatment Gains in a School-Based Intervention for Children of Divorce Through Skill Training, Parental Involvement, and Transfer Procedures," *Journal of Consulting and Clinical Psychology* 62 (1994): 147–156; R. L. Fischer, "Children in Changing Families: Results of a Pilot Study of a Program for Children of Separation and Divorce," *Family and Conciliation Courts Review* 37 (1999): 240–245.

2. 在此特别感谢我的同事 Drs. Linda Alpert-Gillis, Sharon Sterling, Sara Sutton, and Aaron Black，他们为不同年龄的 CODIP 计划的开发做出了卓越贡献。更多关于 CODIP 的信息，请联系 Children's Institute, Rochester, New York.

3. JoAnne Pedro-Carroll and Sheryl. H. Jones, "A Preventive Play Intervention to Foster Children's Resilience in the Aftermath of Divorce," in L. A. Reddy, C. E. Schaeffer, and T. M. Hall, eds., *Empirically Based Play Interventions for Children* (Washington, DC: American Psychological Association, 2005).

4. Daniel Goleman, *Emotional Intelligence: Why It Can Matter More Than IQ* (New York: Bloomsbury, 1995).

5. 特别感谢 Dr. Arnold Stolberg 及其同事关于离婚适应计划所做的开创性工作，为我的博士论文和 CODIP 的早期开发工作提供了一个模型。见 Arnold. L. Stolberg and Kathleen M. Garrison, "Evaluating a Primary Prevention Program for Children of Divorce: The Divorce Adjustment Project," *American Journal of Community Psychology* 13 (1985): 111–124.

6. Judith S. Wallerstein, "Children of Divorce: Stress and Developmental Tasks," in Norman Garmezy and M. Rutter, eds., *Stress, Coping and Development in Children* (New York: McGraw-Hill, 1983): 265–302.

7. L. Y. Abrahamson, M. E. P. Seligman, and J. D. Teasdale, "Learned Helplessness in Humans: Critique and Reformulation," *Journal of Abnormal Psychology* 87 (1978): 49–74.

8. Irwin N. Sandler, J. Y. Tein, P. Mehta, Sharlene A. Wolchik, and T. Ayers, "Perceived

Coping Efficacy and Psychological Problems of Children of Divorce," *Child Development* 74, no. 4 (2000): 1097–1118; I. N. Sandler, J. Y. Tein, and S. G. West, "Coping, Stress and Psychological Symptoms of Children of Divorce: A Cross Sectional and Longitudinal Study," *Child Development* 65 (1994): 1744–1763; Sharon E. Sterling, "School-Based Intervention Program for Early Latency-Aged Children of Divorce," unpublished Ph.D. dissertation, University of Rochester, 1986.

第 7 章

离婚过程中的高情商养育

虽然每个家庭的情况都是独一无二的,但是有很多方法可以帮助你的孩子度过离婚前后的困难时期。通过对大量家庭的研究,我们发现,父母的行为和习惯有助于建立健康的家庭关系;这些相同的育儿行为和习惯同样能帮助孩子在父母离婚后适应良好。

来自父母双方的高质量养育被证明是孩子——包括父母离异的孩子——韧性的一个来源。这种养育方式发生在无数的日常小互动中,也发生在危机或重大决定的时刻。经常而有效地沟通、积极地倾听、富有同情心地回应、尊重地处理冲突、积极正面地管教、对行为提出明确的期望、对反映了正确价值观的努力和行为给予肯定,这些都是日常高质量养育的一部分。最重要的是,反复告诉孩子们,他们被深爱着,并用肢体语言强化这些话语,对孩子会产生巨大的影响。这些育儿方法为我们能够一起渡过难关奠定了基础。当这样的养育成为习惯,结果通常会建立坚固且喜人的亲子关系,也能提升孩子的幸福。

本章提供了有关积极育儿方法的研究信息,然后就如何在离婚前后提供高情商育儿方法提供清晰、实用的建议。如果父母双方都同意采用这些做法，那是最理想的，但即使只有父母一方这样做，你的孩子也会受益。

"高质量养育"如何保护孩子

研究人员认为"高质量养育"或者"权威型教养"的特征包括：情感支持与关怀，有效的管教，远离父母之间持续的冲突。高质量养育是父母结婚后孩子适应状况的最佳预测因素之一[1]，离婚后这一因素即使没有变得更重要，也同样重要。充满爱、权威型的教养方式与孩子的学业成就、管理自己行为的能力、减少情感困扰事件以及提高长期幸福感密切相关。无论是已婚家庭还是离异家庭，在养育健康孩子的过程中，良好的养育方法都要在这两个基本要素之间取得平衡：爱和限制。

基于养育的这两个核心要素，儿童发展研究人员通常将不同的教养方式归为四类：权威型、专制型、溺爱型和忽视型[2]。

- **权威型**（高质量）教养方式包括温情、情感支持、有效管教，对孩子抱有符合其年龄的期望。这与孩子——包括那些父母离婚的孩子——的很多积极成就密切相关。
- **专制型**教养方式是死板的，虽然纪律严明，但是没有温情和情感支持。专制型教养方式下的孩子在早期倾向于顺从，但在青春期可能会因为童年时期受到严格控制而叛逆。
- **溺爱型**教养方式给孩子很多自由，但缺乏纪律、明确的规则和限制。如果孩子了解规则，知道别人对他们的期待是什么，他们就会需要，也想要限制，也会更有安全感。在纪律松懈的环境下长大的孩子容易冲动，不太了解也不能尊重他人的界限和需求。
- **忽视型**的父母不为子女提供养育或设定限制，其子女受到的伤害最大，而且往往是那些问题最严重的不幸儿童。

高质量养育与亲子之间更健康的关系相关。在所有与离婚相关的风险因素中，父母与子女关系的破裂似乎最有可能对子女产生长期负面影响。

不幸的是，即使离婚的父母仍然是他们孩子生活的一部分，但许多人并没有建立牢固、积极的亲子关系，这对孩子的成长和发展非常重要。目前的研究表明，父母和孩子之间脆弱的情感纽带常常会导致各种长期的负面后果，包括成年后更多的心理困扰、更不幸福、生活更不满意、更多的焦虑和抑郁症状、对生活的个人控制感降低，更多地使用心理健康服务[3]。情绪问题最严重的孩子是那些父母双方养育质量不高还经常吵架的孩子——他们的心理健康面临着三重威胁[4]。

有时候，很多事情似乎超出你的控制，但是你要记住，你自己的育儿行为会对孩子产生很大影响，这是非常重要的，即使你的前任不同意你的观点，或者不能有效地管教孩子。通过学习如何专注于你能控制的领域，并采用本章描述的许多做法，你可以与孩子建立牢固、积极的关系，并帮助他们成长为自信满满的成年人。

杰西卡——可喜的进展

导言中描述过杰西卡的故事，由于父母的努力，杰西卡有了更好的结果。得到杰西卡的允许后，我给她父母看了她画的"痛苦的脸"，也告诉了他们她的描述，"自从他们分开后，所有的美好都消失了，他们以前晚上会抱抱我。"

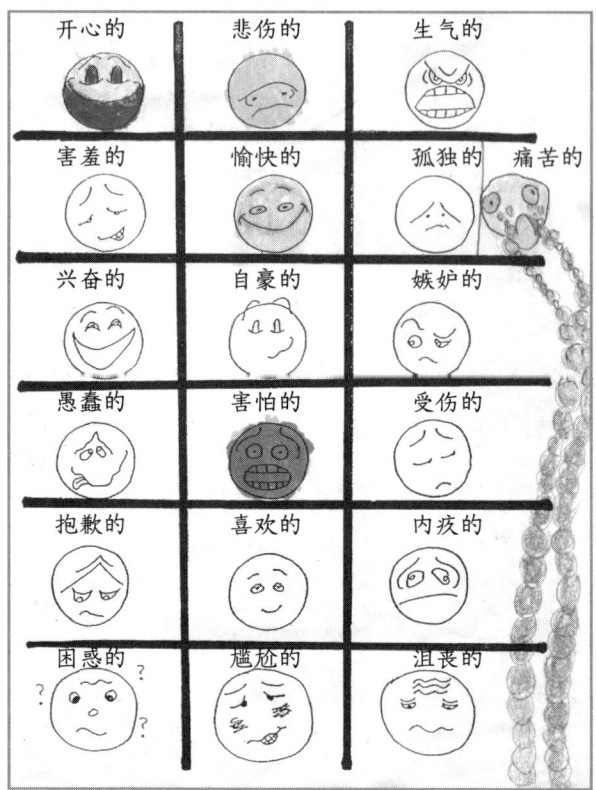

一开始,保罗和卡罗尔都很沉默,他们都没想到女儿如此悲伤。卡罗尔先开口说话:"我从没意识到她在偷听我的电话。我以为她已经睡着了,我确实需要点时间和朋友聊聊。保罗对这一切都没意见,因为这正是他想要的。"

保罗立刻为自己辩护,辩解自己提出离婚的理由。即使他们正在努力关注杰西卡的需求,但他们还是很容易回到过去那种破坏性的沟通模式。我指着我们旁边小椅子上杰西卡的照片,提醒他们,她非常需要他们照顾她,这样"美好"才能重新回到她的生活中。

卡罗尔和保罗非常真诚地问:"我们现在该怎么做?"无论是独自还是一起,他们同心协力,都可以努力改变彼此之间的互动模式,以及与杰西卡还有她妹妹的互动模式。

卡罗尔过去一直忙于全职工作,每周有3~4天的时间照顾女儿。

她不在办公室的时候，也经常上网或者查看信息。她开始意识到，"忙碌"是自己回避痛苦情绪的一种方式，也削弱了自己成为一个好母亲的强烈愿望。看了杰西卡的画，听到她的另一个女儿问，她什么时候可以被列入卡罗尔的日程表。卡罗尔决定要多陪陪女儿。当孩子们和她在一起的时候，她不再和朋友长时间通电话，她会等到她们上床后才上线工作。她开始召开简短的家庭会议，和孩子们谈论事情的进展，为下一周以及未来制订计划，讨论问题，一起解决问题。当孩子们的吵闹失去控制，发生肢体冲突时，卡罗尔不再置之不理或者冲她们大声吼叫，而是建立了清晰、一致的规则，明确后果。通过培训，她发起了一项她称之为"让她们变好的运动"，并且在她们分享玩具、自己解决问题，以及努力帮忙做家务的时候称赞她们。

保罗也在开始他的家里做出改变。他尽量把工作留在办公室，除了日常的学校作业和课外活动，他问孩子们和他在一起的时候还喜欢做什么。他们养成了一个深受喜爱的习惯，一起做他们最喜欢的晚餐，周末一起去游泳和打篮球。父母双方就孩子看电视的时间和就寝时间达成一致，并履行自己的责任。

此外，父母双方都认识到与每个孩子创造更多一对一时间的重要性。我们一起修改了他们的养育计划，让每个孩子每周除了有和父母在一起的时间外，还有一些和父母分别"单独"相处的时间。同样重要的是，父母双方都承诺，不会向对方发泄他们对彼此的愤怒和敌意——即使他们认为孩子们已经睡着了或者无法听到他们的言论时。由于杰西卡能够表达自己的痛苦，并且她的父母愿意倾听，父母双方都小心翼翼地维护着她的就寝习惯，以及晚上宝贵的"亲密时间"。

卡罗尔和保罗也意识到，有必要和孩子们进行更好的沟通。因为杰西卡更喜欢通过写作和绘画，而不是通过交谈来表达自己的想法，我们制订了一个计划，让他们与杰西卡和她妹妹能够频繁地、亲切地交流。他们为每个女儿制作了一个共享日记，她们可以在上面画画，写任何内容，也可以提问题。卡罗尔和保罗都会回复，回答问题，表达自己的想法，温和地提出他们自己的问题。这些日记变成了一种安全有效的交流方式，特别是因为孩子们在父母双方的家里都能使用它们。

没过多久，杰西卡的画就开始反映出更多的安全感和幸福感，她的成绩提高了，她的笑容也更多了。我越来越敬佩这个家庭。因为他们对孩子深切的关爱和关心超越了他们生活中的所有问题，而且由于他们选择学习新的育儿技巧，并且即使在困难时期也坚持运用这些技巧，父母双方都与孩子们建立了良好的关系。结果，杰西卡和她的妹妹现在已经成长为充满自信的青少年，有很多好朋友，是乐观主义者，对未来有积极的计划，并且确信他们的父母会一直爱她们，会一直在他们的生活中。

提高儿童幸福感的 10 个高情商养育方法

如今，关于如何抚养孩子，你可能会被各种各样的建议所淹没，其中很多建议让人感到困惑。新的流行方式经常出现，父母经常得到一些提议，有人承诺遵守这些提议就能提高孩子的自尊，让他们的孩子更聪明、更快乐、更有礼貌，或者使他们在大学和未来生活中更成功。很多时候，这些建议都没有涉及父母和孩子之间的根本关系，而这种关系是孩子成长的重要基础。

研究和临床经验表明，使用这些高情商养育方法不仅能帮助孩子应对家庭变化，而且从长远来看还能促进他们茁壮成长。

抽时间，挤时间。在许多家庭——包括未离婚的家庭——即使是最尽职尽责的养育，也会受限于父母和子女的忙碌。要开始一种新的积极育儿方式，一种做法是按照日程安排行事，并想办法减少或避免参加会让家庭成员彼此分开的活动。

译注：当爸爸花时间陪我的时候，我很开心。

为了让父母分别与孩子相聚，孩子的日程表被安排得纷繁复杂，日程表往往具有某种权威性，几乎没给孩子留喘息的空间。你需要决心、纪律，以及合作来确定优先事项，判断哪些活动是最重要的——特别是当这些活动与休息时间相冲突的时候，在美国的文化中，休息可能看起来像是浪费时间或懒惰。但是在日程表上挤出休息时间，对于建立有意义的家庭结构是必不可少的，而且，腾出时间来进行简单、开放、持续的交流，对于建立良好的关系至关重要。

创造一对一时间。正如第 4 章所述，你能为孩子做的最重要的事情之一，就是经常创造轻松的场合让你全神贯注于一个孩子。这样的时刻让你有机会仔细聆听、观察，加强你与孩子的关系，表达你的关爱、情感和安慰，以及只是享受在一起的乐趣。创造这样的场合并不是说要给孩子特殊的待遇或礼物，而是玩耍、一起活动，让你们更加亲密。你的时间和关注才是真正的礼物——他们会记得、珍惜。

一起阅读是一项令人愉快的活动，有很多好处，可以用于一对一时间，也可以用于日常生活中。研究表明，为了让孩子取得学业成功，父母所能做的最重要的事情之一就是为孩子读书。阅读不仅有利于孩子的语言发展——语言发展是学业成功的最强有力的预测因素，阅读还能加强父母和孩子之间的情感联系。

组织一些可以让孩子做选择的游戏和活动，让你和孩子有机会建立更紧密的情感联系。例如，当你和两三岁的孩子一起玩拼图或做游戏时，最好让孩子领头，然后积极点评他的努力和感受，而不是告诉他该做什么、怎么做，或者怎么做得更好。"找到那些拼图的碎片真是太难了，但你没有放弃。你搞定了。你一定很自豪吧！"

对于年龄较大的孩子或青少年，你可以提出要求，想要"一些在一起的时间——只有我们两个人"，并提供一些选项，让她在这些活动中做出选择。结构化的选择能够避免孩子提要求，那些要求可能会影响你们在一起的计划，甚至会辜负你的好意。类似骑自行车、一起玩游戏，或者做一些你们俩都感兴趣的事情，这些都比疯狂购物更可取。那些让你们花钱如流水的活动，往往会冲淡你们一起享受快乐、有意义时光的真正目的。

建立新的家庭常规和传统。当家庭结构发生变化后，重要的是找到每个人都喜欢的活动，创造新的常规和传统，传达我们仍然是一家人的信息。如果你和孩子都喜欢大自然，那就经常一起去户外活动，这样能为孩子树立榜样，让孩子通过健康的方式缓解压力，也能让你们在彼此都喜欢的环境里共享快乐时光。徒步旅行、露营、划独木舟、骑自行车、做手工、做饭、玩棋类游戏等活动都能促进你们之间的互动。也可以创造新的传统，比如保罗设立了和孩子一起游泳、做饭之夜，这向孩子传递了一个信息，即他们的家庭仍然有许多美好的东西，这还能加强孩子与父母之间的联系。这些活动能使新的家庭结构正常化，重建一种完整和连通的感觉。将每周的某个晚上指定为"家庭欢乐之夜"，使之成为孩子期待的传统和常规，这会给他们提供一种安全的家庭关系。

一位家长最近告诉我，她13岁的儿子邀请了几个朋友来家里玩桌游。随着夜间活动的开始，所有的男孩都放松下来，讲着笑话，笑得几乎要从椅子上掉下来。看到这些青少年在安全的环境中，度过相对新奇的家庭之夜，这位妈妈很高兴。这样的场合为密切、持久的关系奠定了坚实的基础。

表达感激之情。特蕾莎修女（Mother Teresa）说过，"善意的话语说起来很简短，却可以产生永不磨灭的回响。"研究表明，健康的家庭——无论离婚与否——经常相互真诚地表达感激和鼓励。积极心理学是相对较新的领域，强调了表达感激的价值，感激能够稳固人际关系，对于给予和收获感激的人来说，分别都能带来情绪方面的好处。花点时间关注他人的善举或体贴，并表达感激之情，就会让你萌生善意，这些善意可以点燃希望、乐观，形成充满爱的关系。

然而，孩子经常说，在父母离婚之后，他们"很少听到关于自己的好话"，他们渴望自己所做的事情被别人认可。当卡罗尔意识到这对她的女儿们有多重要时，她就更频繁地注意、点评她们的积极态度和行为。她对杰西卡说过的最感人的话是："你身上有很多我喜欢的地方。我很感激，你有勇气告诉我们你有多伤心，这样我们就可以想办法让我们的家庭变得更好。"这样的表达肯定能点燃希望、保持乐观、治愈伤痛。

发自内心地表达感激之情，是一种技能，可以通过练习不断提高。关键是，表达感激之情要坚定且用心，而不是就简单地说"嘿，谢谢！"[5]。让人经久不忘的感激是指那些真诚、具体的感激，表达了别人的行为给你带来的感受。当卡罗尔看到家庭活动室被打扫得干干净净的时候，她对杰西卡说："我没要求你做，你就把家庭活动室打扫干净了，我真的很感激。我今天下班回家的时候太累了，但是当我看到那间干净的房间时，我感到很轻松，很高兴一切都完成了。现在我们可以利用这段时间，一起做些有趣的事情。"

类似这样的评价，父母可以通过"抓住孩子的优点"来帮助他们。除了有效的管教、控制冲突外，强化孩子的积极行为，已被证明都是高质量养育的组成部分[6]。

这种积极的关注一直很重要,在分居和离婚期间,这种关注比人生中任何时候都更需要。由于生活中的不确定性,孩子在此时特别需要父母的关注和安慰。给予孩子积极的反馈有助于促进健康的行为,远比批评或消极的评价更有效。相比之下,研究表明,那些经常被批评的孩子要么选择置之不理,要么开始调整自己的行为,以满足批评意见中隐含的负面期望。对于健康的家庭关系,一个有价值的原则就是,每做一次消极评价,就要做五次积极评价。

你可以通过强化孩子的努力,减少对结果的关注,来极大地帮助他们。例如,你可以这样鼓励他们:"你能坚持解那些数学问题,真棒。这些问题很有挑战性,但你没有放弃。我喜欢你的执着!"相比之下,如果你只在孩子取得好的考试成绩、田径金牌,或者完美地完成钢琴演奏时表扬他们,那就会传达出这样一个信息:你爱孩子是因为他们的成就,而不是因为他们本人。这样有时会适得其反,让人感觉爱是有条件的,导致孩子感到压力,要不惜一切代价获得成功——或者干脆放弃。

传递希望和治愈。尽管离婚会让人情绪激动,但是向孩子传达对未来的希望是很重要的。诸如"我们的家庭发生了很大的变化,但是你仍然爱你的爸爸妈妈,我们会帮助彼此渡过难关"这样的信息虽然承认了困难确实存在,却也带来了真正的安慰和希望。这种方法也可以帮助你更好地面对离婚,因为这样可以帮助你的孩子接受家庭的变化,乐观地看待未来,减少对你或另一位家长的担心。不像第1章里的孩子说的,"我想,离婚对妈妈(或爸爸)来说是好事,但对我来说不是",当你传达积极信息的时候,孩子就能够形成更合理的观点。如果你能传递希望和治愈的真实信息,并采取行动实现那些目标,你就给了孩子安全感和自信心,这是他们成长过程中必需的。

倾听话外音,并以同理心回应。"积极"倾听是一种非常宝贵的技能,可以通过练习得以提高。开启沟通的一种方式是,暂时把其他活动放一边,以此表明沟通很重要。这并不意味着,你不是在孩子每次呼唤你的时候都一定要放下手头的事，特别是对于幼儿，他们要明白，他们不能在每次想要什么东西的时候都必须立刻得到你的关注。但是当你心不在焉的时候，孩子能够注意到，所以你要传达一个信号，表明你对他们感兴趣，随时准备好关注他们、真正倾听，这是有帮助的。放下报纸、关掉电视，或者远离电脑，直接而亲切地看着一个孩子，这都意味着你想跟他们交流。这些简单的动作表明："你对我很重要。我想听听你要说什么。"尽管大多数日常对话并不深刻，也不严肃，但在有必要的时候，这种轻松、频繁的互动模式可以转换为深入的探讨。

积极倾听另一方面也能鼓励你的孩子敞开心扉。保持中立和客观，但要让孩子知道你在听。重要的是，要告诉孩子，他们所有的感受——即使是最令人不安、最令人痛苦的感受——都是可以被接受的，表达出来没有问题，表达出来也是很重要的[7]。

你的本能可能总是想要解决或者消除这种感受。所以你可能会说"别哭"，或者"别难过"。虽然你说这些话是出于好意，但孩子通常会理解为，"我不想知道你的悲伤"。感到被爱和被理解的一个重要部分，就是让我们的感受被倾听、被接受——而不是被轻视或忽略。孩子发现，如果父母温柔地陪伴他们，亲切地回应他们，对他们的感受表示共情，会让他们感到更加欣慰。"我很抱歉让你这么难过。我会在这里陪着你，因为我很关心你，会永远爱你。"

我经常听到孩子说一句话——"离婚太糟糕了！"对于许多家长来说，这样的话让他们感到特别难以接受。这种简短的表达传达了一大堆情绪，加深了他们的内疚和担忧，因为他们已经觉得离婚对孩子产生了影响。此外，许多家长强烈抵触"糟糕"这个词，这使得他们更难对潜在情绪做出反应。

但是，如果你能把自己不舒服的感受放在一边，控制住纠正语言的冲动，你可能会意识到，孩子刚刚给了你一个重要的机会，让你解决隐藏在冲动话语背后的痛苦情绪。一个富有同情心、不带成见的回应会很有帮助[8]:"离婚是很难。我知道这不是你想要的结果,这让你感到特别沮丧。我知道这很难接受,我也不希望这样。"当孩子听到这种表达后爆发情绪时,他们比以往任何时候都更需要拥抱和提醒,让他们感觉自己被深爱着,并将永远如此。一旦孩子感到自己被倾听、被理解,他们就更有可能参与对话并愿意解决问题。

维持以前的家庭结构和生活习惯。正如前文提到过的,当孩子在生活被打乱时,家庭保持稳定的结构,有助于让他们感到更安全、更有保障。适当、有规律的就寝时间、一起吃饭、限制孩子看电视或电脑的时间,这些都被证明对孩子的成绩和考试分数有积极影响,可以减少纪律处分的情况,并促进社交适应和情绪调节[9]。

当孩子感到压力时,他们有时会难以入睡,因此设定一个有规律的就寝时间、养成能帮助他们释放焦虑、尽快入睡的习惯尤为重要。充足的睡眠能让孩子在学业、体育、音乐和其他活动中好好表现。同样重要的是,睡眠以及良好的营养对于保持你和孩子的健康是必不可少的。

我们的生活越来越繁忙,与家人围坐在餐桌前一起用餐的情况已经越来越少了,然而研究一再强调,用餐时的交谈和互动有很多好处,它们可以加强家庭关系,创造温暖而持久的记忆。一些研究甚至表明,和家人一起吃饭有助于降低青少年吸毒和过早发生性行为的风险。虽然很难在家人聚餐时安排各种活动,但是可以限制一些干扰这种习惯的活动,比如把来电转到语音信箱、关掉电视。一起吃饭不仅能促进沟通、加强家庭关系,还能帮助孩子培养重要的社交技能,使他们更加自信地进入成人世界。在餐桌上讨论一天中的高潮和低谷,在睡前拥抱、阅读,甚至一起做家务都可以建立一种强烈的家庭归属感。

建立家庭常规还意味着精心组织孩子的家庭作业和其他活动,使孩子能够培养自己的思想和才能。你要检查孩子的家庭作业,为孩子的作业质量设定合适的标准,在他们遇到困难时提供帮助,并给予鼓励和支持。这样做你可以向孩子传达一个信息:他们的学业很重要。

精心组织家庭活动不仅要安排好日常生活，还要为你和孩子创造有意义的时光，让你们互相交流、分享感受。表达情感对所有年龄段的孩子都很重要，这关系到他们的身心健康。然而在面对压力的时候，在孩子和成年人最需要情感的时刻，情感却很容易流逝。父母离婚之后，父母双方与孩子养成一些特别的生活习惯是非常有帮助的。例如，周末带孩子去他们最喜欢的公园，这就创造了一种快乐的生活习惯，让孩子有所期待，也是一种无压力沟通的方式。

树立韧性的榜样。像我们大多数人一样，在孩子克服困难的时候，如果让他们意识到自己并不孤单，他们就会深感安慰、深受鼓舞。有些人熬过了艰难的岁月，甚至成长得很好——不管境况是否完全相同——这个发现可以给认为自家困难是特例的孩子带来希望。

许多成功公众人物的故事，比如他们的父母离异了，或者他们本人克服了贫穷、重大疾病或者巨大的生活变化等困难，这些人可以作为鼓舞孩子的榜样。同样重要的是，孩子的家人和朋友也可以成为韧性的优秀典范，有些人实际上愿意分享他们的经历，以及他们在追求目标的过程中所走过的道路。

在很多方面，你都是孩子最重要的榜样。如果孩子看到你带着希望和韧性，度过艰难时刻，他们将从中学到重要的生活经验。这并不意味着你不能有愤怒、悲伤或沮丧，而是你能够承认这些情绪，并有效地处理它们。这意味着在需要的时候寻求支持和帮助，在身体、情感和精神上照顾好自己，专注于可以解决的问题，在自己的可控范围内，使事情往好的方向发展。孩子通过你的榜样来学习，他们也能通过与你交流你如何顺利处理分歧、解决问题，以及如何改善他们的家庭生活等话题而有所收获。

鼓励精神体验。许多研究表明，信仰和精神导向是家庭稳固和年轻人适应良好的重要组成部分。这包括广泛的信仰和经验，包括但不限于参加宗教团体。对许多人来说，信仰上帝或神明是精神力量之源。对另一些人来说，精神性来自冥想、热爱大自然或更广阔的宇宙、参与慈善事业，或者与他人一起探索人生的价值、生命中更大的意义。

健康的家庭往往被潜在的道德导向、对他人的同情和强大的价值体系所引导。关于青少年的研究表明，精神性的保护作用包括较少的冒险行为、更尊重自己和他人。对于许多人来说，包括我在内，信仰和精神性为生活提供了强烈的意义感，并成为人们在动荡时期的顶梁柱。

对于那些已经能够处理抽象概念的孩子来说，鼓励他们从精神层面进行思考，或者带着同情心去帮助需要帮助的人，是很有用的。这样做有助于他们把自己的处境放在更大的背景下去考虑，感到与神灵相通，或者追求更崇高的利益，或两者都有。

加入社群。已有研究确认了社会联系与儿童福祉之间的关系。在离婚以及其他生活发生重大变化的时期，加入支持性网络和社会团体尤为重要。社会联结——特别是在几代同堂的社区中，人们彼此忠诚，互利互惠——与儿童、青少年的积极发展高度相关[10]。有一句古老的非洲谚语说，养育一个孩子需举全村之力——用我们的话来说，就是一个健康、有韧性的孩子——研究已经很好地证明了这一点。

对于那些正在重组家庭的父母来说，其中的意义是显而易见的。尽管你可能很想回避社交，但为了你和你的孩子，维持社会结构是很重要的。家庭、朋友、学校、教堂和其他社交网络比以往任何时候都更重要。如果由于某种原因，这些关系必须改变，那么用其他社交网络来取代它们很重要，这些人可以共同创建一个社群，在你和孩子成长过程中提供关爱、支持以及价值观。

爱与限制：创建结构化的有效管教

在促进儿童茁壮成长方面，所有这些高情商的养育方法都很重要，同样重要的是表达爱的方法，设身处地地支持，对行为有明确的结构化限制。如果孩子知道有人爱自己，他们就会茁壮成长，如果他们在生活中有一致的指导原则和行为界限——换句话说就是纪律管教，他们会感到最安全、最有保障。英语单词"discipline"的词根是拉丁语 *discipina*，意思是"教导"或"学习"，这就是以孩子为中心的管教的精神实质，我鼓励家长采用这种管教方式——这种管教告诉孩子，别人对他们的期待是什么，然后让他们遵循那些标准。

父母通常用自己的语言和行为来表达爱和限制。然而，在离婚的剧痛中，他们有时会被自己的感受所淹没，以致想不到这些言行。

我曾经在一本很受欢迎的育儿杂志上读过一篇文章，这篇文章主张：父母应该告诉孩子，父母爱他们，每周一次，不管父母是否认为孩子需要听到这些。听到自己被爱，这对于每个成年人和孩子来说都必不可少，一想到这种事情每周才发生一次，我感到很惊讶。在互助小组和个体治疗环节，我听到太多的孩子怀疑自己是否可爱，如果没有他们，父母是否会更快乐，他们用吸毒、性乱交、或其他形式的叛逆行为来掩盖其对自我价值的不自信。很多时候，各种互助小组中的孩子会向父母提议："告诉我们，你们爱我们。即使我们装作已经知道了，也请再告诉我们一次。我们需要时刻听到这句话，感受到你们爱我们。"他们的生活需要被爱填满，用言行表达感情、温暖、培养、鼓励、关心、倾听、回应、肯定和限制——所有这些都是非常真实的爱的表达。

父母之爱的另一面是在足够关爱的基础上，设定明确的期望、限制和后果。父母制订了基本的规则后，辅以适当、尊重的行为，履行职责，监督孩子的行为，并在后续执行过程中保持一致，这样父母就提供了一个强大的和充满爱的环境，帮助儿童和青少年感到被爱，产生安全感。正如前面已经讨论过的，知道自己应该如何表现，能让孩子对自己的行为有一种控制感。即使他们在一个充满爱的环境中学习新技能，他们也会产生基本的信任感和安全感。

在离婚期间，如果孩子因为自身压力而表现出大胆放肆或者出人意料的行为，父母会感觉更加艰难。通常，孩子不知道如何处理强烈的情绪——悲伤、痛苦、失落、愤怒、恐惧、嫉妒——这些情绪会以完全不恰当的行为表现出来。如果你的孩子有这些行为，你要非常清楚，尽管他们所有的感受都是可以被接受的，但并不是所有的行为都能被接受。任何有可能伤害到孩子自己、他人或动物，或者损坏财物的行为，都是完全不能被接受的，必须予以制止。同样，说粗话、说脏话是对他人的不尊重，最终会给孩子带来麻烦。

使用权威型教养方式，倾听、接受孩子行为背后的感受，同时严格限制不可接受的行为，这样可以帮助他们。"我知道你对生活中的变化感到悲伤和愤怒，但是通过打你弟弟（或者扔遥控器，或者骂我）来发泄你的情绪是不对的。"既有充满爱的理解，又能坚持按照明确的规则生活，这是将培养孩子成为负责任、自信、有安全感的人的最有力和最有效的方法。

在离婚前后，为什么设置限制如此重要？

对于那些在没有纪律约束的环境中长大的孩子来说，负面后果较多，其中最重要的是他们自己内心深处的恐惧：父母不相信他们有能力表现良好，没有人足够关心他们，要求他们做到最好。一个焦虑的孩子对我说，妈妈对她的管教太松懈了："当我问她，我能不能做点什么的时候，她总是说'我认为'，就好像她的字典里根本没有'不'这个词。"当然还有其他后果，比如孩子在学校遇到麻烦，被同龄人和成年人拒绝，最终做出某些可能会危及他们的健康或幸福的事情。

研究表明，在家庭发生巨变、面临压力之时，有一种教养方式经常没有被采用，即采取及时有效的管教，以纠正孩子的不当行为。有时候，父母会因为孩子受到伤害而感到内疚，因此不愿意增加孩子的痛苦，这是可以理解的。他们担心权威型管教可能会增加孩子的痛苦。对于那些认为自己扮演"坏人"而另一个家长扮演"好人"的父母来说,这尤其困难。尽管这些情况对于尽职尽责的父母来说是痛苦的,但所有的证据都表明,那些始终如一地给予孩子关爱和限制的父母,而不是表现得像伙伴的父母,会赠予孩子一份终身的礼物,让他们学会如何管理强烈的情绪、承担责任。家是孩子学习自我控制模式、培养道德和价值观的主要场所,有时也是唯一的场所,使其获得基本规则、对生活负责。如果未能获得这些关键能力、没能形成一套价值观,孩子就没有道德指南针和方向舵来指引他们的生活。

在整个离婚过程中,始终如一的管教特别重要,原因有以下几点。首先,由于父母离婚带来的不确定性,孩子经常觉得他们的生活失去了控制。他们有时会比平时更难控制自己的情绪,他们会用各种不恰当的方式表现出来,这一点也不奇怪。当他们的行为越过了可接受的限度时,他们会变得更加恐惧、焦虑和缺乏安全感,如果他们的父母无法介入、不加控制,这些情绪就会被放大。孩子很少会承认他们想要更多的管束、纪律,但是孩子行为不当往往给了父母一个理由,由父母设定限制,并让孩子遵守这些规则。

坚持管教的第二个原因是,孩子的不当行为最终会导致消极的反应。他们从教师、朋友的父母和其他权威人士那里得到的训诫或批评会让他们觉得丢脸。更糟糕的是,如果他们因为行为问题而被排除在外,他们会变得越来越孤立,担心自己可能会永远被排除在外或被抛弃。在最糟糕的情况下,那些严重违反规定的年轻人和青少年开始认为自己是麻烦制造者,总是站在权威的对立面。这对他们来说,后果可能很严重。虽然有些人似乎对改造或监禁的威胁不屑一顾,但大多数人都会深感不安和不快。

孩子的不当行为还有另一个不良后果:它侵蚀着父母对孩子的积极情感,这也会反过来影响孩子。尽管孩子有行为问题,父母仍然继续爱他们的孩子,但在这些情况下,父母常常感到失望、愤怒、沮丧和无力。对于父母来说，他们本就因离婚而痛苦，这些感觉使他们更加难受，他们也让孩子更加孤独，与曾经的家庭断绝关系。

设定限制时要提供结构化的选择

在设定限制时，有一种方法特别有效，那就是给孩子提供结构化的选择。这种方法为孩子提供了符合其年龄的选项，给了他们决定的权力，有助于避免你与孩子的权利斗争。在孩子正对家庭的变化感到无能为力的时候，这种结构化的选择过程能够培养他们的控制感，并且在很大程度上避免了孩子固执地坚持不合理要求的情况。结构化的选择不涉及重大的生活决策，而是关乎日常的细节，是在合理范围内的。这里有一些例子，其中暗含的信息有助于引导孩子合作：

"让我们看看，今晚穿绿睡衣还是红睡衣？你来决定。"父母传达的潜在信息是：该睡觉了，你要穿睡衣睡觉，而不是白天穿的衣服。

"好吧，先刷牙还是先洗手？你来选。"潜在信息是：这些都是睡前的活动。

"洗澡还是淋浴？需不需要泡泡？你来决定。"潜在信息是：你必须洗干净。

"你是想看完书后自己关灯，还是想让我15分钟后回来关灯？"潜在信息是：阅读时间有限，15分钟内必须关灯。

在让孩子进行选择时，重要的是简化选项，因为他们很容易由于过多的自由、过多的选项、缺乏结构而不知所措。我们的女儿克莉丝汀在5岁的时候就展示了，为什么结构化选择如此好用。我们在一家餐厅用餐，服务员问孩子要不要甜点，然后描述了所有口味的圣代冰激凌：有配料、糖果、果仁、生奶油以及樱桃。当克莉丝汀的眼睛瞪得老大，对美味充满期待时，我能看出太多的选择让她应接不暇。她怎么可能在这么多想法中做出决定呢？我俯下身，建议她只选一两种配料，她脸上露出欣慰的神情，我们的小女孩竟然说："谢谢你的限制。"

注意：不要指望青少年会感谢你设定的限制。我们的青少年从来不会！尽管如此，使用结构化的选择对年龄较大的孩子也是有效的。随着青少年对自主性和独立性的需求日益增长，结构化的选择尊重了他们做决定的需要，同时也让他们明确了自己的责任。家务、时限和活动顺序都提供了选择的机会，而不会破坏基本规则。下面举一些例子。

"你打算在做作业之前还是之后换猫砂？"潜在信息是：家庭作业和家务活都要做。

"你打算在爸爸家做数学作业，还是不看电影了，明天回家做？"潜在信息是：家庭作业需要按时完成。

结构化的选择对于促进日常生活中的合作也是一种非常有效的方式。比如，有一天下午我得去学校接女儿。我急着要离开，但我们的小儿子不想离开舒适的家和玩具，在寒冷的天气外出。已经迟到了，必须要出发了，我注意到我们的猫帕夫蜷缩在旁边的椅子上。我对儿子说："我们得马上出发。你是想和帕夫一起上车，还是不带它？"想到可以带着猫兜风，他既惊讶又高兴，我从没见过哪个孩子跑得这么快！（为了帕夫好，我们尽量减少它在结构化选择中的作用！）

当然，即使用技巧性的努力去重新引导、鼓励合作，有时候也需要对攻击性或不恰当的行为设定更强的限制和后果，同时教孩子用积极的方式来表达情感。

治疗师和父母成功运用的技巧之一是一个五步程序，接受孩子的感受，同时严格限制不当行为。

1. 接受孩子的感受，并做出反馈。
2. 说明限制。
3. 为孩子提供可接受的备选方案来处理他的情绪。
4. 重申恰当的行为以及不遵守规则的后果。
5. 对孩子关于限制的感受进行反馈。

举一个例子。5 岁的詹森正忙着堆积木，他 3 岁的妹妹经过时把他搭的塔撞翻了。詹森跳起来大哭，朝他妹妹扔了几块积木。他的母亲安知道，自从离婚后，詹森一直在与生活中的变化做斗争，而且不当行为也越来越多。虽然她很累了，也对分手感到内疚，但她意识到忽视詹森的不当行为是个错误。安使用了上面描述的管教方法。

"詹森，我知道你很生气，因为你妹妹撞倒了你的塔。"（她接受他的感受。）

"但积木是用来搭建的，不是用来扔的。它们可能会伤害到别人。"（她陈述了规则，并对行为设定了限制。）

"你可以用语言告诉妹妹你有多沮丧、多生气，或者你可以画一幅画来表达你的感受。"（她建议了另外一种可以被接受的行为。）

"积木不是用来扔的。如果再扔，今天就把它们收起来。"（她重申了规则，并说明了后果。）

（如果詹森哭泣、抱怨）"我知道你不喜欢这个规则，但这不会有所改变。"（她对他的感受做出反馈。）

坚持到底通常很困难，但这是非常重要的一个环节，帮助孩子了解什么是可以被接受的，找到管理自己行为的方法，认识到父母是因为关爱、尊重他们才坚持让他们表现出更好的行为，从而最终获得安全感。不一致的管教会无意中增加孩子的负面行为。如果他们知道有时候可以通过哭闹来达到目的，他们就更有可能重复这些行为。只要父母在两个家庭中对孩子的行为建立起相似的一般预期，就会减少他们在处理两个世界之间的主要差异时的困难。

弥合两个不同世界之间的鸿沟：有效的合作养育

"这很奇怪，" 19 岁的阿曼达在我们的一次治疗中说，"从我记事起，我就一直把和妈妈在一起的生活，与和爸爸在一起的生活完全分开。所以当我上周去参加妈妈的家庭聚会时,我觉得我有一半的生活都是秘密——和爸爸以及他的新家人在一起的那一半生活。我几乎不敢想象,我大学毕业时双方碰面的情景。"从很小的时候起,阿曼达就努力想要把她的两个世界分开。现在,作为一个年轻的成年人,她不仅要努力把生活中截然不同的这两个部分整合起来,而且还在质疑自己的身份。

在《两个世界之间》(*Between Two Worlds*)这本书中,作家伊丽莎白·马夸特(Elizabeth Marquardt)描述了我从各个年龄段的孩子那里听到的内容,那是他们反复表达出来的:他们必须将自己的生活划分为两个完全独立、截然不同的现实[11]。她对1500名年轻男女进行调查,结果显示,那些在父母离异家庭长大的人和那些在父母未离异家庭长大的人之间存在显著差异。这些不同在于,在离异家庭中长大的孩子是"小大人",他们经常不得不保守一些不属于自己的秘密。这些对年轻人来说是巨大的负担,可能会影响终身。

你要努力在孩子生活的两个不同部分之间搭建桥梁,从而帮助孩子解决离婚所带来的这方面的问题。第一步是承认这两个不同的世界,并且处理孩子在这两个世界间来回切换时的感受。然后,你和另外一位家长都要尽最大可能支持孩子与对方保持良好关系,不要在你的孩子面前说对方的坏话。如果你是被"抛弃"的那个人,这可能会特别困难,而且你可能会很想和同样觉得自己被"抛弃"的孩子结盟。然而,感到被拒绝对孩子来说不会有什么好处,所以最有用的方法就是向他们保证,父母双方都爱他们,在保证安全的前提下,尽你所能帮助孩子与他们的另一位家长建立积极的关系。

当你和前任一起参加孩子的活动时,保持一种尊重、礼貌的态度是另一个重要的方式,这样你可以帮助孩子弥合其两个世界之间的鸿沟。当你们在参加孩子的学校活动、体育比赛、演奏会以及其他特殊场合时,如果你们能够对彼此保持专业、尊重的态度,就免去了孩子的一些烦恼:到底应该先去房间的哪一边,或者先去跟哪一位家长打招呼。

支持孩子与他们的另一位家长在一起，有时是很有挑战性的，但也是重要的。对于孩子与另外一位家长在一起的时光保持畅通的沟通渠道，且不带偏见地评论，这是有帮助的，只要不把沟通变成窥探、审问，或要求孩子保守或泄露秘密，因为这些会进一步加深他们的痛苦和悲伤。如果你和前任能够不断地向孩子保证你爱他，也尽可能地保证另一位家长也爱他，那么这将是最有帮助的。10岁的艾莉森描绘了一座想象中的连接父母的桥梁，上面装饰着心形图案、花瓣图案，象征着她来回切换时是舒适放松的，这要归功于她的父母为搭建这两个世界的桥梁所付出的不懈努力。

你也可以缩小两个家庭之间的差距，方法是在两个家庭中建立相似的规则和限制，当孩子违规时设置相似的后果。关于孩子生活中的重要方面要加强沟通，包括管教，一致的教养方式有助于他们顺利过渡，在家庭之间架起一座桥梁。当然，理想的做法是通过积极的方式设定、提出期望，并强化儿童的良好适应，而不是专注于他们潜在的不当行为和负面后果。

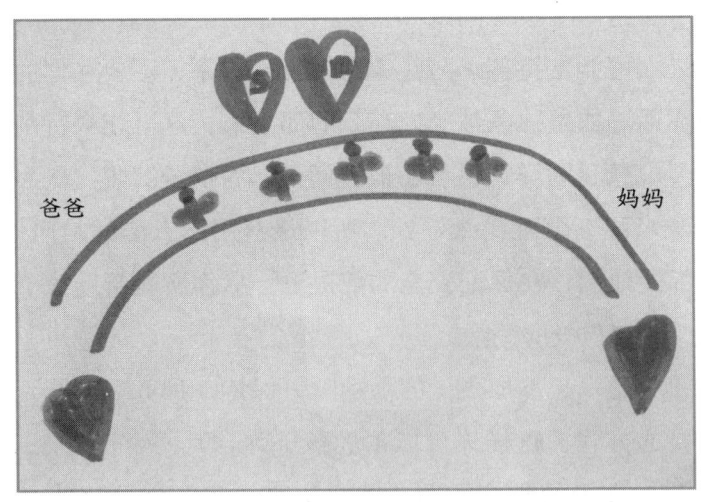

以这种合作的方式养育子女，对于离异夫妇来说是一种挑战，但这种情况有可能会发生，而且确实会发生。尽管这需要双方共同的努力和

承诺，但我认识的许多夫妇都努力把养育子女作为他们的首要任务，并想方设法就他们生命中最重要的责任——他们的孩子——达成共识。

就新家庭格局的其他方面一样，密切关注孩子的话语和非言语行为，能够帮助孩子弥合他们在不同世界之间的鸿沟。如果他们从另一位家长那回来时看起来很沮丧，如果他们变得孤僻或者在行为习惯上表现出令人不安的变化，那么重要的是要关注他们，鼓励他们谈论自己的感受——当他们准备好的时候。

孩子需要一些时间来重新适应，这是很正常的，他们一开始可能会没有精神、疲惫，或者易怒。对他们来说，离开父母一方会有复杂的情绪，处理这种情绪是很难的，即使他们很高兴见到另一方，这种转变仍然可能会激发失落、悲伤的感觉。当孩子从一个家庭轮转到另一个家庭时，他们经常需要一些"停机时间"，这并不奇怪。在与他们交谈之前，给他们一些空间，或许吃点零食。

如果孩子回家的时候总是不开心，可能有必要为他们寻求适当的专业帮助。虽然很重要的一点是，不能责备，不能仓促下结论，认为孩子的痛苦是由另一位家长造成的，但是如果孩子的压力持续不减，这是一个信号，表明你需要关注并找到缓解它的方法。不要质问孩子，体贴地说出他们看起来很不开心，然后认真倾听他们的感受，这或许可以帮助他们。父母双方最好先咨询一下心理健康专家，他们可以先和孩子谈谈，然后再与你和前任谈谈，就如何最好地支持孩子提出建议。这可能意味着要对日程安排做一些改变，或者只是做一些小小的调整，就可以让你的孩子有很大的改变。这种做法传达给孩子的重要信息是，他的父母正在关注他——他们也很关心他。

孩子给父母的建议

在我接触过的小组中，孩子的洞察力总是给我留下深刻的印象。我们经常讨论他们会给父母什么建议，他们总是有很多话要说！不出所料，在他们家庭的变化过程中，他们的建议基本符合高情商养育的原则。以下是孩子经常提到的一些建议。

- "**告诉我们，我们哪些地方做对了**。"孩子经常说，他们很少听到别人对他们正确行为的评价。如果你能经常指出孩子的长处，欣赏他们的善行，注意到他们的努力，为他们的成功喝彩，并向他们保证你会永远无条件地爱他们，你就给了他们一份终生难忘的礼物。
- "**对我们诚实点。如果你们要离婚，请告诉我们，但是请不要告诉我们那些不好的细节**。"虽然得知父母将要离婚对孩子来说是痛苦的，但是了解这些即将对其生活产生影响的变化，是很重要的。因为他们爱父母双方，所以他们不大能接受父母一方出轨或者缺点的细节。不过，他们确实需要一些符合其年龄的解释。
- "**别把我们当枪子儿。别在我们面前打架。别说'你爸是个白痴'。别问我们妈妈是不是在约会**。"孩子经历的最困难的情况之一就是听到父母一方对另一方进行负面评价或不尊重对方。孩子十分清楚自己是父母的一部分，父母中的一方受到诋毁会让他们觉得自己有一部分也不好。
- 如果你不仅能避免对对方进行负面评价，还能主动表达对方的积极品质，特别是孩子从对方那里继承或习得的品质，这将是最有帮助的。最重要的是，不要向孩子询问前任的私生活——这是孩子最害怕的难题之一。
- "**让我们知道，我们可以同时爱你们两个人。不要让我们在你们俩之间做选择**。"父母离婚之后，孩子常常感到孤立，不知道分别该对父母双方说些什么。有时候，在痛苦、冲突的时候，父母无意之间就会把孩子卷入他们的争吵。孩子可能经常无意中听到父母对另一方的负面评论，或者看到他们最爱的两个人正在冷战。结果就是，孩子感到极度的痛苦、不快乐、没有安全感，经常对父母中的一方或双方感到愤怒。在其他情况下，父母可能会无意识地暗示另一方不值得孩子的爱。

- **"我不能像你爸爸那样给你买所有的玩具，但是我会给你一个真正的家，以此来表达我对你的爱。"** 孩子能读懂字里行间的意思，他们理解母亲所说的是，"我赢得了你的爱，但你爸爸只想收买爱。"这样的说法令人困惑，而且常让孩子感到痛苦。

- **"不要为了让我们更喜欢你而给我们想要的一切。"** 孩子非常精明，他们能识破贿赂是什么。虽然他们可能会充分利用父母的内疚，索要甚至强烈要求衣服、玩具和款待，但实际上，如果你能给他们设限，他们会感觉更舒服。没有什么可以取代你和孩子在一起的优质时光，以及对他们生活中发生的事情的关爱和体贴的关注。这些是孩子真正渴望从父母那里得到的，并且最终会赢得他们的尊重。

- **"也请从我们的角度看看你们的离婚。"** 通常情况下，孩子非常清楚父母在离婚前、离婚期间和离婚后的痛苦和挣扎，他们经常想保护父母，不让他们知道自己的感受。但是，如果父母能认识到，离婚对家里的每个人来说都是一件痛苦的事，而且离婚对孩子来说也意味着巨大的变化和艰难的挑战，这会让孩子如释重负。父母一方面要注意到孩子关于生活变化的感受，另一方面要营造一种氛围，让他们敞开心扉谈论自己的感受和担忧，从而帮助他们。

- **"让我们知道你爱我们。即使我们装作已经知道了，也请再告诉我们一次。"** 因为离婚会给孩子带来不确定性，所以他们需要父母经常保证他们是爱自己的。来自孩子的这个建议非常有说服力——"即使我们装作已经知道了"的意思是说，尽管孩子可能会表现得虚张声势，但是听到父母一遍又一遍地传递这个至关重要的信息时,他们会感到非常安心。

虽然你无法控制前任的行为或选择,但你确实可以控制一个因素,这对于塑造孩子的人生至关重要——通过你自己的养育所创造的家庭生活质量。如果你和孩子形成了一种温暖、亲密的亲子关系——在这种关系中,你既提供了充足的爱,又提供了安全、有保障的限制——你就给了孩子一份很好的礼物。

注释

1. Paul R. Amato, "The Consequences of Divorce for Adults and Children," *Journal of Marriage and the Family* 62 (2000): 1269–1287; E. E. Maccoby and R. H. Mnookin, *Dividing the Child: Social and Legal Dilemmas of Custody* (Cambridge, MA: Harvard University Press, 1992); E. Mavis Hetherington, Margaret Bridges, and Glendessa M. Insabella, "Five Perspectives on the Association Between Marital Transitions and Children's Adjustment," in Margaret E. Hertzig and Ellen A. Farber, eds., *Annual Progress in Child Psychology and Development 1999* (New York: Psychology Press/Routledge, 2001).
2. Robert E. Emery, *The Truth About Children and Divorce: Dealing with the Emotions So You and Your Children Can Thrive* (New York: Viking, 2004); Maccoby and Martin, 1983.
3. Paul R. Amato and J. M. Sobolewski, "The Effects of Divorce and Marital Discord on Adult Children's Psychological Well-Being," *American Sociological Review* 66 (2001): 900–921.
4. Irwin Sandler, J. Miles, J. Cookston, and S. Braver, "Effects of Father and Mother Parenting on Children's Mental Health in High and Low Conflict Divorces," *Family Court Review* 46 (2008): 282–296.
5. 特别感谢 Joyce 和 Tom DeVoge 关于这一理念的分享,这一理念主要来自他们关于促进健康婚姻的工作。见:J. Thomas DeVoge and Joyce B. DeVoge, "Communication and Conflict Resolution," in Rita DeMaria and Mo Therese Hannah, eds., *Building Healthy Relationships* (New York: Brunner-Routledge: 2003).
6. Wolchik et al., 2002.

7. 这是一个重要理念的一半：所有的感受都是可以被接受的，但并不是所有的行为都能被接受。这个理念将在本章"爱与限制：创建结构化的有效管教"这一节进行更深入的讨论。
8. 这一方法取自于已故儿童心理学家 Haim Ginott 及其学生 Adele Faber 和 Elaine Mazlish 所著的《如何说孩子才会听，怎么听孩子才肯说》（*How to Talk So Kids Will Listen & Listen So Kids Will Talk*）。
9. John Guidubaldi et al., "The Impact of Parental Divorce on Children: Report of the Nationwide NASP Study," *School Psychology Review* 12, no. 3 (1983): 300–323.
10. K. K. Kline, *Report of the Commission on Children at Risk* (Hanover, NH: Dartmouth Medical School, 2003).
11. Elizabeth Marquardt, *Between Two Worlds: The Inner Lives of Children of Divorce* (New York: Crown, 2006).

第 8 章

❇

孩子如何看待新的关系、约会和再婚

婚礼当天——新娘的观点。蒂娜容光焕发。她结婚那天,阳光明媚、晴空万里。她希望这美好的一天是个好兆头。她对再婚有些担心,但总的来说,她认为这将是一个美好的新开始,充满了爱、陪伴、安全和稳定的承诺——与她不幸的第一段婚姻完全不同,那段婚姻去年非常艰难地结束了,那场离婚带来很多不确定。

她在健身俱乐部遇到理查德的时候,她正在办理离婚手续。他热情、亲切、机智,而且英俊。在追求她的过程中,理查德使她感到自己很有魅力,感到被珍惜,这是她多年来从未体验过的。他是两个孩子的好父亲,对她 8 岁的儿子马库斯也很好。理查德花时间指导他击球,并在他的少年联盟比赛中为他加油。这对蒂娜来说很重要。她深爱着她的儿子,努力做一个好母亲。但自从离婚以后,她发现很难在工作责任、管理家务以及照顾好马库斯之间找到平衡,她也知道马库斯需要被关注。在过去的几个月里,他的成绩下降了,他一反常态,变得闷闷不乐、目无尊长,有时甚至会暴怒。蒂娜很担心他。她希望家里有个男人,这对马库斯有好处,尤其是因为理查德对他那么好,即使马库斯反应冷淡。

她特别希望马库斯能融入她的婚礼和新的家庭生活,所以她给他安排了一个特殊的角色。他是拿戒指的人。他穿着燕尾服的样子多可爱啊,卷曲的头发闪闪发光。但他似乎正在沉思,蒂娜想知道他在想什么。

婚礼当天——孩子的观点。马库斯弓着背坐在椅子上,穿着又傻又不舒服的衣服,心不在焉地摆弄着戒指盒,里面放着他妈妈和理查德的新婚戒指。"这太奇怪了,不是吗?"他心想,"有几个孩子会去参加他们妈妈的婚礼?"她应该和他父亲在一起,而不是其他家伙。他觉得整个婚礼完全是一个错误。当他坐在那里的时候,马库斯试图想办法阻止这场婚姻的发生。也许他可以把戒指扔到马桶里。也许他可以在举行婚礼时站出来,大喊"不行"。也许他可以假装生命垂危,然后他妈妈就得带他去医院。也许……他的脑海里闪过各种可能。

父母的离婚让马库斯非常震惊。他们从不吵架,而且似乎他们相处得和他朋友的父母一样好——甚至比一些朋友的父母还要好。自从他爸爸搬出去以后,马库斯就很想念他。和他妈妈一样,他爸爸工作时间很长,所以他们在一起的时间不多。他也怀念以前的生活,父母都坐在餐桌旁,在他睡觉的时候陪他读书。而且,在他爸爸的公寓和他妈妈的房子之间往返,让他感到非常奇怪、烦躁。他总是感觉不知所措——从来不能完全确定他应该在哪里,他应该随身携带什么。以前的生活习惯都不存在了,甚至连吃饭都变得不一样了——更无聊了。他的父母现在似乎也很担心钱的问题。到底发生了什么?他们会变成穷人吗?

现在理查德来了,试图取代本属于他父亲的位置。他以为自己是谁?哎呀,他就是个陌生人。不过马库斯猜想,他对他妈妈来说不是陌生人。她总是依偎在理查德身边,笑容满面、天真无邪。有时候他会把孩子带过来,然后他妈妈就会大张声势,做他们最喜欢的炸鸡晚餐、烤饼干。她再也没有只为他一个人烤饼干了。他猜她很高兴，他也为此感到高兴。但就他自己而言，他只是觉得孤独，心情不好，就像他爸爸说的"惶惑不安"。那他可怜的父亲怎么办呢，在他的小公寓里孤独终老吗？马库斯在想，他该怎么做才能阻止这场婚礼，让他爸爸回家，回到属于他的地方。

再婚——期望与结果

蒂娜看待婚礼的方式和她儿子看待婚礼的方式是典型的父母与孩子对新关系及再婚的不同看法。尤其是在经历了结束一段婚姻的痛苦之后，成年人想要再次感受到爱、称心如意和激情，这是人之常情。新的关系、新的爱情是兴奋和愉悦的源泉。这代表着重新开始的机会。这些希望和梦想有助于缓解伤痛、悲伤及愤怒，这些伤痛和愤怒最近消耗了他们太多的生命。

然而，从她儿子的角度来看，妈妈的再婚意味着需要去适应更多的变化，也意味着，父母复合的梦想破裂了。这并不是说马库斯刻薄自私，也不是说他不希望妈妈开心。但就像大多数孩子面对父母的新伴侣一样，马库斯的情绪很复杂。他爱他的妈妈，他当然更希望她快乐微笑，而不是悲伤哭泣。与此同时，他希望站在她身边的是他的爸爸，他们都微笑着，幸福地在一起。

他担心这些变化对他来说意味着什么。理查德会取代他爸爸的位置吗？理查德会告诉他应该怎么做，对他颐指气使吗？婚礼结束后，他还会对他妈妈那么好吗？他的房子、他的东西，还有他的妈妈都要理查德的孩子们一起分享，怎么办？理查德看起来是个不错的人，有时马库斯和他在一起很开心，但是他会觉得有点内疚，觉得背叛了爸爸，爸爸还没有新的关系。有时马库斯想知道，如果我真的开始喜欢这个男人，他和妈妈最后也离婚了，我又要经历那些事情，该怎么办？马库斯有太多矛盾的情绪，他甚至不能告诉妈妈他的感受。他妈妈一直告诉他，婚礼会很有趣，他会玩得很开心。虽然可能确实有一点好玩、激动，但是他的感受错综复杂，快乐、悲伤和愤怒都在他周围隆隆作响。

不同于孩子对父母再婚的复杂感受，成年人离婚后有许多充分的理由开始新的感情。相互爱慕、尊重、伴侣关系、激情、亲密关系、经济优势，以及共同养家糊口的需求，这些是许多人在分手几年后就开始新恋情的部分原因。在经历了混乱、悲伤和离婚的失落之后，拥有一段新的恋情，是让生活回到正轨的合理一步。伴侣满怀着重新开始的希望，将再婚视为与新伴侣改善生活的一种方式，并与新的家庭成员形成深厚、充满爱意的关系。忧心忡忡的父母希望他们的孩子能与他们分享这些梦想。

四分之三的成年人离婚后会再婚，这一点也不奇怪。然而，即使有这么多希望、乐观的前景，对成年人和孩子来说，再婚还是需要他们不断地适应，而且会有很多风险。在《是好是坏：重新考虑离婚》（*For Better or for Worse: Divorce Reconsidered*），梅维斯·赫瑟林顿（E. Mavis Hetherington）和约翰·凯利（John Kelly）报告了赫瑟林顿关于美国弗吉尼亚州离婚和再婚的追踪研究结果（Virginia Longitudinal Study of Divorce and Remarriage），该研究追踪了近 30 年，涉及 1400 个家庭[1]。研究结果表明，在再婚的最初几年里夫妻的压力水平相当于夫妻在离婚初期时的压力水平，是未离异家庭夫妻的 3 倍。没有孩子的再婚也会有压力，有孩子的再婚压力更大。建立新的家庭关系是很有挑战性的。有孩子的再婚夫妇认为孩子是诱发矛盾的首要原因。

虽然很多文献都证明了这些挑战，但研究也表明，再婚家庭通常也会带来重要的积极变化[2]。再婚是妇女摆脱贫困的最快途径，因此许多再婚家庭生活水平提高了，比如假期和其他福利，而这些好处往往在婚姻结束后就消失了。新婚夫妇的感情也会得以改善。抑郁和孤独减少，他们的社交生活变得更好。即使面临这些挑战，但是再婚初期的夫妻比初婚婚姻持续时间更长的夫妻对婚姻更满意，尽管这种满意度往往会迅速下降。

虽然再婚初期的夫妻对婚姻抱有积极态度，再婚的离婚率仍然高于初婚的离婚率——再婚的离婚率为60%，而初婚的离婚率约为50%——当一方或双方有孩子时，离婚率更高[3]。这些关系也会导致孩子出现更多更严重的适应问题。

其原因并不出人意料。陈旧的行为模式、不切实际的期望、对不满的低容忍度、麻烦的家史、糟糕的人际关系技巧，以及养育继子女的复杂性，这些都是导致婚姻问题的原因，并常常导致婚姻的终结。即使对于深爱彼此的夫妻来说，在一个再婚家庭中建立和维持一段牢固的婚姻关系可能是有好处的，但同时也具有挑战性。

孩子对新关系的看法

正如马库斯的故事所揭示的，对于父母的新关系或再婚，孩子的看法与成年人大不相同。在治疗师的游戏室或者互助小组的安全环境中，孩子经常会流露出他们对父母的约会或新伴侣的感受，这是他们不能或者不愿意与父母分享的。尽管他们所处境况的细节有很大的不同，但有一个主题是一致的：新的伴侣和新的关系对孩子来说是一个巨大的调整——又一个巨大的调整，这是在父母离婚之后发生的所有调整中最重要的。

父母经常在不知不觉中低估了这种调整对孩子的重要性，部分原因是孩子的体验和需求与他们有很大差异，也因为孩子很难表达他们的复杂情感和恐惧。孩子的需求不同于父母的需求，有时甚至与他们的需求大大相反。当父母渴望新的爱情时，孩子需要被安抚：父母的"旧"爱是稳固、持久的。

其中一组10—12岁的孩子，直言不讳表达出来的情感尤其能说明问题。有一天，不管之前在说什么，他们都能让话题回到父母的新"朋友"身上。那一刻，一大堆生动、尖刻的评论涌了出来。

"呃！她太奇怪了。她一开始表现得很友好，但实际上，她就是刻薄卑鄙。"

"没错，我妈妈的男朋友以为他现在占据了这个位置，就好像他是老板一样，仅仅因为他和我妈妈出去约会了。他试图告诉我们该做什么，但对我们来说，他什么都不是。他不会得偿所愿的。"

"我爸爸的女朋友也是一样。她总是在他身边，好像他是她的一样。她总是吸引他的注意力。为什么她总是能在前排坐在他旁边？"

"我爸爸的新婚妻子搬进来后，一切都变了。她把客厅漆成这么难看的颜色——我是说，这真的让我觉得恶心！她搬来了花里胡哨的家具，现在我们甚至不能坐在上面。就像我们不够干净，不能坐在她的宝贝沙发和椅子上。为什么她总是坐在我爸爸旁边的沙发上？以前看电影的时候我可以坐在他旁边。"

"我妈妈的男朋友经常过来吃晚饭，她给他做烤排骨和自制馅饼。他只是坐在那里，把一切都霸占了。但是当我们要吃饼干的时候，她却说她没时间烤。"

他们不停地说着，急切地抱怨着。他们的评论充满了激情、确信、情绪——没有一句是奉承的话。作为4个孩子的继母，我对他们的反应特别感兴趣，并且想知道这种感受有多么普遍！

终于有一个停顿，我抓住机会发言。"你们要知道，我听到你们非常不喜欢父母的新伴侣——他们听起来非常刻薄、讨厌——我想知道，为什么你们的父母都选择和你们不喜欢的人在一起呢。"他们咯咯地笑着，在座位上动来动去。我继续说，"当我们表面上有如此强烈的感受时，内心通常也会有其他一些同样强烈的感受，但我们不会表现出来，也不会说出来。你们知道，这个小组很安全，你们可以表达出来。"

大家都沉默了一会儿，然后11岁的乔希轻声说："是啊，恐怕我爸爸现在更爱他的新女友，而不是我。"大家都点头表示同意，仿佛一个严密保守的秘密终于被泄露了。他们明显松了一口气。慢慢地，他们一个接一个，开始描述他们的父母对其新关系的热情，以及他们看到的父母行为上的变化，与和他们在一起时形成鲜明对比。一个女孩说："我妈妈拿起电话的时候，听起来特别高兴，因为是她男朋友打来的。当她从单位打电话给我，问我是否完成作业的时候，她从来没听起来那么高兴过。大多数时候，她只是冲我大吼大叫，因为我还没做完。"

通常情况下，孩子还在为生活中的变化而痛苦，为失去家人而悲伤。像马库斯一样，很多孩子花了很长时间，才放弃让父母复合的梦想。新的恋情使得他们父母婚姻的终结突然变得非常真实，粉碎了他们希望父母有一天能复合的梦想。当父母选择一个新的伴侣时，孩子常常会因为他们生活中的又一个巨大、令人不安的变化而不知所措。他们经常对取代其亲爱的父母的人心存怨恨。

许多人还经历了我称之为"取代恐惧"的事情，他们非常担心失去自己在父母心中以及家庭中的特殊地位。他们认为，新伴侣吸引了父母的注意力，并把她从他们身边拉走。当新伴侣也把自己的孩子带入这段关系时，孩子对被取代的恐惧往往会放大。就像6岁的丹妮拉所说的，"爸爸把我们几个孩子抱起来，问'你们过得好吗？'但是当他看到他女朋友的女儿时，他把她抛向空中，就像他以前对我们做的那样。现在我们的拥抱都没有以前多了。"

对10岁的雅各布来说，这种恐惧更加强烈。当他父亲再婚时，房子被重新装修，以容纳他的新妻子和她的孩子。不久之后，我发现雅各布看起来很疲惫。"是的，"他说，"我现在得睡地下室了，因为我爸爸的新老婆和孩子搬来与我们一起住了。每次有人在楼上走来走去，楼梯就会吱吱作响，把我吵醒。有点吓人，真的让人很难入睡。"然后他平静地补充道，"我一直以为地下室是人们放不想要的东西的地方。"空间上的转移加重了他的恐惧，他担心自己在父亲的生活中已经没有一席之地。

对于那些已经习惯和父母睡在一张床的孩子来说，当新伴侣和他们的父母同睡，而他们被送回自己的床上时，他们会感到非常不安。尽管他们很少用语言来表达，但是他们将这种身体上的亲密感、舒适感的丧失体验为一种安全感的丧失，他们觉得自己被父母更看重的人取代了。

然而，再婚家庭的前景并不全是黯淡无光的。尽管许多孩子对新的继父或继母以及再婚家庭生活心存戒备和怨恨，但在再婚家庭中只有约25%的孩子公然表现出抵触情绪——其中大多数是女孩[4]。从女孩的角度来看，继父可能看起来像一个入侵者，特别是当她和母亲的关系非常亲密时——女孩觉得这段亲密关系是她的领地。男孩更容易接受继父，喜欢家里有个男人陪伴在母亲身边。随着时间的推移，孩子的抵触情绪会逐渐减弱，特别是当他们已经为新婚做好准备，并且已有时间与继父建立积极的关系时。如果婚姻稳固、继父支持，孩子更有可能认为这段关系和再婚是积极的。如果一段新的关系能让他们的父母幸福，并且孩子能将其视为家庭中一种持久、稳定的力量，他们更有可能理解和领会再婚的好处。

继母和孩子之间的关系往往更加复杂，特别是如果这些妇女待在家里照顾继子女，并承担起主要的管教者的角色。在这种情况下，继母会面临巨大的挑战。那些善于将温情、敏感、耐心和养育技巧有效结合起来，从不批评继子女亲生母亲的继母，会收获更积极的关系。在这种情况下，孩子最终会因为额外的关爱、权威性的指导与支持而更有安全感，感受到关心。研究表明，如果继母和亲生母亲之间不存在矛盾，而且父亲积极参与并支持妻子对子女设定合理的限制，那么继母和继子女之间更有可能建立良好的关系[5]。

对再婚的切合实际的期望及不切实际的期望

大多数父母在考虑再婚的时候，他们都期待有一段稳定的关系，能为他们自己和孩子带来持久的利益。然而，儿童及其家长面对的挑战和适应是相当多的，不切实际的期望不仅会让其非常失望，而且会导致怨恨和挫败感。因此，对于父母来说，最好全面检查他们的期望，并且认真思考他们是沉浸在幻想之中，还是对未来进行了现实的评估。

下面这些常见的期望，是一厢情愿的想法，而不是现实。

周围的一切立刻充满爱。夫妻对再婚最普遍、最徒劳的信念之一就是，他们新的再婚家庭将与他们原来的家庭一样[6]。他们预想继父母和继子女能很快适应，立刻关爱彼此，彼此之间形成亲密的关系。这种不切实际的期望只会导致失望和怨恨。新的配偶、兄弟姐妹，更像是冷漠的室友，而不是家人。对于一些孩子，尤其是青春期早期的女孩来说，适应再婚家庭生活通常和她们适应父母的离婚一样困难，甚至更困难[7]。

预想到会有一个很长的适应期，明白形成稳固的关系是需要时间的，这才是现实的。与原始核心家庭中的父母和子女不同，继父母和继子女不能受益于依恋关系，那是从出生就开始一天天培养起来的。继父母没有抚养过继子女，他们之间建立信任需要很长时间。

研究表明，每个人都需要相当长的时间——有时是3～5年——来适应，最初的几年可能会相当混乱[8]。再婚家庭离婚的风险最大时是在前5年。再婚的家庭生活在头两年中会出现一些混乱和动荡，在接下来的3年中趋于稳定[9]。再婚家庭中，孩子的行为对父母的婚姻关系有重要影响，孩子与继父母之间关系紧张的情况时有发生。考虑到所有这些重大调整，再婚家庭的孩子比未离异家庭的孩子更有可能出现更多的社会和情感问题，就不足为奇了[10]。

家庭是一样的。另一个常见的误解是，新组建的再婚家庭会像原来的核心家庭一样运作。再婚家庭关系需要格外的照顾、时间和培养。父母是不能互换的，孩子和爸爸妈妈的关系、情感是不一样的。尽管继子女和继父母最终可能会建立亲密的关系，但这种关系不太可能——也不应该被指望——会像孩子与亲生父母之间的关系一样。

孩子关心的是新的家庭构成将如何影响他们以及他们与父母双方的关系。他们常常还担心，与新的继父母建立一种积极的关系会让他们背叛自己所爱的亲生父母。我听到很多孩子都附和本的忠诚，本是电影《继母》(Stepmom)里的小男孩，他说："妈妈，如果你想让我恨她，我会恨她的。"有时候，这种忠诚矛盾起源于继父母和孩子的亲生父母或养父母之间的竞争——不幸的是，这种情况在离婚后非常普遍，会破坏再婚家庭关系的发展进程。

新伴侣：父母的幸福等于孩子的幸福。离婚的成年人可以选择他们的新伴侣。对他们的孩子来说，这是一场包办婚姻。就像一个青少年所说的："这个人和我分享我的父亲、我的家，甚至我的浴室。我别无选择。如果不是为了爸爸，我根本不会认识她。"

虽然大多数孩子不会向父母透露这种感受，但他们经常把陌生人看作闯入他们领地的入侵者。特别是，如果这种关系发展得过快，孩子会感受到鲜明的对比，父母与这个人之间形成亲密、充满爱的关系，而他们自己与这个人之间的关系还不成熟，还很脆弱，这个人看起来仍然像陌生人。

将再婚视为解救之道。再婚似乎是结束第一次不幸福婚姻的最好方法，也结束了离婚的痛苦，减轻了独自照顾孩子的压力。这是一个很吸引人的幻想——但不一定是解决方案。稳固的婚姻不是建立在逃避过去或当前困难的愿望之上。当涉及孩子时，挑战更大，风险也更高。成功的再婚不仅要考虑成年人之间坚定而充满爱的承诺，还要清晰地认识到与孩子分享家庭生活意味着什么，要把孩子的需求放在首位，以及花时间让孩子为这些变化做好准备。

带着家人再婚：成功的技巧和策略

由于民间故事中对有很多关于继父母的负面刻板印象，加上再婚会产生很大压力，再婚家庭听起来似乎注定要失败——不值得冒险。但是，正如数百万幸福的再婚夫妇所证明的那样，从前一段婚姻中吸取教训，不重复同样的错误和模式，就有可能让它成为值得冒的风险。再婚提供了一个机会，来建立紧密的充满爱的关系，可以让父母及其子女长期受益，也能提供一种新的生活方式，也许是他们从未想象过的方式。幸运的是，有一些准则可以帮助大家有机会成功。大量研究表明，有些因素会影响再婚的成功率和新家庭中所有成员的幸福感。一旦认识到支持性、健康的再婚家庭关系的重要性，人们就开始开发新的干预措施和教育方案，以强化、支持再婚，重点在于培养技能使人们在再婚家庭中形成健康稳固的关系[11]。其中很多技能是所有良好关系的关键。有些技能是专门针对再婚、重组家庭的。

婚姻成功的基本要素

由于这方面的每个主题都有许多可用的资源，因此本节只提供一个列表，进行简要说明。如果你认为生活中的某个方面会因改善而让你有收获，我建议你去寻找书籍、工作坊和专业人士，来帮助你提高技能，从而形成一段令人满意、长久的新关系。

沟通[12]。在所有良好的婚姻中，充分沟通是必不可少的。成功再婚的夫妇经常开诚布公地交谈[13]，这很有必要，因为在组成新家庭之前，每个家庭成员都有不同的历史，每个人对新家庭的感受可能有所不同。再婚夫妇通过坦率地谈论他们对问题的看法，理解对方的观点，共同解决问题，这样他们就能从中受益，也能为他们的家人进行有效的引导。

能够增进友谊、情感亲密以及夫妻关系的技能。再婚夫妇可能比初婚夫妇更用心地培养他们的关系，从而有所受益。再加上继子女的压力和自己以前的婚姻问题，他们二者之间需要建立稳固的关系[14]。这是通过言语和行为来培养的，要表达出对彼此的关心、照顾、感情和欣赏。愿意袒露私人信息是另一个表达信任、在两个人之间建立独特联结的重要因素。

保证夫妻时间。有孩子的再婚夫妇因为要处理继父母和继子女的关系而面临额外的压力，因此他们两人更难在家里找到独处的机会。努力加强你们夫妻之间的关系是很重要的，因为这会成为这个重组家庭的力量源泉，对孩子和你们自己都有好处。这需要在孩子的需求和夫妻的需求之间做到平衡。许多夫妇发现寻求专业帮助以获得额外的支持是有好处的——甚至在他们再婚之前就可以寻求专业帮助。

有效地处理冲突、愤怒和压力。关系良好的再婚夫妇努力从配偶的角度、共情式地理解问题。除此之外，他们还能够调节自己的激动情绪，以健康有效的方式处理愤怒、压力和冲突。

影响再婚家庭成功与否的其他因素

家庭重组成功的基础之一就是理解继子女－继父母关系的重要性及其对婚姻关系的影响[15]。因为父母和自己的孩子紧密相连，他们会本能地保护自己的孩子。父母希望被视为"好父母"，这一想法可能会导致防御性和否认性，而且对新伴侣的批评很敏感。这些复杂的情感，加上继父母和继子女之间的情感问题，很容易毁掉一段再婚。继父母和继子女发展积极的人际关系对新家庭的成功至关重要。

影响因素包括如下几方面。

孩子的年龄。父母再婚时孩子的年龄对继父母和继子女之间形成什么样的关系有重大影响，因此对婚姻关系本身也有重大影响。孩子越小，他们就越有可能接受新的继父母，二者之间更有可能建立紧密的联系[16]。相比之下，青少年更难接受父母再婚的现实并与继父母建立新的关系[17]。一些研究表明，再婚的最佳时期是在孩子10岁之前，或者16岁之后[18]。对于孩子处于青春期的夫妇来说，最好现实一点，认识到继兄弟姐妹之间可能会产生积极的关系，但不一定会发展出稳固的亲密关系，至少一开始不会。就像他们的继父母一样，孩子不能选择他们的继兄弟姐妹，他们只能接受那些和他们新的继父母一起出现的人。即使是最善良、适应性最强的孩子，有时候也会觉得自己像个陌生人，而且可能永远不会与继父母或继兄弟姐妹建立起亲密的关系。

务实的期望。如果再婚家庭对新关系的期望实事求是，他们就会过得更好。健康的家庭关系——继父母和继子女之间的关系，以及继子女之间的关系——进展非常缓慢，有些关系的形成比其他关系需要更长的时间。没有立竿见影的爱，依恋不会立刻就形成，补救措施也不会即刻生效。一般来说，发展亲密关系和健康关系的最有效方法是一对一互动，而不是以整个家庭为单位。

慢慢来。对于新的继父母来说，最好的办法是向继子女提供支持，成为他们的朋友，表现出关心孩子，对他们的感受表示共情，对他们的生活表示感兴趣。虽然开始的时候，这看起来像是一个最低限度的养育角色，但是给继子女一些时间，让他们慢慢了解继父母，把继父母当作其他关心他们的成年人一样。通过这种方式，他们就会慢慢相信，继父母真的可以作为一种资源和支持。如果急于进入父母角色，很容易适得其反。如果慢慢来，你们更容易变得亲近，但如果你太咄咄逼人、急于求成，反而更容易让对方退缩。与那些采取积极措施逐渐培养关系，并且在这个过程中建立信任、博取好感的继父母相比，那些疏远继子女、很少或根本不与继子女互动，或者过早采取惩罚性管教的继父母将更难与之建立一种积极的关系。

有时候，尽管继父母尽了最大努力，表现出亲近，但是儿童和青少年对此并没有反应。他们的抗拒可能有多种原因，包括拒绝改变、担心对另一位家长不忠、暂时的青春期叛逆，以及对继父母的负面看法——特别是当他们认为继父母试图取代他们的亲生父母时。所以最明智的做法就是慢慢培养这种关系。耐心和共情最终会得到回报。

父母角色的界定。继父母能给新配偶的最大礼物之一，就是支持其与子女建立良好的关系。继父母可以为他们的伴侣的有效养育提供有价值的支持，但最好不要立即干涉。就父母的角色——特别是管教责任和所提供支持的类型——进行协商，努力就家规达成共识，这些已被证明对重组家庭的成功有很大影响[19]。和所有健康的关系一样，接受新观点、解决问题，有助于促进夫妻关系。

制订、应用规则时要保持一致。孩子有一种内置的雷达，可以发现父母在家庭中是否会偏袒——尤其是再婚家庭中的偏袒。因此，制订适用于每个家庭成员的规则，并在应用规则时始终如一，这是非常重要的。这可能特别具有挑战性，因为在家庭重组之前，每个家庭的规则和管教方式都有所不同，而且旧习难改。因此，继父母需要留意任何优待——不用怀疑，孩子都在看着——这可能会成为怨恨的根源。即使这不是故意的，还是会伤害感情。继子女之间的紧张关系可能会逐渐增强，由于"过滤效应"而爆发，特别是在感知到不平等后做出反应时[20]。

保持积极的合作式养育关系。与前伴侣的关系质量对新的婚姻有重要影响。如果与前伴侣之间的养育关系是相互尊重、合作、有条不紊的，并且有明确的界限，那么再婚的情况会更好[21]。前任之间的冲突，尤其是在育儿问题方面的冲突，会蔓延到再婚家庭，增加组建新家庭的挑战。如果前任之间的关系是相互尊重、相当客气的，每个人都会受益。

有效地管理冲突。继父母和继子女之间的冲突非常不利于婚姻关系，所以处理分歧、痛苦，以及他们之间冲突的其他来源是至关重要的。人们可能很想回避冲突，希望冲突消失，但事实往往相反，结果就是伤害和怨恨不断积累。在第一次婚姻中，夫妻之间的关系为家庭生活奠定了基础和基调。在再婚家庭中，继父母和继子女之间的关系对家庭生活质量有很大的影响[22]。

预见到生活安排的变化。随着时间的推移，孩子的生活安排可能会发生改变。如果再婚夫妇能预见到这些变化，并就角色和期待做好沟通，从而为这些变化做好准备，那么他们就能很好地应对这些变化。通常，青少年或青春期前的孩子会要求和他们的另一位家长住一段时间。这种情况通常发生在青春期男孩身上，他们与母亲生活在一起但渴望与父亲有更密切的联系。对于和孩子居住在一起的这位家长来说，这可能很难接受，但是对于孩子来说，这往往是一个机会，可以加强他们与另一位家长之间的关系，因为他们需要与之建立更紧密的联系。那些认真倾听并以理解和同情的态度回应孩子这一要求的父母，向孩子证明了他们的感受很重要。如果处理得当，这些变化可以为整个家庭提供成长的机会，家庭关系会更深入、更有意义。

提前就财务问题做计划。在婚姻中，金钱是争吵的一个主要原因，所以在再婚前协商、了解财务安排是明智的。就如何满足孩子的需要，资金是从各自的账户支出还是由家庭基金进行统一分配，进行讨论并达成一致，有助于避免冲突。没有一种解决方案是对所有人都最有效的。研究表明，在再婚家庭中，最重要的是夫妻双方在财务计划上达成一致的程度，而不是哪种特定的财务计划。

争取大家庭成员的帮助。发展心理学家尤里·布朗芬布伦纳（Urie Bronfenbrenner）认为所有的孩子都需要一个十分爱他们的人。祖父母、阿姨、叔叔，甚至亲密的家庭朋友都可以扮演这个特殊的角色。当家庭重组时，这些充满爱心的成年人在促进再婚家庭关系的发展方面发挥着重要作用。他们可以通过提供倾听、以同理心回应、花时间一起参加能够培养关系的活动，从而帮助孩子和继父母弥合他们之间的距离。他们也可以通过自己不做某些事情——永远不贬低父母或继父母——来帮助孩子。相反，他们可以提供一个安全的港湾，倾听孩子的感受和经历，询问他们生命中重要的人的情况，让他们知道自己是被爱、被重视的。

铺垫——何时及如何让孩子为新关系和父母再婚做准备

重要信息：慢慢来，你和你的孩子都要做好充分准备

当我接触那些即将开始一段新关系的父母时，我强烈建议他们慢慢地、谨慎地进行——至少在涉及孩子时要这样。有时候，让一个体验过离婚痛苦的人，不要着急把新的爱情带进他们的家庭和孩子的生活，是很困难的。我这么说是因为，慢慢开始一段新的关系对他们最有利，一大批令人信服的研究已经证明了这一点。

但同样重要的是，我这么建议也是为了他们的孩子。正如你在本书中读到的，离婚对孩子有很大的影响，有时甚至是巨大的影响。他们需要为生活中的每一个重大变化做好准备，离婚不是一个单一事件，而是一系列重大变化，每一个变化都会对他们产生深远的影响。所有年龄段的孩子都需要充分准备，需要时间来适应。青春期前后的孩子比年幼的孩子需要更多的时间。带一个新人到你的餐桌前、你的卧室里，或作为配偶进入你的生活，以继父母的身份进入孩子的生活，这些对他们来说都需要适应。在离婚后迅速做这些事情会让孩子感到震惊。

健康的新关系是离婚后向前迈出的积极一步，但是在选择新伴侣的时候，要给自己一些时间。由于渴望再次感受到被爱、被需要、幸福，刚刚成为单身的父母非常容易受伤，他们的孩子更是如此。慢慢来，仔细选择，让你自己、你的孩子以及你未来的伴侣都做好准备，会让你们的家庭生活质量大大提高，你们最终会快乐地共度一生。

12 条建议

1. 在你认真开始另一段感情之前，彻底结束上一段感情。确保你们的离婚不仅是在法律上得到解决了，而且在情感上也得到解决了。在情感上照顾好自己，这样当你遇到一个潜在的新伴侣，可以发展一段新关系时，你是以一个相当完整且自信的个体出现，而不是一个感觉受伤、心碎，需要被治疗或看护的人。一般来说，人们**至少需要一年半到两年**的时间来处理离婚带来的情感和财务问题，并且做好充分的准备来承担一段新的关系所需要的一切，新的关系才能持久互惠。

2. 离婚后，要注意与孩子保持健康的关系。在这个时候，他们特别需要你的爱和帮助来适应变化。在与他们保持亲密关系的过程中，你要确保他们对你们之间牢固的关系具有足够的安全感，那么当一段适合你的新关系出现时，你的孩子仍然会对他们在你心中的特殊位置充满信心。

3. 当你准备好要约会的时候，慢慢来。让你的孩子知道，你可能要有新朋友了。在可能性变成现实之前，给他们点时间做好准备。询问他们的感受，允许他们提问，倾听他们问题背后的含义。通常，孩子真正想知道的是，如果你的生活中有了新的伙伴，你是否还会继续爱他们，关心他们。

4. 继续和你的孩子谈论离婚以及他们生活中的变化，要经常看看他们对"一般事物"的感受，特别是对家庭变化的感受。很长一段时间内，孩子都会为父母不在一起而苦恼。他们需要时间来适应这种失落，然后才能适应生活中出现重要的新人。

5. 以朋友、知己、爱人的身份去了解这个潜在的伴侣。如果你认为他/她会成为你的人生伴侣，全面考查这个人是否认可你作为家长的责任感和价值观。不仅要考虑这个人能否成为你的好伴侣，同样重要的是，还要考虑他/她能否成为你孩子的好继父或继母。确保他/她明白你的孩子在你的生命中非常重要，并且非常愿意支持你承担家长这一重要角色。

6. 当你准备好建立亲密关系时，不要在你的孩子在场时把你的约会对象带回家。把见面安排在孩子不在家的时候，而不是在他们和你在一起的时候。孩子在浴室或餐桌上见到陌生人会感到很不安。与一个或多个人随意发生性关系，这为青少年树立了榜样，但大多数父母不希望他们效仿。

7. 如果你遇到了合适的人并且愿意进入一段恋爱关系，在把这个消息告诉你的孩子之前先告诉你的前任。这样做，是为了保护孩子，他们就不必对另一位家长保守这个秘密。你还要确保前任在从你这听到消息之前，不会从孩子那里听到这个消息。作为孩子的父母能够保持持久的联系，得益于你们对彼此的尊重。

8. 在孩子和你的未来伴侣见面早期，要让见面简短而随意，最好是在一个适合孩子的场所，如公园。孩子需要慢慢了解他／她，并形成自己的印象。在早期的这些会面中，你们俩要避免表现出肢体接触。看到父母和不认识的人谈恋爱，对孩子来说是一个巨大的打击。

9. 当你觉得你们的关系可能会长久的时候，让你的孩子有更多的时间和那个人在一起。然后，在你带未来的伴侣去见孩子之前，先让孩子做好准备。用适合孩子年龄的话语来解释你们的关系——对于年幼的孩子，可以称其为"新朋友"。避免向他们"推销"某个人，详述他们的优秀品质，或者期望孩子会喜欢他／她。介绍对方的时候要直呼其名，而不要把他／她作为一个亲戚介绍给孩子——这会让年幼的孩子感到困惑，也会让年长的孩子觉得虚伪。

10. 要明白，孩子会担心你生命中的这个新人对他们意味着什么，担心他们与你的关系会发生变化。他们担心会失去你的爱、和你在一起的时间，甚至可用的家庭资源。向他们保证并证明他们在你心中的特殊地位永远不会变。当孩子和你在一起的时候，言出必行，重视和他们在一起的时间，尤其是在你们离婚后的第一年。

11. 定期和每个孩子进行一对一的互动。把约会和养育孩子分开。在你和其他人在一起的时候，如果孩子感到被冷落或忽视，他们会感到愤恨——这种感觉很可能会持续下去，并破坏你们未来的伴侣关系。

12. 如果你打算和一个与你有过婚外情的人结婚，要认识到，你的孩子（和你的前任）可能会认为这个人是你们婚姻破裂的罪魁祸首。他们对你这段新恋情的感受和接受程度，很可能因为这些情况而变得复杂，让人产生误解，即使他们喜欢这个人。

坚持利用这些建议提醒自己，记住，与一个能够认可你的梦想和价值观的人建立稳固的恋爱关系，可以让你和孩子过上更加稳定的生活。虽然新的关系都需要时间、关心和耐心，但是从长远来看，等待和努力是值得的。

组建一个新的家庭继续前进

和一个新的伴侣开始新的生活，再组建一个新的家庭，这些是很有可能实现的。我很高兴地告诉大家，我已经看到过很多家庭，在新的关系中获得了极大的满足感。然而，他们的成功是以持续、认真、充满爱心地处理这些关系为基础的。

不幸的是，开启一段新的婚姻和家庭生活，并不意味着所有的挑战和适应都成为过去了。孩子要面对的调整适应通常比父母更多。再婚对他们来说是一个重大的转变——特别是对于青春期的女孩来说——在新家庭成立后，他们可能还会继续经历一段时间的失落和压力。因此，需要耐心、共情和高质量养育来帮助他们适应。

父母和继父母可以做一些事情来促进继父母与继子女之间关系的形成、稳固。首先，让孩子自己决定如何称呼他们生活中的这个新的成年人，这样会给他们一些控制感和安慰，因为这种情况可能会让他们感到内疚或不舒服。执意让孩子称呼继父继母为爸爸妈妈或其他本应属于亲生父母的名字，可能会使他们感到不忠、产生怨恨。直呼名字，或者一个礼貌、大家都认可的昵称，是个比较舒服自在的选择。7岁的杰夫给他的新继父取了一个好听的昵称，贝尔，这是他们初次相识时一起玩的一个游戏的名字。贝尔这个名字很快就被家人和朋友接受并沿用下来，甚至在杰夫的亲生父亲离开，杰夫开始叫他的继父"爸爸"之后，仍然会使用这个昵称。

新的家庭习惯、传统和仪式有可能帮助重组家庭培养出共同的兴趣，让大家都满意，特别是当孩子在这些方面有一些选择权的时候。征求他们的意见，鼓励他们提出建议，有助于让家人凝聚在一起。如果儿童和青少年能参与筹划庆祝活动，庆祝活动就会更加难忘、更有意义。

有时候，继父母扮演的最重要的角色是和事佬，起到减压的作用。有很多方法可以达到这个目的。新的继父母可以帮助伴侣控制与前任之间的冲突，尽最大努力促进孩子与亲生父母之间的积极关系，这就为他们的伴侣和子女提供了极大的帮助。让孩子的亲生父母参加孩子的重要活动，如足球比赛、学校戏剧，当然还有毕业典礼和婚礼，满足孩子的需要，让孩子不必担心遭遇冲突或冷漠，以此来培养这些关系。

确保孩子生命中的重要事件是用爱和欢乐来庆祝的，而不被父母之间的矛盾所影响，这是亲生父母和继父母能够做到的另一个重要方面，使孩子的生活更加顺利，加强家庭关系。像成人礼、初次圣礼、毕业典礼和婚礼这样的重要事件都需要额外的体贴关怀，这样孩子——即使是成年人——也不会陷入尴尬的境地，也不必面对忠诚冲突。

随着时间的推移——这确实需要时间——当父母、前伴侣和继父母之间的关系相当和谐时，再婚家庭可以在他们的生活中为孩子提供额外的照顾，以提供支持、榜样、指导和关爱。拥有支持性的再婚家庭关系的孩子经常会说，他们知道有更多的人爱他们、关心他们，会让他们很受益。19岁的戴安娜说："我的继父巴里就像是我最喜欢的叔叔、最好的朋友和教师，所有这一切融合在一起就像一只可爱的泰迪熊。""我妈妈现在和他在一起开心多了。我不像她再婚前那样担心她。我知道即使我不在，她和我妹妹也会过得很好，我可以放心去上大学了。"

最重要的是，父母和继父母不断承诺，给予孩子关爱，提供高质量养育，这将有助于孩子成长得更加自信、更有安全感。这并不意味着他们可以摆脱所有痛苦的感受或者艰难时刻，这些几乎是每场离婚的一部分。但是有了支持，做好了准备，他们就可以凭借非凡的韧性应对这些变化。虽然这些再婚家庭，像所有家庭一样，也会面临他们各自的挑战，但是好处远远大于困难。

成功案例：瑞恩、丽贝卡和明迪的故事

就像其他生活变化一样，如果再婚事宜得到妥善处理，经过谨慎的判断和准备，孩子就能够茁壮成长。我在一次偶然的邂逅中发现了一个特别生动的例子，那是在一次3.5小时的航程中，我遇到了一位乐于助人的离异父亲。当时我正在写这本书，他问到了这本书，我们整个航程都在讨论，父母如何在离婚和再婚过程中养育孩子。

瑞恩打算再婚，但他很担心8岁的女儿丽贝卡。他是个非常成功的专业人士，但很明显，瑞恩认为自己最重要的工作，就是做丽贝卡的好爸爸。尽管父母离婚了，但他可爱的小女儿知道父母仍然爱她，仍然有安全感，这一点对瑞恩非常重要。瑞恩非常注意培养和维持与丽贝卡的亲密关系。现在，他打算与明迪结婚，但他担心这会对他的女儿产生什么影响。特别是因为他们的关系如此亲密，他担心她会觉得自己被抛弃了，没有以前那么重要了。这位敏感、慈爱的父亲关注到了女儿内心深处的恐惧，她对亲爱的父亲生活中出现的这段新关系感到害怕。

我们还谈到他如何与女儿沟通，让她为这些变化做好准备，还有他会向她保证，他对她的爱是深沉的，永远不会改变。瑞恩后来报告说，

他回到家，和女儿进行了一次促膝长谈。他们谈到了彼此的亲密关系，他们对彼此的爱，以及他们两个都不想改变这一点。当他们认识到他们对未知感到担心，特别是对他们之间将要发生的某些事情感到担心，他们流下了眼泪，互相拥抱。瑞恩向丽贝卡保证，虽然他们的家庭会发生变化，但会有一些好的变化，她会在他心中永远占有特殊的位置。他们发誓要保持这个特殊的"谈心时间"，这时候他们可以询问、告诉对方任何事情。毫无疑问，对他们俩来说，那是一个激动人心的晚上。

瑞恩想知道丽贝卡第二天早上会怎么想。会不会因为熬夜太晚而筋疲力尽？她会不会因为意识到父母不会复合，并且不得不面对生活中的这么多变化，而感到悲伤和愤怒呢？他醒来时，发现她正在厨房的桌子上愉快地画画。"看，爸爸！"她大声说，"我画了一幅我们所有人——你，明迪还有我——都在一起的画，我们正在庆祝你们的婚礼。"

丽贝卡的画表明，与孩子谈论他们的感受和生活中的变化能带来快乐和理解，而且爱的力量能让我们看到光明的一面。第二年夏天，瑞恩和明迪结婚了。丽贝卡的美丽图画被制成他们婚礼请柬的封面。我很高兴地告诉大家，丽贝卡和家人都生活得很幸福。当她庆祝9岁生日的时候，她的妈妈、爸爸、继母，还有最好的朋友都来参加派对。这种新的开始和幸福的结局确实是可能发生的。

注释

1. E. Mavis Hetherington and John Kelly, *For Better or for Worse: Divorce Reconsidered* (New York: W. W. Norton, 2002).
2. Hetherington and Kelly, 2002.
3. 出处同前。
4. 出处同前。
5. 出处同前。
6. E. B. Visher and J. S. Visher, *Old Loyalties, New Ties: Therapeutic Strategies with Stepfamilies* (New York: Brunner/ Mazel, 1988).
7. Hetherington and Kelly, 2002.
8. S. C. Clarke and B. F. Wilson, "The Relative Stability of Remarriages: A Cohort Approach Using Vital Statistics," *Family Relations* 43 (1994): 305–310.
9. Hetherington and Kelly, 2002.
10. A. J. Cherlin and F. F. Furstenberg, "Stepfamilies in the United States: A Reconsideration," *Annual Review of Sociology* 20, no. 1 (1994): 359–381; M. Coleman, L. Ganong, and M. A. Fine, "Reinvestigating Remarriage: Another Decade of Progress," *Journal of Marriage and the Family* 62 (2000): 1288–1307; H. L. Ganong and M. Coleman, *Stepfamily Relationships: Development, Dynamics, and Interventions* (New York: Kluwer, 2004).
11. F. Adler-Baeder and B. Higginbotham, "Implications of Remarriage and Stepfamily Formation for Marriage Education," *Family Relations* 53 (2004): 448–458; F. Adler-Baeder, B. Higginbotham, and L. Lamke, "Putting Empirical Knowledge to Work: Linking Research and Programming on Marital Quality," *Family Relations* 53 (2004): 537–546.
12. "沟通"这节开始所涉及的沟通技巧都来自以下技术报告：A. Robertson, F. Adler-Baeder, A. Collins, D. DeMarco, D. Fein, and D. Schramm, *Meeting the Needs of Low-Income Stepfamily Couples in Marriage Education Services* (Washington, DC: Administration for Children and Families, U.S. Department of Health and Human Services, 2007). 作为健康婚姻措施（the *Healthy Marriage Initiative*）的一部分，一个专家小组基于实质性研究为再婚家庭的婚姻教育项目提出了建议。他们的建议包括如何处理新再婚家庭关系的方法，这些方法对所有家庭都有用，无论

收入如何。

13. H. J. Markman, S. M. Stanley, and S. L. Blumber, *Fighting for Your Marriage: Positive Steps for a Loving and Lasting Relationship* (San Francisco: Jossey-Bass, 1994); John Mordechai Gottman and Julie Schwartz Gottman, "The Marriage Survival Kit: A Research-Based Marital Therapy," in Roni Berger and Mo Therese Hannah, eds., *Preventive Approaches in Couples Therapy* (New York: Routledge, 1999): 304–330.

14. J. Thomas DeVoge and Joyce B. DeVoge, "Communication and Conflict Resolution," in Rita DeMaria and Mo Therese Hannah, eds., *Building Healthy Relationships* (New York: Brunner-Routledge, 2003).

15. Robertson et al., 2007.

16. M. A. Fine, M. Coleman, and L. H. Ganong, "Consistency in Perceptions of the Step-Parent Role Among Step-Parents, Parents and Stepchildren," *Journal of Social and Personal Relationships* 15 (1998): 810–828.

17. J. H. Bray and S. H. Berger, "Developmental Issues in Stepfamilies Research Project: Family Relationships and Parent-Child Interactions," *Journal of Family Psychology* 7 (1993): 76–90.

18. Hetherington and Kelly, 2002.

19. 关于再婚家庭的纵向研究进一步强调了一些具体品质和做法，有助于再婚的成功和持久。Hetherington and Kelly, 2002; J. Bray and J. Kelly, *Stepfamilies: Love, Marriage, and Parenting in the First Decade* (New York: Broadway, 1998).

20. Ganong and Coleman, 2004.

21. Hetherington and Kelly, 2002; Bray and Kelly, 1998.

22. Hetherington and Kelly, 2002; Bray and Kelly, 1998.

第 9 章

离婚后的生活：真正成功的可能性

在我写这最后一章的时候，我想到了书中讲述的所有孩子和家庭的故事。他们最初的感受和面临的挑战在很多方面都很相似，但发生在他们身上的事情却大相径庭。研究已经证实，儿童的结果多种多样。有些人一生都受到父母离婚的影响。其他人，比如杰西卡，可能在早期阶段有许多痛苦的感受，有适应方面的问题，但他们以非凡的力量和韧性挺过了很多生活变故。

多年来，我的工作中最有意义的部分是，见证父母离婚后的儿童和青少年不仅生存下来，而且在生活的各个方面都发展得很好。他们的成功证明了高质量养育和慈爱的亲子关系的力量，这些都是由父母费尽心血实现的，即使他们同时还要处理自己的强烈情绪。

不幸的是，深受父母离婚影响的孩子也很常见。你的孩子不一定会成为其中之一，我希望这本书中的观点和策略能帮助你更好地理解孩子正在经历什么，以及如何提供他们所需要的那种养育方式，从长远来看，能使他们茁壮成长。像所有的家庭一样，你和你的孩子将面临挑战——有时非常困难——但我希望这些章节中的信息帮助你成功地应对这些挑战。

最后一章讲述了3个家庭的故事，他们都在离婚后获得成功。他们都经历了艰难的挑战，体验了痛苦的情绪。有些家庭最初陷入了激烈的冲突。尽管如此，他们都克服了困难，因为父母决心把孩子放在首位，他们每天都按照这个决心行事。最终给孩子带来稳定和支持的其他因素还包括，在父母离婚几年后进入他们生活的充满爱心和体贴的继父、继母。这些都是真实的故事，这些离婚后的幸福生活不是童话。这些故事的主人公克服了挑战，虽然不完美，但是有勇气尽全力面对家庭变化的起起落落。

梅丽莎、史蒂夫、梅格和山姆的故事

梅丽莎和史蒂夫在结婚10年后，做出了结束婚姻的痛苦决定。尽管史蒂夫不想离婚，但他知道他们的婚姻陷入困境已经很长一段时间了，他们都努力挽救过这段婚姻。他们在分居的早期阶段联系了我，询问如何让孩子为他们的离婚做好准备，以及如何减少离婚对他们的影响。他们的言行透露出他们很痛苦。梅丽莎因为提出离婚而感到悲伤和内疚。史蒂夫曾经是一个有爱心的全职爸爸，他因为失去曾经的家庭生活而备受打击，他也感到悲伤——还有愤怒。

尽管有时候他们的情绪很激动，但他们和孩子在一起的时候，都努力克制自己的愤怒、悲伤和冲突。在分居前后，他们通过求助心理咨询、信得过的家人和朋友来处理自己的情感。通过这种方式，他们能够更好地为孩子提供细心的养育，这也是他们的孩子迫切需要的。当他们制订新计划时，双方都认真倾听孩子的想法，关注孩子的感受和适应情况。如果出现不可避免的事情，或者孩子胡闹，权威型的父母就会限制孩子那些不被接受的行为，为他们提供所需的指导和管教，让他们有安全感。

由于离婚改变了他们的经济状况,史蒂夫不得不去挣钱,他在当地找了一份工作。但是他没有找到自己领域内的工作,他做出了一个艰难的决定:搬到城外去。担心孩子产生再次失去亲人的感觉,史蒂夫和梅丽莎制订了一个共同监护权的育儿计划,孩子通常在周末和学校放假的时候与史蒂夫在240千米外的新家共度时光。梅利莎担心,父亲离家这么远,会增强孩子的失落感,所以她千里迢迢地——字面意思——让孩子和父亲有更多的时间在一起。史蒂夫周五要工作到很晚,来不及往返,梅丽莎就把车开到半路,这样孩子就能和他们的爸爸共度两个周末晚上。

虽然这个总结可能会让大家觉得他们适应得非常好,但是实际上,在前一年半里,梅丽莎和史蒂夫的关系非常不稳定,就像大多数家庭一样,后来,他们各自仍然遭遇了各种挑战。在他们分开后的第一年里,孩子表现出了焦虑的迹象,通过治疗、充满爱意的安抚以及高质量养育,孩子的焦虑症状减轻了。虽然父母双方最终都开始了新的恋情,但是他们都是等了很久,进展也都很缓慢,他们都非常关注孩子的适应情况。两个人所选择的新伴侣都支持自己,都承诺会为自己的孩子以及继子、继女提供高质量养育。

当我给这家人做咨询的时候,我能看到他们具备成功驾驭家庭变化的要素。虽然他们的婚姻已经破裂,但是梅丽莎和史蒂夫的养育关系并没有断开,他们各自与孩子之间依然保持着充满爱、安全的联结。他们的努力得到了回报,两个健康、适应良好的孩子在各方面都成长得很好。山姆,5岁,曾经是一个求知欲很强、非常爱说话的孩子,他经常由衷地发问,与父母持续不断地对话,通过这种方式来调整自己。梅格在父母分开时只有8岁,她通过艺术形式来表达自己的感情。"真正帮助我的是画画。我可以用颜色来表达情感。有时候谈话很难,因为离婚的感觉无法用语言来表达。"幸运的是,在这些情感中,有对未来的希望和乐观，正如她在画中描绘的那样，一颗快乐的彩色心，插上了让它翱翔的翅膀。

在史蒂夫和梅丽莎离婚7年后，我又跟进了他们孩子的情况，看看他们过得怎么样。梅格仍然在用艺术来表达她的情感，也许是因为她经过了很多练习，她现在是一个有才华的年轻艺术家。直到现在，她还在与父母离婚带来的变化做斗争，但她总设法在消极的事情中找到积极的一面。"我还是不大适应爸爸家离我们很远。各种交通方式都不那么方便，但我真的很想见到他，所以到最后，长途跋涉是完全值得的。"她说。她的乐观态度还表现在她对自己生活状况的看法上。"我所有朋友的父母都是夫妻，想到这一点，我真的觉得很难过，但是当我想到我拥有两个住所、亲生父母，还有继父继母，所以还是有一些好处的。"

她的整体适应表现在，她接受这种情况，而且她真正的快乐是她知道父母现在都更快乐了。"有时候，你必须想想父母离婚带来的积极面。我不得不想想，如果我的父母仍努力在一起生活，他们可能没有现在快乐。"她还补充了给其他孩子的重要建议，"永远不要责怪自己，因为你无法改变任何事。"

梅格的话验证了关于父母离婚后孩子的风险与韧性的研究。她明白，离婚是由于她父母之间存在不可调和的分歧，并且认为这些问题是她无法控制的。她继续通过艺术，通过与她信任的人交谈，来有效地表达自己的感受。也许最重要的是，梅格继续与父母以及继父继母保持着亲密而充满爱的关系——这是他们所有人都努力想实现的。她积极的态度持续给她的日常生活带来希望和乐观。

山姆现在11岁了，对于哪些因素对他的韧性至关重要，他有自己独特的观点。"当我伤心难过的时候，和我妈妈说话对我很有帮助。有时候我找不到我想要说的话，但是读一些书真的对我很有用。我会哭一会儿，但之后我就会感觉好多了。"

"我问了爸爸妈妈很多关于他们为什么离婚的问题，这些对我的帮助很大。他们从来不会因为我问问题而生气。有时候让我妈妈找我爸爸谈谈我不喜欢他搬走这件事，对我很有帮助。她教会了我如何表达自己的需求，现在我能告诉他我的感受。我生命中的大部分事情都没有改变，这对我很有帮助。"

他还回应了数百万孩子的希望："我喜欢我父母互相称赞。一开始的时候我感觉很难，但现在我很开心，我的家人也很开心，所以情况还不错。我有好朋友，我爱我的家人。他们也爱我。"

和他姐姐所说的一样，山姆的话也验证了一些在父母离婚前后影响孩子健康的因素。他在学习识别和表达情感方面获得了帮助，向聆听他的父母表达自己强烈而多样的情感。他的父母仍能看到对方的优点，这让他有安全感。他指出，即使在家庭发生重大变化的时候，家人和朋友仍存在于他的生活中，这起到了稳定性作用。山姆的父母、继父母、祖父母、大家庭、朋友和其他支持他的成年人的共同努力和支持，让他有安全感，知道自己是被爱的——而他也回报了那份爱。

由于史蒂夫和梅丽莎考虑周到、细心呵护，梅格和山姆得以茁壮成长。我相信他们会这样继续下去。

凯特、迈克尔和诺亚的故事

凯特和迈克尔的故事更复杂。他们是如此敌对,以致几乎不可能解决彼此的分歧,也不可能合作育儿。他们的离婚故事是最恐怖的离婚故事之一,在他们儿子面前大吵大闹、诬告、申请保护令,还有激烈的诉讼。我第一次见到他们的时候,他们正在激烈地争夺7岁诺亚的监护权,他们双方都是勇猛的战士。两人都聘请了以攻击性著称的律师,战斗持续升级。

毫不奇怪,在这一切的混乱中,诺亚的反应和所有在压力下的孩子一样。他的成绩大幅下滑,他的教师抱怨他在学校的捣乱行为,他对父母越来越不尊重、不合作——一系列令人不安的新行为。这个不幸的孩子正在通过他的行为向他的父母和任何愿意倾听的人发出求救信号——救命!在一次早期治疗中,我让他画一张他家人的画像。结果非常能说明问题。他画了一个场景,标题是"第三次世界大战",妈妈和爸爸用手枪指着对方,诺亚自己被困在双方的交火中。他一边画一边一遍又一遍地重复,"所有的争斗都让我痛不欲生"。

第 9 章　离婚后的生活：真正成功的可能性

尽管凯特和迈克尔深陷于这场战争而不能自拔，但他们都深爱着自己的儿子，害怕会失去他。当我们一起做咨询时，很明显，他们的大多数争抢行为都是源于恐惧。这对父母双方都产生了同样严重的误解——认为在养育儿子的过程中，必须有一个"赢家"和一个"输家"。但是诺亚想要的是，和他的父母两人共度时光，而不是在法庭上有人要求他选择其中一个而不是另一个。最重要的是，这个孩子想要的是结束家里的这种敌对状态。他需要他的父母至少能礼貌地对待彼此。

与凯特和迈克尔一起进行几次咨询之后，他们才开始意识到他们都能成为儿子生活的一部分，并且明白他们持续的冲突相当于让孩子持续暴露在一种致命的毒素中，严重影响他的健康成长。我的话似乎没有缓和他们之间的敌意。但当我把诺亚画的几幅画——包括那幅"第三次世界大战"，诺亚处于两人的交火之中——拿给他们看时，凯特和迈克尔立刻因为自己给儿子带来痛苦而懊悔不已。

从那以后，我们的会面发生了明显的变化。他们越来越意识到，所有的争吵只会让事情变得越来越糟，而且他们唯一深爱的儿子正离他们越来越远，凯特和迈克尔终于准备做出改变。

包含使命、目标、成功的商业模式，以及实现这些目标所需要的建立相互尊重的关系，让他们产生了共鸣。迈克尔是一个成功的企业家，特别认可这个比喻，建立合作养育的关系就像是与合作伙伴共同经营一个价值数百万美元的企业，他现在可以把凯特想象为他的合作伙伴，共同从事一项无价的育儿业务。在诺亚出生之前，凯特自己的职业生涯就已经很成功了，她也看到了类似商业伙伴关系的积极作用。双方都明白，为了生意兴隆，合伙人需要保持一种积极的关系，即使他们不喜欢这个人。作为儿子的父母，他们为什么没做到呢？

凯特和迈克尔在第一年采用了平行育儿的模式。他们努力互相尊重，但只在必要时才联系，这样就尽量减少了冲突的机会。他们通过简短的电话交谈来沟通诺亚的情况，谨慎遵守一份具体的日程安排，这份日程安排记录了诺亚的需求和活动。诺亚在父母各自的家里轮流待一段时间,他们采用的是共同法定监护权,他的成绩和行为开始有所改善。当凯特决定回去工作的时候,迈克尔帮她在一家成功的公司找到了一个好职位。

他们离婚3年后,我们进行了一次回访。凯特和迈克尔都有了新的恋情,他们合作得更好了,有时他们甚至能和儿子一起参加活动。当我见到诺亚时,他表达了一个愿望,希望他的父母都能来参加他的生日派对,在当地的溜冰场。他的画展示了他实现这个愿望时的喜悦——与他早期绘制的第三次世界大战形成了鲜明的对比。

埃里克、戴安娜和他们的3个女儿的故事

戴安娜和埃里克结婚18年后,埃里克宣布他爱上了别人,想要离婚。这个消息对戴安娜来说完全是个打击,她觉得自己一直被蒙在鼓里,遭遇了背叛。他们的3个孩子,分别是16岁、13岁和10岁,也都惊呆了。她们简直不敢相信,曾经幸福的家庭突然要分崩离析。分离后的第一年,每个人都经历了巨大的悲伤和动荡。因为所有的家庭成员的

关系曾经都非常亲密，这些变化令人深感不安。适应这些变化对任何人来说都不容易。

父母离婚给长女艾瑞卡带来了巨大的挑战，她承担了照顾父母和妹妹的角色。她非常迅速地成长起来，在这个过程中，她错过了一些正常的青春期体验。她很担心她的母亲，她一直为离婚而悲伤不已、悲痛欲绝，体重迅速下降。她很担心她的父亲，他最初就后悔了，对她和她的妹妹有些犹豫不决。"起初我不怎么能见到爸爸，"她说，"我想他是因为婚外情感到内疚，不知道如何和我们所有人相处。"她也很担心她的两个妹妹，她们现在经常哭泣、争吵，通过很多其他方式表达她们的痛苦。

多年以后艾瑞卡说，在父母分居后的第一年前后，她几乎是麻木的，语气中带着她特有的洞察力。"爸爸妈妈都很痛苦，我游离在他们中间，不知道该在哪里落脚。照顾别人是一种自我保护，让我远离自己的痛苦。"

现在，艾瑞卡和她的两个妹妹都成长得很好。虽然她们每个人都记得父母分居、离婚后的那段时光，充满悲伤和动荡，但她们现在能够正确地看待那些时光、情感和经历，乐观地掌控自己的生活和未来。

她们是怎么做到这一点的？"我的父母一直都是我的父母，"艾瑞卡说，"他们没有放弃这些角色，即使他们的婚姻非常悲惨，而且我爸爸有点冷淡。"父母双方都努力培养他们与孩子之间的纽带，对孩子进行清晰明确的教导，承担责任，并充分表达他们的爱。她所描述的是一种对父母双方的基本依恋，在她们情绪不稳定的时候为她们提供安全港湾。在刚开始的几个月里，戴安娜和埃里克情绪非常激动，他们发现正式、公事公办的态度很有用，在抚养孩子的过程中，他们努力改变伙伴关系，设定明确的界限。随着时间的推移，他们能够放松下来，心平气和、互相尊重地建立合作关系。

大约两年后，所有的家庭成员都适应了离婚，他们都按照不同的节奏，按照自己的方式处理情绪。最终戴安娜和埃里克重新发现对方的优秀品质，那是他们曾经彼此喜欢的品质。这些内容成为他们与孩子交谈的一部分，孩子因为父母表现出的相互欣赏和尊重而感到欣慰。4年后，戴安娜与一个富有爱心的伴侣再婚，这个人作为继父养育这几个孩子，让这个家庭的生活更加稳定。

艾瑞卡，现在25岁了，反思了到底是什么帮助她和她的妹妹们度过困难时期。"我的父母都认识到对方在我生命中的重要性，并且尽其所能，从未要求我在他们之间做出选择。他们从没让我们参与到法律程序中去。我们没有被蒙在鼓里，可以问问题，他们几乎都会回答。我们可以畅所欲言，不用担心会伤害到父母的感受。当然，这实际上是不可能的（至少对我来说是这样），但那意味着他们会过问我们的情况。他们鼓励我们寻求任何所需的帮助，甚至坚持让我们去看心理医生。我们最后都没有继续接受心理治疗（至少当时是这样），但是他们的做法说明，即使他们自己心乱如麻，他们仍然会照顾我们。

"我爸爸在经济上做出了让步，这样我们就不用卖掉房子，我和妹妹们就不用搬家了，这比我们当时面临的其他变化都重要。我们从未被要求改变我们的社交生活，或者放弃任何课外活动。我们从不担心我们不能上大学。

"几年之后，我的父母做了很大的努力，再次成为真正的朋友，这一点曾经——现在也——非常重要。虽然一开始有点奇怪，但当我打篮球赛时，抬起头，更希望能看到父母坐在一起，而不是坐在看台的两边。

"现在想想我们一起去度假也不是不可能的。虽然还没有过，但还是有可能发生的。对于离异的父母来说，假期一直是最难熬的时期之一，但是由于我爸爸妈妈是朋友，所以他们更容易互相理解、互相包容，特别是在对待我和妹妹们的问题时更是如此。我非常幸运，有一个充满爱和支持的家庭，就像我现在拥有的这样，在所有的变数中，是我父母的关爱、行为使我在适应他们离婚的过程中有所不同。"

此时，艾瑞卡也能谈论她长期压抑的情绪，以及她最终是如何处理它们的。"我父母的离婚是我人生中最大的变化之一。在这期间，我觉得我的生活完全跌入谷底，让我无处安身，对所发生的一切感到愤怒和失望。放下这一切是一大步，需要很多努力。只要我还在生气，过去的事情就会控制我的生活。我不是说我无权产生这种感受，或者我应该让这种感受停留的时间再短一点。但当我开始觉察到自己的感受，允许它们存在，然后让它们离开时，我才终于感到我的生活已经安定下来了。我的父母已经开始继续他们的生活，我的妹妹们也在做她们自己的事情，但是我自己还未能适应这种情况，直到我能对自己的情绪负责。"

如今，艾瑞卡显然对她自己感到满意，自信地追求自己的事业，她非常积极地做些事情让这个世界变得更美好。她是一位非凡的年轻女性，对生活充满热情，脸上笑容灿烂，与朋友和家人关系融洽。我很少见到她的妹妹们，但她向我保证她们也都很好。这个家庭的故事充分证明了，离婚并不意味着问题长期存在、家庭关系不正常，相反，这家人的经历和艾瑞卡的韧性是希望的灯塔，一切皆有可能。

他们是如何取得成功的：共同的主题

这3个故事都有重复出现的主题，这些主题是家庭最终取得成功的有效成分。这些主题也构成了这本书的基础。如果父母关注自己的孩子，了解他们言行背后的感受，控制自己的冲动，提供高质量养育，以及所有这些成分暗指的——照顾好自己，然后缓慢谨慎地进入新的恋爱关系，他们就为孩子的适应良好打下了基础。这并不是否认离婚及其后果带来的痛苦和困难。

适应家庭破裂带来的各种情绪和变化，没有捷径，这是一个缓慢的过程，正如本章的故事所揭示的。尽管这些父母最终在抚养孩子方面取得了成功，孩子在经历了父母离婚所带来的痛苦后，培养了自己的适应能力，但这些父母——像我们所有人一样——有时也会犯错，经历过黑暗的日子，应付各种问题。但他们从未放弃希望，从未停止尝试、学习和成长。他们不是完美的父母，我们都不是。然而，他们所做的就是，每天学习和应用本书中的技能和知识。他们所付出的努力、愿意每天都攀爬人生巅峰的精神，以及积极乐观的态度，确实让他们和孩子有了更好的生活。

关于你

当你读这本书的时候，你的内心可能充溢着复杂的情绪——你可能会因为婚姻结束而悲伤、内疚，可能因为不想陷入这种处境而愤怒、怨恨，还可能在担心孩子将来会怎样。总的来说，本书中孩子的故事说明，父母离婚对他们来说无疑是痛苦的，它代表了一个重大的生活变化，如果可以，许多人想把它从生活中抹去。

然而，他们也认识到，"成功"的离婚会带来一些好的方面——结束矛盾和愤怒的交锋，有机会为家庭带来新的开始和积极的变化，而且往往是以他们以前从未想象过的方式。在第 1 章中萨曼莎的话，说明了这种困难，但也给了我们希望。"离婚就像肾结石。很痛，但如果治疗得当，就会痊愈。"绝大多数关于孩子和离婚的研究都与这个孩子眼中的离婚观点相一致。

你对自己和孩子的未来有什么设想？我希望你能展望一个大家都能在其中茁壮成长的世界。我希望，有一天当你回顾过去时，可以说："我们的确面对过艰难时刻，但我们从未放弃。我们努力渡过了难关，看看现在的我们！"最后，我希望这本书能给你们一些知识和工具，让你们实现那些愿望。愿你能找到方法治愈你和孩子的心灵，带着希望和爱飞翔——就像梅格一样。

第9章 离婚后的生活：真正成功的可能性